名校工程
职教创新系列

中国职业教育

名校/名校长创新管理评析

实训基地建设卷

国家教育行政学院职业教育研究中心 组编

总 主 编◎邢　晖

本册主编◎贺士榕

西南师范大学出版社

全国百佳图书出版单位 国家一级出版社

图书在版编目（CIP）数据

中国职业教育名校/名校长创新管理评析·实训基地建设
卷/贺士榕主编．—重庆：西南师范大学出版社，
2012.9

（名师工程系列丛书）

ISBN 978-7-5621-5945-2

Ⅰ.①中…　Ⅱ.①贺…　Ⅲ.①职业教育－研究－中国
Ⅳ.①G71

中国版本图书馆 CIP 数据核字（2012）第 193732 号

名师工程系列丛书

编委会主任：马　立　宋乃庆
总策划：周安平
策　划：李远毅　卢　旭　郑持军　郭德军

中国职业教育名校/名校长创新管理评析·实训基地建设卷
Zhongguo Zhiye Jiaoyu Mingxiao/Mingxiaozhang Chuangxin Guanli Pingxi · Shixun Jidi Jianshe Juan
贺士榕　主编

责任编辑：杜珍辉　马春霞
封面设计：大象设计
出版发行：西南师范大学出版社
　　　　　　地址：重庆市北碚区天生路 1 号
　　　　　　邮编：400715　市场营销部电话：023-68868624
　　　　　　http://www.xscbs.com
经　　销：新华书店
印　　刷：重庆升光电力印务有限公司
开　　本：787mm×1092mm　1/16
印　　张：17.25
字　　数：292 千字
版　　次：2012 年 9 月　第 1 版
印　　次：2012 年 9 月　第 1 次印刷
书　　号：ISBN 978-7-5621-5945-2

定　　价：40.00 元

《名校工程》

职教创新系列编委会

前　　言

　　职业教育，关乎国计民生，影响发展大局，在推动经济结构调整和产业转型升级、促进劳动就业和文化进步、推进教育结构合理化和人的全面发展等方面，其职能价值不可替代；在培养技能型人才和高素质劳动大军、解决持证上岗就业、提供终身学习、改善畸轻畸重的教育偏失等方面，更是功不可没。特别是当今，中国进入全面建设小康社会和转变生产方式的关键期，进入工业化和城市化快速发展的攻坚期，进入人力资源强国建设和教育整体改革发展的深入期，职业教育面临更大的机遇和挑战，更加任重道远。我们没有理由忽视和漠视职业教育，必须把职业教育放在更加突出的位置。

　　职业学校，是现代学校的重要类型，也是我国职业教育的主要形式。中等职业学校，是现阶段我国职业教育的主体力量。如果说普通中小学和大学在改革创新和发展中百花开放，竞相争艳，那么职业院校特别是中等职业学校（含中专、职高、技校、成人中专等）更像一簇后发的奇葩，含羞怒放，光彩夺目。职业学校历经数年的攻坚克难，在困境中闪亮转身，在曲折中奋步前行，在负重中实现跨越，办学成就和特色凸显：高中阶段"半壁江山"的规模、面向人人"培养技能"的功能、开门办学"前店后厂"的特点、校企合作"工学交替"的模式；面向市场需求的专业设置、对接职业标准的课程安排、工作任务导向的教学实施、融入工业文明的学校文化、技能大赛产生的社会影响；职校校长"多能性"的角色、职校教师"双师型"的素质、社会能人请进课堂、职校学生"多证在手"；职业学校与国际接轨、与市场接轨、与企业接轨、与社会接轨，办得有声有色、有滋有味、可圈可点。我们没有理由不认真总结职校经验，大力宣传职校成果。

职业学校管理，是教育生产力的"软件"，是"无本万利"的关键元素，是学校提升水平、健康持续发展的重要保障。与普通学校相比，职业学校管理既有共性，也有个性，其研究价值在于本身区别于其他教育类型的特殊规律。比如，管理环境的外生性和多面性，管理思想的社会性和开放性，管理主体的多层性和多类性，管理对象的特殊性和交叉性，管理体制的复杂性和合作性，管理范围的广泛性和整体性，管理内容的多样性和职业性，管理方式的灵活性和多变性，管理过程的复杂性和综合性，管理目标的适切性和多层次性，这些都是由职业教育的特点和特殊规律所决定的。

职业学校校长是职业学校的灵魂，一个好校长在某种意义上就是一所好学校。校长使命和学校管理是两个角度一个命题，也可以说是学校生存发展的动力和关键。与普通学校相比，职业学校的校长管理有独特的要求：思想更加开放、活动更加多样、体制更加复杂、模式更加灵活。但是迄今，无论是对学校管理工作的研究，还是对职校校长思想的挖掘，都显得比较单薄和分散，管理案例的搜集和研究还不多见，与"中等职业教育占据高中阶段半壁江山"的发展规模很不相称，与职业教育管理的多姿多彩和职校校长"多面能人"的类型特色很不相符，我们没有理由不更多地搭建一些平台，更多地聚焦职业学校管理，更多地关注一些"不一般"的职校校长。

本丛书是职校管理或校长管理案例研究的一次初步性尝试，也是2010年以来全国中职校长改革创新研究班的一个延展性成果。正是基于上述考虑，由国家教育行政学院职教研究中心牵头组编，全国各地中等职业学校（几乎均为国家级重点校）踊跃参与，形成这套《中国职业教育名校/名校长创新管理评析》系列丛书。其整体构思是：中等职教是主体，职校校长是主角，学校管理是主题，10个管理板块是重点；单块成册，集合成套，既独立，又关联，亦分亦合。丛书共10卷，分别为学校管理卷、特色德育卷、教学研究卷、师资建设卷、课程改革卷、就业指导卷、特色专业卷、校企合作卷、实训基地建设卷、农村职教特色卷。

丛书各卷的呈现思路大体一致，包含"名校/名校长简介—核心思想—实践应用—拓展反思—专家评析"等主要环节；每一卷分别聚焦一个主题，精选和荟萃十几篇有特色、有创新、有影响的典型院校管理案例，旨在提炼每一所学校的成功模式，展现不同类型校长相同或个性化的行动与思考，总结其改革和创新经验，对他校和他人提供启示和借鉴；同时，由业界专家和学者精心撰写了言简意赅、画龙点睛的点评，力求对学校进一步发展提供指导和启迪。另外，丛书在内容取舍和体例安排方面，既保证了内容的可读性，又力争能够体现观点的广度、分析的深度。

在丛书编写中对几个关系的认识和处理，有必要做些说明。一是绝对与相对的关系。好学校或称名校，好校长或称名校长，是具有一定内涵的相对概念，并非也不可能是绝对的。相对于 1.36 万职业学校和成千上万的校长来说，国家级重点校或省级重点校、改革创新示范校及其校长，称其为名校和名校长（有些校长确有相关的标志性的荣誉称号）并不为过，当然这种判断要动态地、辩证地看。二是共性与个性的关系。同是职业学校，办学和管理上必然有共性。但千校千面，各有特长，大家不同，大家都好，我们更侧重其个性化的特色。三是继承与发展的关系。任何一所学校都不可能割断历史，任何一位校长也不可能终身任职，过去、现在和未来，本书更立足于现实，基于眼前再看过往和明天。四是校长与学校的关系。本书实际上是两条主线，亦明亦暗，有些是以学校为明线，有些是以校长为明线，但主题都是管理创新。五是主观与客观的关系。本丛书力求事实可靠，素材准确，分析客观，但各卷各篇案例大多由学校自己撰稿，难免带有主观色彩；专家点评也多是基于案例文稿，如有不妥，敬请批评指正。

希望这套丛书能够发挥积极有效的作用。对于人们认识理解职业教育的地位和功能、探求把握职业教育管理和发展规律、深化拓展职业教育各项工作和管理改革创新，对于激发振奋校长群体和职教人的斗志精神、引领提升中职校长领导力和管理水平、展示讴歌职业学校的风貌风采，对于建设具有中国特色的职业教育，促进世界上最大规模的职业教育又好又快发展，如果对读者能够从某个点上有所裨益和帮助，我们就聊以欣慰和知足。

最后，向参与本丛书规划、创作、点评审稿的领导、专家学者，向提供案例材料的学校、校长，以及编写人员一并表示衷心的感谢！

编　者

2012 年 6 月

于国家教育行政学院

目 录
Contents

1

目　录
Contents

实训基地建设卷

夯实实训基地基础　熔铸『创新』灵魂

——北京商贸学校

名校／名校长简介

　　北京商贸学校的实训基地建设最早要追溯到 1997 年。那时学校就率先建成了当时在北京市同类职业学校中处于领先地位的专业教室——财会模拟教室。1998 年，学校又建成了营销专业教室。同年，让学生当"股东"进行商业实战的实习商店（又称连锁超市）热火朝天地运转了起来。这些专业教室和模拟实训场所的建设和使用形成了实训基地的雏形。2003 年，北京商贸学校又率先创立金融、电子商务等四个实训基地，开文科类中专建实训基地之先河。事实上，这在当时的文科类高职乃至大学中都是首创之举。随后，学校实训基地的建设模式在全国的职业院校遍地开花。当时有一位领导感慨："以前全国职教最高水平在无锡，现在应该在北京商贸学校。"2005 年，学校首次把"虚拟现实"技术引入旅游实训基地，现在这项技术已成为旅游实训基地建设的核心技术之一，成为全国职业院校旅游实训基地建设的模板。2007 年，学校第一个在校内建立德育实训基地，又一次引起了轰动……1997 年以来，学校靠节约自有资金以及市教委、市财政局的大力支持，投入巨资先后建成了连锁超市、金融、饭店管理、电子商务、旅游、传媒、茶艺、财会、食品检测、德育、动漫、家政、会展、商务英语、轨道交通、物流等大型校内实习实训基地。这些实训基地一经建成即得到了教育部、北京市教委等管理部门的一致肯定。经过教育部、北京市组织的多次参观考察以及全国职业教育"BETC"现场推介会（2003年）、学校德育教育现场会（2007年）等全国性会议的推广，这些实训基地立即成为各兄弟院校考察、讨论和效仿的焦点，在职教界掀起了一股建设文科实训基地的浪潮。而商贸学校实训基地的建设模式也立即成为全国职教院校发展的新标杆。

以现阶段我国职业教育的发展程度来看，实训基地几乎成为每一所职业院校的"标准配置"。实训基地是职业教育（尤其是中等职业教育）与普通教育相比的特色和区别之一。然而1989年前，全国还没有一所文科类职业学校拥有实训基地。倘若评述中国职教的这段历史，则不得不提到北京商贸学校。

在职业教育内部，由于专业自身的特点，对于理科类专业而言，实验室、实训是天然的学习搭档，开设理科类专业的职业学校拥有实训基地不足为奇。但对于文科类专业而言，常常与文字、认知、知识积累、文化、惯例等相联系，其知识来自广阔的人类历史和社会实践，学生的知识获得过程更多是对前人的归纳进行理解和记忆的学习过程，更多的是继承人类的精神结晶，因此文科类专业本身难以与某种或某几种具体实验和实训挂钩。也基于这种传统认识，几年前，还是本科压缩式教育的职业教育没有文科实训基地。到2003年，这一项空白才被打破。而在这个时间坐标点上、在这片空白的领域里拨开迷雾，历经艰辛插下第一面红旗、笑着品尝第一粒果实的就是北京商贸学校。在此之后，全国职业学校文科专业兴建实训基地才蔚然成风。时过境迁，随着主流职业教育思想的转变——基于岗位需求、工作过程需要的职业教育培养目标逐渐深入人心，文科类专业建设实训基地的前瞻性和科学性无疑再次得到有力佐证。

"创新"是北京商贸学校实训基地建设的灵魂;"敢为人先、持续前进、注重实效"是北京商贸学校实训基地建设的实践准则。

北京商贸学校建实训基地是"创新"之举,但并非空想而来。在正式的实训基地建立之前,其雏形是多个领先的专业教室。早在 1997、1998 年,学校就建成了两个专业教室——财会模拟教室和营销专业教室,这在当时北京市同类职业学校中处于领先地位。同年,让学生当"股东"进行商业实战的实习商店(又称连锁超市)被多家媒体采访报道,在职教界引起了不小的轰动。到了 2003 年,第一个实训基地在摸索中建成后,北京商贸学校的基地建设便形成井喷态势,实训基地建设团队创意迭出,多个全国首创、行业领先的实训基地拔地而起,迅速成为全国学习的中心。北京商贸学校的实训基地建设由此进入全速和全盛时代。

这一现象的出现,是与学校领导者的治校思想及当时校内外条件分不开的。上世纪末,计划经济体制下事业单位的惯性和惰性已经阻碍了学校的发展,普通高中和普通高校给职业学校带来的双重压力已现端倪。北京商贸学校这一久负盛誉的"老牌中专"也面临困境,举步维艰,学校的管理体制、教育思想、教学方法如不改革将难以继续发展。1997 年,张香永同志出任北京商贸学校校长。面对学校的窘境,张校长深刻地分析了问题的根源,在人事制度、管理制度、教学模式等几个方面锐意改革。重新鼓起士气的商贸学校众志成城,在荆棘中重新找到了前进的方向。在教学上,当时的中专教育更多的是普通高等教育的压缩版,连院系的设置体例也沿袭于普通大学,理论教学在中专的课堂上占据了绝大部分时间。而此时张校长意识到:学生要想有优秀的岗位表现,非常需要"技能",尤其是专业动手能力。我校有老式的电工实验室、机房,但没有针对传统专业(如财会、金融)的实验实训室。这些老式实验室只与公共教学科目相配套,只起到帮助学习基础知识的作用。学生的专业学习条件十分有限。因此,为使学生受益,让学生在校期间就接触真实的工作环境、熟练技能、运用理论，从 1997 年开始，学校克服资金上的巨大困难，靠节约自有资金相继建成财会模拟教室、营销专业教室。这一批优势专业的专用仿真模拟实训室一开始就处于北京市同类职业学校的前列，它们锤炼了学生的就业竞争力，有力地巩固了我校商贸类传统核心专业原有的领先地位，并让老专业再次焕发了勃勃生机。

机会只垂青有准备的头脑。经过几年改革，软件上，学校的各项管理制度和员工精神面貌有了新的飞跃；硬件上，2002 年 1、2 号实训楼相继落成，既增强了学校的招生能力，又使学校得以有条件大规模兴建实训基地。经过几年的积淀我们早已夯实了基础，商贸学校如同一只蓄势待发的雄鹰，一旦机遇降临即可腾空而起。

2002 年，《国务院关于大力推进职业教育改革与发展的决定》为新世纪职业教育的发展吹响了号角。经过一段低谷期后，全国的职业教育迎来了新的春天。对于北京商贸学校来说，新的历史发展机遇已经来临。商贸学校以领先的理念为指导，大统筹，细部署，大步向前。在市教委和市财政局的大力支持下，学校投入巨资先后建成了金融、饭店管理等 16 个大型校内实习实训基地。自 2003 年以来，截至 2010 年 8 月底，学校共投资 8650 万元用于校内实习、实训场所建设。不得不说，20 世纪 90 年代末北京市的职业教育水平在全国已经不再领先，但经过商贸人的不懈努力，2003 年起北京地区的职业教育再次引领了全国职业教育的改革发展方向，教育部和北京市的相关领导都为北京商贸学校取得的巨大成就而深感震撼。

围绕"创新"这一基本点，学校实训基地建设的核心思想可以浓缩为 12 个字：敢为人先、持续前进、注重实效。这是学校实训基地建设的实践准则。

一、敢为人先

（一）领先的理念

如今，职业院校实训基地的比拼已经进入了第二阶段：比谁的更先进，比谁的更符合职业教育规律。但几年之前，比的还是"有"与"无"的质的差别。

从普通机房到专业教室，从专业教室到实训基地，商贸学校开创了文科类职业学校建立实训基地的历史。这段历史可以说是全国职业学校实训基地发展历程的缩影，这段历史更体现着学校管理者对职业教育的深刻理解和对职业教育大趋势的敏锐判断。

与普通高中、普通高校的毕业生相比，职业学校的毕业生如何体现其差别优势，找到自己的就业空间？职业教育如何在短暂的几年里为学生提供优质的专业教育？商贸学校给出了一个答案，确切地说实训基地给出了一个答案。不仅是理科专业如此，文科专业也能运用最新的技术和设备营造最真实的工作环境，使学生理论联系实际、掌握岗位和职业技能并具有持续发展的能力。

（二）敢于吃苦的精神

商贸人敢想，也敢干。没有资金怎么办？1997年，学校初涉实训基地这一领域时没有一个可借鉴的对象，也没有任何外部经费支持，只能摸爬滚打，自尝甘苦。为建实训基地，全校开源节流，挤出十分有限的自有资金进行试验。为节省开支，张校长带领中层干部出差坐火车时全都买硬座，下了火车坐小公共汽车，早点都只在

德育实训基地

路边摊解决……当年的艰辛只有那一批跟随张校长"打江山"的老同志们知道。在基地建设之时，为用好每一分钱，实训基地建设小组的老师们连续几个月奔波于设计公司、建材市场和学校之间，多方联络、议价，甚至在非典时期还不顾危险外出购买材料。

正是这种肯吃苦的精神，才取得了值得商贸人骄傲的成绩。应该说，学校的实训基地建设探索出了一条前人未曾走过的道路。金融、电子商务、旅游、德育实训基地等这些曾经在全国职教系统实训基地建设中引领潮流的成果，已成为全国职教院校实训基地建设的模板。

（三）最富创意的实现手法

商贸学校的职业教育理念如何得到淋漓尽致的体现，好的技术如何助力教育理念的实现，这是实训基地建得好不好、有没有效果的重要评价标准。学校的实训基地在建立伊始就融合了行业、企业最先进的技术，并根据教学的要求通过招标进行个性化定制。因此，学校实训基地的设计理念和设施设备既体现了教育的要求又体现了行业企业的最新发展水平。

2005 年，学校建成了旅游实训基地，其中，运用 3D 立体"虚拟现实"演播厅进行旅游专业教学的模式在全国引起了巨大轰动。这是因为这一技术专为旅游专业学生定制，将教学模式、考试系统等教育功能与最新的 3D 技术集成为一体，学生足不出户就能随时在天坛、颐和园等多处名胜古迹前进行导游训练，既形象有趣又节约了实习成本。旅游专业的旅游观光巴士（运用三维立体演示模拟道路沿途景点实况）、光电一体导游沙盘等技术将学生们带入一个直观生动的实训环境之中。其实这些技术在广告、房地产等行业已经比较成熟，只是此前没有人想到将其运用于学校职业教育领域。学校的实训基地建设小组成员们在研讨中碰撞出了创意的火花，通过反复开会讨论，将其率先引入职业教育领域并赋予其商贸旅游教学理念。基地落成后得到了教育部、北京市教委的一致好评，经由他们的推荐和组织，先后四百余批全国各地的教育行政机构、职业院校来学校参观学习。这些当年令人耳目一新的首创设备现在已经成为全国旅游专业实训基地建设的模板。当初为学校研制设备的公司也由此"一炮而红"，开辟了巨大的职教教学设备市场。该公司甚至由此改变了其主营方向，在行业竞争中颇具优势。

2008 年，学校建成德育实训基地，这也是全国大中专院校中第一个将德育用一个载体来实现的举措。生动直观的传统文化展览长廊、强大的心理测试软件和数据库、素雅清静的心理咨询室、轻松活泼的宣泄室、充满童真的沙盘治疗室、明亮舒适的沙龙大厅……无不用微小的细节抚慰孩子们的心灵，呵护他们的身心健康。

德育实训基地的发泄室

2009 年，学校又完成了一项大工程——轨道交通实训车成功进校。这一工程填补了学校铁道运输管理专业无校内实训场所的空白。这一辆实训车不是普通的车辆，而是一节真正的、曾服役于祖国大西北的火车车厢，在北京除了铁路电气化学校这类铁路行业办学的职业学校外，还没有其他学校引进过。车厢内部还按照学校要求进行了专业改造，有限的空间里集中了火车上的硬座、硬卧和软卧及各种设施，方便学生完成一站式实训。现在这节车厢威武地站立在操场一侧，迎接一批又一批铁路专业的学生。

二、持续前进

商贸学校的实训基地曾引领了一个时代。学校的软、硬件设施要求是"三年领先，五年不落后"，既要体现出首都职业教育的发展水平，同时还要与行业发展水平同步或适度超前。建成之后，还要不断根据教学需要更新换代。学校利用一切条件筹措资金，面向社会公开招标，升级改造落后、报废的软硬件，使学生能接触到行业最先进的技术。为节约资源，减少重复建设和浪费，实训基地在建设之初就考虑到今后的发展，在设计上预留了一些可扩展的接口。

学校的影视制作专业实训基地的非线性编辑教学室有 48 个工位，当时许多电视台的编辑机都比我校的设备落后；学校摄影棚采用的蓝箱虚拟演播室，有两个专业摄像机机位，当年电视台的主流设备也不过如此；当许多小银行营业厅还需要顾客排队等待的时候，学校金融实训基地的模拟银行已采用了后来普及全国的叫号设备；模拟银行里不同工位的电脑安装了不同银行的操作系统……这些设备即使到现在都不落后。2009 年，学校更新了电脑机房，引进了一百余台苹果电脑，为学生进行动漫设计训练提供了最好的条件。随着软、硬件的不断更新升级，实训基地正不断地注入新鲜血液。

三、发挥实效

实训基地不是摆设。实训基地的评价标准也不是"最先进""最昂贵"或是"最现代化"，实训基地是拿来"用"的。

首先，实训基地的一切建设都为教育教学而服务，投入时每一分钱都要花在刀刃上，要讲实效。学校的负责老师会为一块大理石而不辞辛苦，遍寻石材市场，追求性价比，追求实际效果；也会为实训基地走廊上的灯箱煞费苦心，思考怎样节省空间、突出主题。

其次，实训基地建成之后，要提高利用率，发挥最大的教育功效。为使学校的实训基地更好地服务于教学和科研，每一座实训基地建成后，均建立起一整套规章管理制度。目前，每个实训室内的实训课均安排得满满的，由于班级较多，有些专业的实训课不得不安排到平时课后或周五下午进行。由于学校内的各个实训场所已涵盖了学校所开设的所有专业，因此，学校的实验、实训自开率为 100%，本校的基地已完全满足各专业实训的需求。

学校的实训基地还承担了培训任务。实训基地内的各项实训及考核可分层次进行，以满足不同人才（如中级工、高级工、在职人员、专业教师）的培养需求。因此，学校实训基地除了满足校内学生的培养要求，同时还能为社会服务，为社会上需要就业的人员进行职业技能岗前培训，对在岗人员进行技术培训。

六十年，一甲子，终于到了收获的季节了。这时张香永校长像检阅部队的将军一样注视着面前的一个个实验实训奇迹，心态坦然而自信；又如一个辛勤的农夫，荷锄而立，守望着一方教育的田园，信心满满。

人们说，他是职教界不可多得的一位专家、学者型校长。

他理性并睿智。他以一个探索者和实践者的执著，让职教以创新的姿态行走。他倾心追逐着改革创新的最高境界。

他挥动着人文关怀这一管理中看不见的"第三只手"，让师生充盈心灵，成为物质丰富、人性自由、精神饱满的个体，把学校营造成师生共同发展的家园，并忠诚地守望。

他说，思路在，一切在。

经过十数年不懈的努力，北京商贸学校的实训基地建设取得了巨大的成功，并起到了示范带动效应，在培养提高学生能力与拓宽就业渠道、加强校企合作等方面都发挥了不可替代的作用，真正体现了先进的办学理念，代表了职业教育的办学方向。北京商贸学校所有的专业，都有与之配套的实训基地，但是谁又能体会它起步阶段的艰辛！

众所周知，文科类职业教育主要是由财经、管理类的职业学校承担。虽然我国职业教育改革和发展取得了明显进步，实训基地的建设也得到了长足的发展，但是相比较而言，文科类实训基础建设仍显得十分薄弱。

文科类实训基地建设缺乏成熟的模式。文科目标技能的软性化使实训教学组织管理难以实现像理工科实训教学管理一样的刚性化。现在有许多文科类专业采取的实训模式是，学生毕业前一个学期在校内实训一个月左右，剩余时间自行联系单位实习。这种实训模式既使学生能够尽快进入社会实践，也可以使学生在实习过程中为就业提供便利。但是，这种实习模式存在许多问题，一方面，学生在校内实训一个月时间短而且仿真性极差，有的甚至还没有来得及开始工作实习就结束了，师带徒的传统人才培养模式也已经走到了尽头；另一方面，学生自行找实习单位实习，学校对学生的实训管理较为松散，很容易发生各种问题。至于实习质量则只能依赖于学生的自觉和悟性了。组织管理跟不上，实训的质量就难以保证。

文科类实训基地建设资金缺乏。以国家教育机构到地方各类院校，它们在加大实训基地建设的力度的同时，对文科类实训基地建设的投入却相对滞后。人们普遍认为文科类学校人才培养成本较低，所以，几乎所有的中职学校都开设了财会专业，但是财会实习室却寥寥无几，国家财政往往将经费更多地投向数控技术、汽车维修技术、计算机与软件技术、电工电子技术、建筑技术及安全、能源等专业的建设。

一、艰难的开拓

北京商贸学校是一所拥有近 40 年辉煌历史的财经类学校，学校兼有中专、中技和大专等多功能，多层次的办学体系，在计划经济时代曾经为首都商贸战线培养了大批人才。1994 年，国家调整教育体系，多项重大改革措施纷纷出台，其中最为引人注目的就是中等专业学校取消统招统分，毕业生自谋职业，双向选择，全部推向市场。这对商贸学校无疑是一次致命的打击，学生数量急剧下降，社会声望逐年降低，全校教职员工顿时无所适从。未来在哪里，前途在哪里？所有人都困惑着，迷茫着。

张香永校长就是在这种极端困难的境况下来到北京商贸学校的。张香永人生经历丰富，年富力强，毕业于师范院校后去企业，当过乡镇、区委和商业系统领导，每次都是受命于危难之际，力挽狂澜，扭转颓势，最后换来硕果累累。这次同样也不例外，张香永校长面对商贸学校的现状，看着破败的校舍和灰黑色的教室，看着同事们困苦而又无奈的表情，他一直在沉思。这时他想起来自己经常挂在嘴边的一句话"观念决定思路，思路决定出路"，可是思路在哪里呢？思路不会产生在过去的经验里，思路不会产生在某一个人身上。思路就在自己的周围，就在每一位脸上写满愁容的教职工的心里，就在毕业生每个用人单位的日常工作中。

学生毕业的时候是张香永校长最头疼的时期。学校仅有 100 多个毕业生，不能形成任何数量优势，专业设置虽然比较齐全但是非常陈旧，另外，学生在校期间基本上没开展过技能训练，动手能力比较差，技能水平和岗位标准相差甚远，最终这 100 多名毕业生是由二商集团组织部长召集各分公司人资经理动用行政手段才解决了就业问题。借助改革开放的春风，北京市的现代服务业已经繁花似锦，国有和民营服务企业正是用人需求最旺盛的时期，但是为什么就是不要我们商贸的学生呢？张香永校长深知这背后深层次的原因是学校技能培养和企业岗位用人标准的严重脱节，解决的办法只有一个，那就是通过实验实训基地建设带动课程建设，带动师资队伍建设，带动学校管理水平的升级换代，最终实现学校和企业的"零距离"。

为此学校组织专人针对用人单位的需求开展了深入细致的调研，有的用人单位反映，由于市场经济的快速发展，公司不能给毕业生太多的岗前培训时间，毕业生来了以后就要立即开始做账、报表。但令人遗憾的是，商贸学校的学生没有见过计算机，也没有听说过财务软件，四年的学生生涯，仅仅写过不到 40 笔凭证，几乎没有做过财务报表。所以他们虽然学的是财会专业，可是学的知识根本不符合企业的要求。当这些调研结果放在张香永校长案头的时候，虽然早有预料，但他还是很受触动。是啊，财会专业的学生，中专四年基本上不做账，连企业用的现代化的设备都没有见过，何谈企业接受，何谈校企"零距离"，何谈企业满意啊！

（一）转变传统理念，创新建设思路

职业教育的根本任务是培养有较强实际动手能力和职业能力的技能型人才，而实际训练是培养这种能力的关键。如何选准突破口呢，如何实现扎扎实实地迈出第一步呢？张香永想到了实习实训基地的建设，如财会和金融专业能不能也像工科的机电类专业那样建设和企业一样的实训基地呢？这种基地里面也要能够像企业一样涵盖所有的财务类型，也有计算机等现代办公设施。带着这些想法，张香永校长开始了艰苦的调研论证。张香永几乎问遍了北京市所有的文科类学校，遇到的回答差不多是一致的：不可能。大多数学校认为，财会专业就是打打算盘、记记账，更多的知识还是在课本上学到的，如果花很多钱建设一处实训基地，无非就是把学生聚到一起而已，不会有太大的效果的。然而张香永仍然坚持了自己的想法：不能还停留在舒服的空间里不愿意睁开眼看这个飞速发展的时代了，威胁已经到来，黑板种田种不出合格的技能人才，创新就是要开拓前人没有走过的道路！

既然没有任何可供借鉴的同类学校，那就只能自己开创一条道路了。张香永想，职业学校的学生最终是要走向企业的，最终要在企业中检验动手能力的，为什么不能邀请企业参与呢，为什么不按照企业的要求建设实训基地呢？创新，正是学校能够摆脱目前颓势的最有力的一个策略。总算找到了思路，有了方向，但思路转化为实际效果需要最终的执行，因为再美妙的蓝图

如果不能实现，也只是空想，再壮丽的画卷也需要书写在大地上。为了筹措资金，张香永校长带领全校员工同甘共苦、开源节流，用节约的自有资金完成了最初的建设。随着基地的建成，市委领导和教育部相继给予了极大的肯定。商贸学校的文科职业学校实训基地的建设思路很快得到了各级管理部门的理解和支持。

（二）财会实训基地的建设

随着资金的到位，开工已经指日可待，这是长久以来全校上下一心、团结一致、奋力拼搏的结果。这几天，张香永校长夜不能寐，兴奋不已，因为终于迎来了实训基地落成的日子。全校师生欢呼雀跃，每个人都在期待着这个时刻的到来，因为这标志着学校的发展揭开了新的序幕，学校将会步入发展的快车道。一个艳阳初升的早晨，学校张灯结彩，彩旗飘舞，参观祝贺的单位齐聚一堂，争相目睹文科实训基地的模样，争相学习实训基地的建设方案。可是，张香永校长却有着清醒的认识：这个基地的建成，仅仅是迈出了一小步，离建设完成配套的实训基地的目标还相去甚远，离最终能够建成满足全校学生动手能力培养的实训基地还有很长的一段路要走。

通过财会模拟实训室实训，学生不出校门就能掌握会计书写、凭证的填制与审核、建账、记账、更正错账、凭证装订、科目汇总表、银行存款余额调节表和会计报表的编制等基本技能和方法。北京商贸学校财会模拟实训室构思新颖独特，功能齐全，十几年过去了，仍是同类院校中技术最为先进、功能最为齐全的财会模拟实训基地之一。它主要体现了以下特点：一是全面、系统。在实训项目编排上，循序渐进，全面、系统、科学、合理，既有单项训练，也有相互联系的综合训练；既有工业基本业务，也兼顾了商品流通企业的基本业务。二是真实，新颖。依据最新的法规、制度，选用目前各行业最新的票证、单证、印章，以一个企业真实、完整的业务为例，内容真实、新颖。三是操作性和实用性强。所有实训项目均采用真题真做，学生真刀实枪地操作，无论是对后续课程的学习还是对将来从事会计以及与会计相关的工作都非常有用。

（三）国内首创"校中店"建设

学校曾经开设了企业管理专业，在计划经济时代，这个专业的招生、就业情况均不错，但随着市场经济的推进、企业现代化管理技术的提高，学生的就业率逐年下滑，张香永校长当机立断，为该专业加入新的内涵，将其改为市场营销专业。该专业涵盖的知识结构比较复杂，对学生的综合要求较高，学生要懂得成本核算，还要懂得营销策略。不是在纸上通过演算就能学会成本计算，不是通过死记硬背营销理论就能学会经营管理的，在书本中学习一学期的知识可能还不如在实际中经历一次营销流程的收获大。能不能用一种实体的形式将这些知识都包含其中呢？张香永想到了他在国外考察的时候见到过的"校中店"，于是一个大胆的念头在他心中浮现出来：可以留出一块三角地，让学生自办超市，以"自愿入股"的投资方式建立起自己经营的实习商店，通过一轮轮的竞争选拔，以完全民主的形式选拔出店长、经理。

1998年，"校中店"终于建成了。开业那天，很多领导为超市的开业剪彩，负责超市经营的学生也感觉到了责任和使命。走进超市实训基地，面前展现的是一个真实的超市卖场和超市后台管理区，这让学生足不出校就可以置身于真实的商业环境中。卖场部分是按照一个真实超市设计的，不仅在软、硬件设备和布局方面做到了真实，而且卖场气氛方面也做到了和真正的超市神似。卖场设计遵循麻雀虽小，五脏俱全的思路，卖场在空间上表现出了4种不同的陈列方式，分别是普通商品的货架陈列、散装商品陈列、传统柜台式陈列、冷冻冷藏商品的陈列，在散货销售区，针对散装称重商品销售配备了条码电子秤。另外，卖场的周围还安装了电子防盗、背景音乐等设备。在进出卖场的收银线上有4种不同品牌的8台POS机，条码扫描设备选择了激光平台、激光枪、CCD三种不同类型的设备，这样既满足了学生实习所需的工位数，又可以让学生接触到目前市场上应用的各种不同类型的设备，学生毕业走向工作岗位后，能很快对各种设备进行认知和熟练操作。学生还可以在卖场中演练收银、理货、客服等业务。

办公区把真实的超市办公场景和教学环境很好地结合在一起，在模拟办公区中配置了25台计算机和一套超市应用软件。办公区中的应用软件也是一套先进的超市管理信息系统，通过它可以模拟出一个连锁总部、2—8个分店的运营过程。学生可以直接参与连锁超市运行的每一个环节，进行实操演练，同时又能宏观地对整个系统进行了解。应用软件仿照法国家乐福超市的管理模式，融合了现代超市的经营理念。学生在学习、实训的过程中不但能够学到专业知识和实际技能，而且还能对超市的经营理念有深入的理解并将其应用到今后的实际工作中去。

另外，软件中还包含多种分析方法，学生通过应用软件就能掌握多种业务情况的分析处理。因为企业经营过程中的各部、室、各环节在实习商店经营的过程中均有设置，学生每天都要仔细地进货、分拣、记账、销售、核算成本和收益，通过自己的经营和管理，在体验和感悟中学到了市场营销知识，掌握了相应技能。学生懂得在一个结算期内完整的经济业务的一般规律，收集的是完整的资料。

二、激流勇进

财会模拟室和超市实习实训基地的建成和投入使用就像是一个强力助推器，用客观存在的实物向全校师生传达了一个重要的信息，那就是文科类的专业课一样可以看得见，一样可以摸得着，一样可以让学生在实践中掌握那些枯燥无聊的数字游戏。同时，商贸学校用这样一种脚踏实地的方式，为财经类职业院校做出了表率，证明财经类职业院校同样需要培养基础知识扎实、动手能力强的应用型人才，其中动手能力的培养很大程度上取决于实验实训设备的优劣。财经类专业实训基地建设并没有固定的模式可以借鉴，唯一的灵感就是创新，建设的思路也来自创新。正是在这种理念的指导下，商贸学校的实习实训基地建设取得了一个又一个的辉煌成就，其中电子商务和银行证券实训基地建设历程最为曲折，成绩最为动人。时至今日，每当建设者回想起当时的历程，每个人都会无比自豪地说："只有亲身经历的人才会真正地理解奋斗的意义，这种奋斗换来的辉煌只有经历的人才会倍加珍惜。"

（一）电子商务实训基地的建设

学校的电子商务专业和银行证券专业已经开设几年了，培养了几批毕业生，有几个学生工作还比较出色，但是和其他学校相比并没有太多的技能优势。"怎样才能培养他们过硬的动手能力，让他们好上加好，在工作中比其他学校的学生更有优势，成为商贸的一张名片呢？"张香永校长想。办法只有一个，那就是建设电子商务和银行证券实习实训基地。通过实习实训基地的建设，不仅能提高学生的动手能力，使他们成为学校的名片，还会大大扩大学校的知名度，走出一条超常规发展之路。

2003 年，农历春节刚过，虽然立春了，但是天气依然寒冷，北京商贸学校的会议室里却是另外一番热闹景象。随着张香永校长的电子商务和金融证券实习实训基地建设提案的提出，会议室炸开了锅。有的人眉飞色舞，准备大干一场，有的人沉默不语，低头沉思，更多的人表明自己的观点，展开了论战。争执讨论的主要问题集中在两个方面：一是有没有必要建设这两个基地；二是即使有必要建设应该怎么建。有的人认为，随着学校办学规模的扩大，更多的资金应该用在最需要的地方，如教学楼的建设，学生公寓的建设，至于实习实训基地可以缓建几年。有的人则认为，这两个专业目前最为热门，学生报名热情空前高涨，还没等毕业就被一抢而空，正是乘胜追击、锦上添花的关键时期，正需要建设这样两个实习实训基地。张香永校长的思路很明确：什么是最需要的？用人单位的要求是最需要的。什么是最急切的？动手能力的提高是最急切的。

经过几次激烈的讨论，经过一次次的企业调研，张香永校长和他的团队对建设电子商务和金融证券实习实训基地达成了一致，统一了思想，普遍认识到了实习和实训并不是可有可无，其建设的重要性和紧迫性一点不比教学楼和学生公寓差，要建设实习实训基地，而且要运用创新思维建设。

（1）创新建设思路。但是，另外一个问题又摆在了张香永校长的面前，电子商务和金融证券是近几年的新兴专业，别说是中专学校，就是大学本科院校也是刚刚开设，基本上并没有这两个专业的实习实训基地，所以商贸学校并没有现成的建设模板可以参考。其他学校的文科类专业建立的大部分实训基地多注重低端技能和单项技能训练，应用效率不高，如文秘专业多重在建设计算机中心，让学生学习文字输入与处理，英语专业建设多媒体教室、语音室，会计专业多注重几张凭证和一把算盘等。

北京商贸学校的电子商务和金融证券有些专业课程是一致的，有些技能训练实训室通用，怎样把两间实训室放在同一层楼，并且最大限度地还原工作环境，体现工作状态呢？如何把所有的空间都利用起来呢？张香永校长每天回到家的时候都是深夜，沿途的街灯昏暗，店铺外面的灯箱广告偶尔闪过眼前。一天，在回家的路上，突然，一个灵感在他的脑海里闪现，灯箱既可以宣传商品也可以育人，可以提供相关专业的知识展示。两间实训基地尽管设计在了同一层楼上，但是仍有一段不短的楼道相联系，将带有专业知识的灯箱镶嵌在楼道两侧，学生经过楼道的时候都不时被楼道两侧美丽的灯箱吸引着视线，真正实现了学校"处处育人"的理念。

2003年"非典"时期，实训基地的设计终于完成了。可是，如何将美妙的蓝图变成现实呢？北京当年是"非典"的重灾区，人人自危，大街上再也见不到熙熙攘攘的人群，再也见不到欢快的笑容，每个人都是行色匆匆，全副武装到只留下两个惊恐的眼睛。在这种极端危险的情况下，学校也从来没有降低过实训基地的建设标准，没有延误建设工期。

（2）"人无我有，人有我新"的电子商务实训室。在实训基地的入口处，"北京商贸学校实训基地"的招牌就镶嵌在古朴大方、典雅美观的墨绿色大理石上，当年，为了寻找这几块大理石板材，张香永校长和他的团队可谓穷心竭力、不辞劳苦。为了这几块不起眼的大理石，他们从城南到城北，从大的建材市场到小的装修公司，一家家地看，一个摊位一个摊位地谈。他们行走在早已因为非典而冷清的街道，他们坐在几乎空无一人的公交车上，全然不顾被感染、被伤害的危险。有人说："不就是几块大理石吗？颜色差点就差点，只要不影响使用就行了，再说这是非常时期，不必那么苛求吧。"但是商贸人不那么认为，要按照"三年领先、五年不落后"的标准建设实训基地，要将每一分钱都花在刀刃上，就是最不起眼的材料也要选择最合适的。正是由于近乎苛刻的选择标准和近乎完美的建设要求，他们最终选到了称心如意的材料，建成了广受好评的电子商务和金融证券实习实训基地。

综合声、光、电技术的多媒体德育基地

秋天是收获的季节。2003年的秋天，北京商贸学校电子商务和金融证券实习实训基地建设终于完工了。步入电子商务实验中心时，你看到的并不是一间实训室，而是仿佛进入了一家正在正常运营的现代化电子商务公司。这个公司的名字叫"商务通"，这家公司以创新为目标，以依托网络信息化商务运营为主要业务，在各个工作台上是摆放有序的、现代化的办公设备，工位数甚至达到了56个，远远超出了一般电子商务公司的规模，囊括了大型电子商务公司所涉及的各个职能机构及部分相关机构，有销售部、物流部、企业策划部、信息部、财务部、经理室、网络部、模拟客户、模拟供应商等。本实训室将一个真实的电子商务公司展现在学生面前。

实训室软件部分为当今主流的电子商务教学软件，并且还开发出了电子商务考评系统。该软件集合了现有电子商务公司所涉及的电子商务网络功能模块，总共21个实用功能模块，是现有电子商务教学中功能最齐全的实用软件，并且其自身在商业运作中经受过实战考验。电子商务公司最重要的是后台管理，电子商务公司员工应该完全掌握网络后台的管理体系，并且可以熟练操作。因此，软件将网络后台管理体系完全展示在学员面前，各个单元模块之间既可以独立运作，也可以所有模块统一使用，真正达到了教学、实训相结合的效果。实训室还包含了办公自动化软件，让学生体会现代化企业中的无纸化办公，以适应大型集团化公司的管理体系。学员经过系统学习和培训后，能够通过网络宣传自身产品，掌握客户信息，进行促销，学会和选择交易对象，处理订单并搜集市场信息，通过实际操作，学生能通过系统软件掌握客户来源，有效对 B2B 及 B2C 的信息进行分类处理，组建针对性产品 BBS 论坛，建立适合企业自身需求的电子商务网站。

（二）金融证券实训室的建设

金融证券实训室采用了与真实银行相吻合的工作环境，内部的软、硬件的运转完全等同于银行，同时考虑到了学生训练所需的工位数。本着求新求变的建设理念，张香永校长的脑海中浮现的是现代银行的工作情景，在当时很多银行实际工作中仍然采取顾客排队站立接受服务的情况下，他依然决定本着顾客至上、从顾客角度出发的原则建设一处和中国工商银行分理处布局装饰完全一致，但是服务水平更先进的实训基地。张香永校长要求实训基地建设要有超前的思路，因此实训室里安装有排号机、超大液晶显示屏，每个服务窗口为顾客提供凳子。其中的很多设施几年后才在京城多家银行分理处普及。学生通过在校内金融实训室的实操训练，毕业后一走出校门就能很快适应工作状态，为企业更好的服务，工作岗位和技能训练实现了无缝对接。

具体来说，金融保险实训室分为三个功能区：

（1）银行。实训室布局参照银行营业大厅来布置，其中业务功能区分为储蓄功能区、分理处功能区、咨询服务区等。储蓄功能区设封闭式交易专柜，采用了存折打印机、磁卡条码阅读器、验钞机等专业设备。分理处功能区采用半封闭式交易专柜，每组专柜设终端设备。银行还设有咨询台、填单台。大厅内还有教学用投影屏幕、投影机等多媒体设备、模拟 ATM 机一台、LED 银行汇率发布屏、凭证橱、公告牌，内部使用的软件均为银行现用的模拟仿真的软件。学生在基地内进行操作，基地为他们提供了一个银行业务实际操作环境，使他们能够迅速熟悉并掌握银行的相关业务，从而提高了毕业后的就业竞争力。

（2）保险。实训基地有一套保险业软硬件系统作为保险业务的支撑，实现了计算机联网，本系统可以方便地扩展为多个业务部。我们设计的保险业务模拟实习系统主要包括保险计划书生成子系统、业务客户管理子系统。这套系统建立了专业、规范的保险营销管理电子平台，它可以根据客户需求自动生成智能保险计划书，可以实现历史计划书查询、开放式录入接口、准客户管理分析，还可以进行书写保险计划书的模拟实习并为保险客户提供投资理财分析，模拟实习保险业务客户的管理和分析。

（3）证券。为了模拟股票交易流程，全真演练开户、委托、成交、结算等各项程序，学习分析股票市场行情及各股具体走势，对可能出现的风险提出警示和预测，学校建立了一套完整的可以模拟国内现行二级证券市场全部交易过程的实验系统，训练学生的实际操盘能力。实训基地的证券模拟系统、实训工作室网络系统结构设计以证券公司营业部的网络系统为原型，网络系统以中心交换机为中心，使用了有线电视系统适时提供行情数据，采用LED电子显示屏显示，可以适时接收上海、深圳两股市的实时情况。中间资讯接受系统可以使证券投资者及时获得最新的个股股本资料及随时浏览行情数据，并且提供各种供客户交易的手段，模拟证券交易的全部过程。

（三）旅游实训基地的建设

旅游业作为国民经济的战略性支柱产业，应该得到更大的发展和支持。因此，发展这一产业的思想应该更加解放，视野应该更加宽阔。当今世界的第一大产业，不是汽车，不是石油，而是旅游。北京是世界旅游城市，北京旅游将按照"三步走"战略，为加快建设"世界城市"创造条件。到2015年，北京将建成一批重点旅游项目和旅游产业集聚区、生态休闲度假区，旅游产业增加值将占全市地区生产总值的10%以上，旅游外汇收入超过100亿美元，年入境旅游人数达到1000万人次，国内旅游人数达到2亿人次。预计到2020年，北京将初步形成符合"世界城市"标准的旅游产业基本框架，到2050年，北京将真正步入"世界城市"阵营。

如何让职业教育真正服务于北京市经济社会发展，如何让职业教育真正服务于产业结构的升级，是摆在张香永校长面前的一道难题。旅游专业已经招生几年了，毕业生已经服务于北京市和全国各地的各个旅游景点，发挥着各自的聪明才智。但是没有实景的照本宣科无异于纸上谈兵，这样培养出来的学生记得再多、记得再牢也只是死记硬背景点知识，到实际中应用的时候还是会不知所措，不会应用，长期这样下去，这个专业的实际社会效益会大打折扣，社会的满意度会大幅度降低。想到此处，张香永校长产生了一个大胆的想法：建设旅游专业实训教室。但是除了沙盘之外，还有什么可以利用呢？张香永校长召集大家共同思考，出谋划策，提出建设思路，这时有位教师说道："我儿子整天打游戏，里面的人物场景栩栩如生，人就像是真的在里面运动一样，立体感非常强。能不能设计一款这种旅游景点的游戏呢？学生可以进入各个景点参观讲解。"

学校实验中心负责人立刻找来几家虚拟现实的网络公司进行考察论证，其中有几家公司一听是做教育虚拟现实，兴趣大增，觉得这正是个扩大企业市场份额、提高企业业务覆盖面的大好时机。但是，他们很快就又选择了退出，原因就是没有一家公司做过旅游景点虚拟现实，没有任何的参照可供借鉴，各景点的要求太过复杂，需要付出巨大的财力、物力才能开发

全国政协副主席张榕明、原北京市
副市长范伯元等参观旅游实训基地

出这套软件。北京神州视景信息技术有限公司曾经成功研发了"虚拟自行车故宫游"项目，有了这样的基础，神州视景公司抱着试试看的想法接受了这个项目，但是可以开发到什么程度却不能保证。经过学校和公司的通力合作，2005 年，该公司为商贸学校旅游实训基地建设开发出来的神州视景 CECE——文教数字体验系统 V2.0 被国家《自主创新产品名录》收录，2006 年，学校旅游实训基地建成。目前该公司在对外宣传的时候第一个提到的就是北京商贸学校，就是张香永校长，正是这一次成功的尝试，使神州视景的主营业务转移到文教数字体验上来，为公司打开了新的业务空间。

走进商贸学校旅游实训基地就像是走进了微缩景观的王国，就像走进了 3D 的全景空间，您会看到一个虚拟现实演播区。演播区通过三通道被动立体投影设备实现旅游景点三维立体播放，通过二维融合卡实现二维节目播放。旅游实训室可以实现虚拟漫游、景点信息查询、多媒体资源超链接、导航地图、自动讲解、动画播放、教学与考核、分类显示等。此外，沙盘演示区包括了 6 个 CISO 高科技沙盘、20 个独体模型、3 个电子地图，主要功能是通过电脑及多媒体设备的控制，使沙盘实现发声、发光、图像动画的效果，同时具有旅游知识点学习的功能。

（四）德育实训基地的建设

中职教育常被不少人看做是"无奈的教育"。被中考筛选下来的学生进入了中职学校，他们文化基础差，在理想信念、价值取向、是非观念、法律意识、行为习惯、文明礼貌等多方面也有明显缺失，不服管教，情绪冲动，

难以引导。如何教育好这些学生，使他们在成才的同时更要成人，是摆在中职教育工作者面前的一个难题。传统的德育工作方式虽然也能起到一定作用，但总体来说收效甚微。

当说教的德育形式还在占据职业学校德育课堂的时候，北京商贸学校却开始尝试全新的形式。2007年，北京商贸学校在学校内首创德育实训基地，改写了中等职业学校的德育历史。

德育实训基地场景一：一个女学生义愤填膺地告诉老师，她想一把火把家里的房子点了。在老师的劝慰下，女生逐渐地平静下来，她告诉老师，爸爸好赌，把家里过日子的钱，甚至是学校给她发的助学津贴都给赌掉，母亲靠家里的地养活一大家人。每天放学后，她要做饭、洗衣物、整理屋子，有时还要承受父亲赌输之后的责骂，家人对她关心很少，甚至连她是否吃饭也漠不关心。到现在，家里没有拿出一分钱交学费。这个学生回到家里，感受到的是冷冰冰、没有爱的家。面对学生的倾诉，教师默默地为她递上纸巾，让她尽情宣泄……随后，教师针对该生的思想症结，开导启发她，把她带到宣泄室，她拿着橡胶棒抽打橡皮人。随后，学生紧紧地拥抱着橡皮人躺倒在地，布满泪痕的脸露出了羞涩的笑容。

学生心理咨询实训室

德育实训基地场景二：4月的一个下午，几名在最近的学习和生活中感到焦虑和困惑的学生来到了德育实训基地。他们希望老师能帮助他们梳理情绪。学校的心理辅导教师先是和他们进行了放松的聊天，了解他们的困惑，然后，安排学生分别在沙盘上进行游戏，或在宣泄室放松宣泄。教师在他们游戏的过程中始终关注他们，并在游戏后和他们沟通，使学生能够针对自己的情绪及时做出积极的调整。通过教师的辅导和自我调整，学生在活动后感到轻松、快乐。

德育实训基地场景三：几组来自三个年级的学生正在心理辅导的箱庭室内随心所欲地设计分属自己的沙盘。学生小李以战争为主题，摆放了指挥部、飞机、坦克、士兵、防护网、枪支等玩具。对于摆好的沙盘，心理老师帮助小李进行分析：从沙盘的战争格局看，小李思维清晰，条理清楚，是一个头脑清醒并且有条理的学生，很有做一番事业的男子汉气概，但在做事的过程中，有时候会太过保守或不够有闯劲。老师建议他今后要学会适当表现自己，可以多参与集体活动，并积极发挥自己的特点……

德育实训基地场景四：这是一节特殊的德育课，上课的学生全部是各个年级、各个班表现较差的学生。置身于明亮又温馨的德育实训基地，环顾四周，参加特训班的学生既感到新奇又迷惑不解。老师、学生一律盘腿而坐，授课者是主管教学的副校长。课上内容有三：（1）不要给别人添麻烦；（2）习惯成就每个人；（3）学会尊重他人和自己。课上，老师讲课，学生复述重点，分组讨论，心理辅导，特训班全体人员合影，学员介绍自己，最后，大家握手告别。100分钟的课，学生规规矩矩，兴致盎然。讨论中学生坦言，有些问题从来没想过，回去后要好好想想……自我介绍，握手告别，让学生有了被尊重的感觉。一堂别开生面的德育课给特训班学生留下了深刻的印象。

三、硕果累累

墙内开花墙外香，艰苦的奋斗换回来的是累累硕果。北京商贸学校实习实训基地建设的成功经验被中央电视台、《中国青年报》《中国教育报》《北京日报》《北京晚报》等媒体争相报道，参观访问的中等职业学校的领导和嘉宾都被张香永校长和商贸学校敢于争先、敢于创新的精神打动了。2006年，国内外多个教育代表团来校参观访问，北京、河北、辽宁、山东、山西、内蒙古等地的兄弟学校纷至沓来，许多同行见到张香永校长说得第一句话往往是："几年的时间建设了覆盖所有专业的实习实训基地，这真是中国职业教育界的奇迹啊。"他们深深折服于张香永校长的改革魄力。

到2010年底，学校共接待了400余批次的来访参观团。他们当中有全国政协、教育部和北京市委市政府相关领导，也有各兄弟院校的管理者和教师；既有来自北京市的，也有外省市的，还有外国友人。德育实训基地建成以后，北京市教委立即在北京商贸学校组织召开了学校德育教育现场会，有100余所学校前来参观了基地。

十几年过去了，商贸人以自己的智慧，开创性地创建了融合性的"双师型"教师队伍建设模式和实训课堂教学新模式。北京商贸学校针对各专业实训教学特点，对不同的专业采用了不同的实训教学模式，建设了一支高水平的实训教学师资队伍。

张香永校长和他的团队集思广益，创造性地建立了"学、导、训"教学模式。在教师讲透财会、金融专业理论知识的同时，学生到银行、保险、证券、财会实训室训练，每个学生扮演着真实岗位上的员工角色，根据教师所讲知识，在教师的指导下进行操作训练，使专业理论与实际技能结合在一起。

"一体化"教学模式。食品、计算机等专业采用理论与实际相结合的一体实训教学模式，使学生经过日积月累的强化训练提高业务能力。

"集中实训"教学模式。计算机组装与维修、餐厅服务与客房服务、影视后期制作等课程均让学生集中在实训室进行演练。

"课程实训"教学模式。根据旅游专业特点，着力在教学过程中突出数字化虚拟仿真特色，全方位模拟旅游行业岗位实战（通过三通道被动立体投影设备实现旅游景点三维立体播放，应用 CISO 高科技沙盘、独特模型的电子地图，使学生学到旅游景点知识），加强学生顶岗实战的能力。

通过建立上述实训教学模式，学校实现了"四个合一"：一是岗位与教室合一，上专业理论课在教室，上实训课在工作岗位上；二是学生、学徒合一，学生在实训时，既是专业技能的学习者，又是一个工作者，集两个角色于一身；三是教师、师傅合一，在实训课上，教师既是先生，又是实习指导教师，既上理论课，又上实训课；四是理论与实践合一，学生在实训过程中进一步加深了对专业理论的理解。

由于各专业充分利用了实训设施，学校实验实训开出率达到 100%，实验实训室利用率高，有的实训室在中午和课后时段需排队才能使用。

实验实训基地在学校发展过程中作用显著，在全市专业课程、教学改革中起着引领、示范的作用。

北京商贸学校是北京市唯一的市场营销专业教师培训基地，承担着全市中职学校市场营销专业教师的培训任务，被评为北京市金财实训基地评价标准制定校、北京市职教学会金融事务专业委员会主任校、财会研究会理事长校、2008 年北京市单项专业课程改革金融事务专业组长校。

通过完善实习实训基地，学校培养了一大批动手能力强、品学兼优的学生，获得了社会认可，在北京市职业技能比赛中争得了荣誉。

1. 在市财政局组织的专业技能大赛、金融事务专业委员会技能大赛中获冠军，团体总分第一；在财政局专业技能大赛中，参赛的 20 名选手中，19 人获单项第一名。

2. 在 2004 年北京市"新世纪杯"专业技能大赛中，全市饭店旅游专业的学生仅有 7 人获技师职业资格证书，其中 5 人是商贸学校学生，考评专家一致认为商贸学校的学生操作规范。在 2008 年"迎奥运"技能大赛中，茶艺专业的 20 名选手均是商贸学校的学生，他们代表地区参加市级专业技能大赛。

3. 毕业生综合素质高，专业能力强，技能过硬，受到用人单位的好评。

（1）企业认为商贸学校的学生无论在工作态度、职业道德、专业知识还是技能等诸多方面均具优势，许多企业与学校签订了长期用人合同。

（2）毕业生分配覆盖面广。北京市商贸、金融、饭店、旅游和商办工业等五大行业近 40 个工种 200 多家企业均有商贸学校的学生。

（3）学生就业起薪点高，许多学生走上领导岗位，成为岗位能手。饭店旅游专业学生大多数分配在四、五星级饭店，平均月工资 1500 元左右；许多金融专业毕业生在工作几年后走上领导岗位，有的营销专业的学生在实习阶段就得到重用和提升。

（4）每年毕业生分配率 100%，就业对口率各专业均在 95% 以上，毕业生连年供不应求，甚至有的专业的毕业生在毕业前一年就被企业预定。

四、岁月的积淀

十几年的奋斗历程在张香永校长的心底留下了深深的烙印，这些记忆就像被暴雨冲刷后的山谷那样棱角分明，那样实实在在。文科实训基地在建设中应当注重哪些原则呢？在建设中应当采取哪些步骤呢？回望走过的一个个坚实的脚印，这些问题在奋斗的路上已有了答案。

一是适用性的原则。建设实训基地的最终目的是为了"用"而不是为了"看"。通过建设实训基地可以展示学校的风采，提高学校的知名度，但更重要的还是服务职业教育。北京商贸学校的实习实训基地建设紧密结合了北京市的"十五""十一五"经济社会发展规划，紧密结合首都现代服务业的行业结构特点和学校特色专业建设，规划与建设了多个能够服务北京市经济和社会发展、服务首都现代服务业、服务二商集团并且富有特色的职业教育实训基地，使生均工位数量大大提高，利用率达到了 100%，确确实实地完成了培养符合企业岗位技能需要的高技能应用人才的任务，完全做到了先进性、真实（仿真）性、实用性、经济性相结合。

二是领先性原则。北京商贸学校实训基地建设，认真选型，正确把握好适度超前的界限，做到实用性与先进性结合，既有数量较多的常规设备，又有一定数量的先进设备，尽可能与行业和技术发展水平保持同步并且适度领先，注重网络技术、多媒体技术、模拟仿真技术、蓝箱演播技术、数码监控技术等多种新技术手段的综合应用。信息旅游系有国内一流的多媒体计算机房、网络教室，传媒专业的演播室、录音棚和非编室，动漫实训室，语音室，茶艺室和集教学、实操训练为一体的国内领先的旅游饭店专业实训基地；金融财会系建有国内最先进的金融实训基地和财会实训基地，包括仿真银行，保险公司，证券交易模拟室，会计、出纳模拟专业教室，审计室，工商税务登记训练室，金融网络教室等。北京商贸学校的实训基地建设既注重社会效益和经济效益，更注重管理的领先性，充分发挥实训基地的功能，提高实训基地的综合效益。在这一原则引导下，北京商贸学校的实训基地在全国同类型职业院校的实训基地中始终处于引领示范的地位，其他院校纷纷借鉴、吸收北京商贸学校实训基地的建设经验，效仿其建设和管理模式。在北京商贸学校的引领下，职业院校共同努力迎来了全国财经类职业教育的又一个春天。

三是科学性、系统性原则。文科类学校实训基地建设要有系统的观念。文科类的学校在建设实训基地时，由于其专业设置的特点，不可能从规模、水平上与理工类学校相比。文科类学校实训基地的建设要紧密结合学校所在地区的支柱产业、新兴产业和特色产业，科学规划，分步实施，用科学发展观指引实训基地的建设。在建设过程中，北京商贸学校对教学资源进行合理配置和优化组合，最大限度地实现校内各专业资源共享，极大地提高装备、设备的利用率。北京商贸学校实验实训系统的各个组成部分，既是相对独立的子系统，又能实现各子系统之间必要的联系，最终实现自上而下、集中统一的系统化建设和管理。

总结北京商贸学校的实训基地建设历程，回顾创业道路上的酸甜苦辣，只是为了更好的前进。

第一，思路决定出路。机会更偏爱那些不抱怨的人。面对曾经沮丧懈怠的教职工，面对挑剔的用人单位，面对毫无经验可借鉴的探索之路，领头雁张校长没有抱怨，商贸学校这个集体没有抱怨。张校长对职业教育教学形式的深刻理解和前瞻性思考让商贸学校的办学思想走在了同行的前面，实训基地建设小组成员们对职业教育教学形式的创意解读让商贸学校的基地建设落在实处并且魅力无穷。如此，才有实训基地破茧而出，如此，才开启了文科职业院校建设实训基地的时代。

第二，学校实训基地的建设离不开物质基础条件。创业之初，学校没有财政支持，只能靠自己开源节流；在取得了成绩、获得肯定后，才有一定的财政拨款。条件艰苦，创造条件也要上。好的理念、好的教育效果最终自然能够得到相关管理部门的支持和帮助。学校的实训基地由专业教室发展而来，围绕金融、财会等核心专业，在继承核心优势的基础上不断创新。2002年，学校多栋教学楼相继落成，既提高了招生能力，又给实训基地的建设提供了场地，因此，2003年开始，学校得以有条件大规模兴建实训基地。当然，当年的优势现在同样变成了局限，现在，由于学校场地限制，实训基地的扩建、升级都受到了影响，学校实验中心和教学部门的许多新鲜点子一时难以实现。

第三，学校实训基地在持续发展。除了一批具有示范效应的首创实训基地外，学校也创造条件为新兴专业建立基地，改善学生的专业学习条件，基本达到每个专业都有对应的实训基地，如学校新兴的动漫专业也建立起了集高品质专业设施为一体的实训基地，大大提高了专业的建设水平。除此之外，原有的实训基地也保证"三年领先，五年不落后"的标准，不断进行内部更新，时刻走在同类院校的前列。

第四，在实训基地的建设和应用过程中，我们深切体会到，学校不是孤岛，职业学校尤其如此。要搞好学校的建设，不能与社会脱节，更不能自我封闭，相反，必须要有开阔的视野、超前的意识和创新的魄力。

科技在进步，社会在进步。科技所带来的便捷和人的主体意识无不影响着校园内外的世界。职业学校不仅是教育系统中不可缺少的一部分，也与社会生产、消费各环节息息相关。职业学校要培养能维持和提高人类当前生活水准的技术技能型人才，必须与行业、企业和社会进行信息交换，充分运用社会上成熟、先进的技术并加以创造，以使学生能够达到或适度超过现实劳动世界的要求。

实训基地建设不仅要体现出科学性，还要体现出实用性，在实训内容安排上体现出综合性。学校在使用实训基地的过程中注重提高利用率，使得各专业的学生都可以在校内得到充分的实际操作训练，省时省力。学生通过实训，可以得到职业综合技能和素质的全面提升，还未出校门就可以了解真实的劳动环境并由此打开与企业对接的通道。另外，实训基地也具有开放性，实训基地建设不仅满足本校教师和学生的实践性教学、实训的要求，而且还面向社会，面向企业，承担各级各类职业技能培训任务。

第五，实训基地建设也需要注意以下几个方面。

实训基地的建设投入很大，一个基地建成后，"有用"是最关键的所在。因此，在基地建设之初一定要有所规划，明确其服务对象、对应行业，并使规划方案具有一定程度的可变通性。有了周密的设计，学生和教师今后所有的时间和精力投入才有意义。

实训基地对实际工作环境是一种"模仿"。这种模仿不但要得其"形"，更要得其"神"。例如，学校的"连锁超市"实训基地，不仅有当今各大超市常用的标准设备（如同比例货架、收银台、POS机等），更有强大的后台设施，如物流部、谈判间、下单区等。这些平日隐藏于各大超市热闹门店之后的部门，才是一个超市的神经中枢。学生们在这样的基地进行实训，既能看到理货、收银等第一线的工作实景，也能看到更深层次的超市经营管理真实流程。这有益于他们透过表象进而理解现代经营之精髓。

同样，实训基地针对的不是一个固定、单一的工作岗位而是一个岗位群。如学校的模拟银行，学生在这里可以充当大堂咨询、大堂经理、柜员，也能充当客服、业务经理等不同的职业角色，训练相关岗位所应具有的知识、技能和素质。麻雀虽小，五脏俱全。通过一个小而全的模拟银行，学生能够对这一行业有所了解，提前对自己的职业生涯有所规划，避免定位过于局限。

实训基地只是职业教育的一个侧面。时代在进步，职业教育尤其是中等职业教育正面临来自各方越来越苛刻的考验。北京商贸学校曾经创造了奇迹，但仍然恪守"创新"的原则，永远在路上，向前。

专家点评

北京商贸学校实训基地建设的价值和意义不仅仅在于它曾经引领了一个时代，更重要的是它开创了职业教育领域文科实训基地建设的先河。

中国素有"重学轻术""重理轻文"的思想传统，这一思想至今仍残留于社会生活、学校教育教学的各个方面。在很多人的心目中，文科教育是不花钱的教育，实训基地的建设是理工科的必须，所以胡锦涛总书记才呼吁：

"哲学社会科学与自然科学同样重要。"该校在中等职业教育领域开创了建设文科实训基地的先河，这是对文科的理性思考和本质的回归，是一种科学的理念，是对人文理念的弘扬。这是该校建设和发展的深刻的思想基础。

学校以学生的就业为出发点，针对学校技能培养与企业岗位用人标准脱节的痼疾，提出了通过实验实训基地建设带动课程建设、带动师资队伍建设、带动学校管理水平的升级换代，最终实现学校和企业"零距离"，实现了"岗位与教室合一、学生与学徒合一、教师与师傅合一、理论与实践合一"的"四个合一"，这是学校对职业教育规律的准确把握。

1997年，学校率先建成了当时在北京市同类职业学校中处于领先地位的专业教室——财会模拟教室；1998年又建成了营销专业教室；同年，创造性地让学生当"股东"，热火朝天地办起了"连锁超市"，首创"校中店"；2003年又率先开文科类中专建实训基地之先河，创立了金融、电子商务等4个实训基地；2005年首次把"虚拟现实"技术引入旅游实训基地；2007年第一个在校内建立德育实训基地……可谓敢为人先，凸显了职教人的品质，值得敬重。

这些行动背后的支撑又是什么呢？难道是张校长毕业于师范院校后，在企业、乡镇、区委和商业系统的经历么？这无疑对职业学校管理干部的培养、培训、成长以及职业学校校长资格标准的制订提供了一个借鉴范本。

最后，我还想突出强调的是，文科类职业教育是提升我国的产业结构、发展第三产业的重要组成部分，可以而且应该大有作为。文科类高职需要自强，需要创新，同时也需要外界给予更多的关心和关注。在科学与技术并进、学科与学科交融的崭新时代，文科类专业的内涵不断丰富，水平不断提升，文科类职业教育也需要实训基地，需要投入。这是文科专业发展科学化、现代化的必然趋势和内在要求。

（点评：张社字）

紧跟首都经济发展，培养适销对路的人才

——北京市劲松职业高中

名校／名校长简介

北京市劲松职业高中创建于 1983 年，是北京市第一所独立设校的职业高中，首批国家级重点职业高中，2010 年与原北京新源里职业高中整合，共有 5 个校区，占地面积 138 亩。学校开办中餐烹饪、西餐烹饪、美容美发与形象设计、饭店服务与管理、计算机动漫与游戏制作等 14 个专业，在校生 4000 多人。

学校是全国职业教育先进单位，现为国家中等职业教育改革发展示范学校建设项目学校和北京市现代化标志学校。学校的办学特色和优势集中体现在办学模式国际化、培养模式多样化、教师队伍名优化和实训基地企业化。学校确立了"走内涵发展之路，创职教品牌学校"的发展目标，根据不同的基地建设模式，采取不同的管理方式，取得了显著成效，在国际国内职业教育领域和相关行业领域具有较高知名度和良好声誉。

校长贺士榕现为北京市人大代表，曾被评为中国职业教育百名杰出校长、全国学校规范化管理杰出校长、首届中国教育管理科学人物、全国中小学科研兴校先进工作者、北京市职业教育先进个人、北京市经济技术创新标兵等。2006 年教师节，贺士榕校长由于出色的工作业绩，受到了温家宝总理的亲切接见。

核心管理思想

多年来，学校根据社会经济发展和中等职业教育形势的变化，确立了"走内涵发展之路，创职教品牌学校"的发展目标；结合学校实际情况明确了"国际合作、立足本土、特色创新"的办学指导思想；把握中等职业教育特点，提出了"适应区域经济发展要求，以专业建设为核心，促进学校全面发展"的工作思路。

根据不同的基地建设模式，学校采取了不同的管理方法。

1. 校内基地，制度管理

对于主要用于教学实践环节的实习实训室，学校实行专业主任负责制并建立了教学计划实施管理系统、原材料采购保障系统、成本效益核算系统、教学过程记录监督系统、设施设备检查维护系统，各系统由一系列的规章制度保证运行。对教学人员实行岗位责任制，做到合理定编、竞争上岗，并通过计算机、监控设备和校园网对各系统进行综合管理。定期对各项工作和教学人员进行评议和考核，保证教学计划的落实、成本的降低和教学质量的提高并避免出现教学事故。

2. 产教结合，企业管理

对于前店后校，具有对外经营性质的实习实训基地，学校采用企业生产化管理。各部门主管、关键岗位利用与企业的合作关系，聘请专业人员担任，或安排学校能胜任的教师担任。对学生员工实行选拔、轮换制度，其实习工作情况按照实习管理制度记录和考评，实现教学效益与经济效益并重。

3. 校企合作，协调管理

对学校与企业合作、由企业提供的实训基地，学校与企业签订协议，对实训过程、实训学生实行协调管理。学校配备实习联络员，企业提供兼职教师，实训期间由企业管理学生并做出实训考核评价。学校协助企业对学生进行教育、指导和管理，企业有义务向学校提供就业信息，同等条件下优先录用学校学生或将学生纳入企业人才库，使学生随时可以上岗就业。

实践应用

　　由于实习实训基地建设是专业建设的一部分，它与课程建设、教材建设、队伍建设、教学改革密切相关，相辅相成。因此，有必要先介绍一下学校专业建设的总体情况。

一、专业建设情况

　　学校面向社会经济发展的宏观市场和行业人才需求的微观市场，确立了"紧跟首都经济发展，面向行业岗位需求，长短结合、稳定灵活、注重内涵、具有特色，培养适销对路人才"的专业建设目标。为此，学校从 1987 年开始根据经济发展的宏观市场变化，重新设置新专业并改造、整合或停办老专业。学校在 20 世纪 80 年代中期将服装制作专业改造成服装设计专业，将木工专业改造成室内装饰专业，在 20 世纪 90 年代初停办了这一专业；1985 年开设摄影专业，后将其改造成影像艺术专业；1997 年又审时度势，相继开办了英语导游专业、钢琴调律专业、音乐专业和计算机专业。进入新世纪，又对上述专业进行相应改造。看似仅仅是名称的改变，但实际上，改造后的专业内涵更加丰厚，专业所指向的岗位群更加丰富。比起简单的停办与新设专业，专业改造成本更低，更易操作，实现稳中求变，实效性更强。

烹饪专业设备

教育是培养人才的，人才是应该切合实际需要的。为了把握行业人才的微观市场需求，学校领导深入行业企业和工作岗位，就企业发展趋势、岗位实际需求、人才规格标准等进行了调研，形成了各专业的"学生岗位能力结构分析表"。如烹饪专业就走访了北京市 17 家四星级以上的饭店，调研了 6 类厨房、7 类岗位，分析出 14 类知识、12 项基本能力、5 项拓展能力的具备和应用标准，既考虑了毕业上岗需要，还考虑了岗位发展和未来转岗需要。

　　学校充分发挥国际合作办学和行业专家委员会两大优势，进行了专业课程体系整体改革。首先在中西餐烹饪、国际酒店管理、美容美发与形象设计和外语导游 4 个国际合作办学专业进行了研究与实验，而且取得了一系列课程改革成果，并延伸到其他专业。学校通过对国外先进课程模式的直接引进，吃透精髓，消化改造，推出了与国际接轨的"多元选择课程模式"。通过对引进课程的分析，中餐烹饪、西餐烹饪、酒店管理专业、美容美发专业和计算机与网络技术专业已经编制或使用了本专业的模块化教材。学校的校本教材是在参考英国、德国、法国职业学校教材和课业手册的基础上，通过充实教学内容、改变版式设计、添加图片信息、增加栏目设置、关键位置留白，使之兼有教材、课业手册、课堂笔记的多种功效，起到注重学习过程、强化能力培养的作用。

在教学模式上，充分发挥行业专家委员会的指导和顾问作用，掌握最前沿的行业发展信息，将新理念、新技术、新工艺、新设备充分应用到教学中去，并在遵循教学规律的基础上形成了符合各专业特点和未来岗位需求的教学模式，如烹饪专业的"模拟仿真教学模式""菜单式教学模式""以技法带菜教学模式"，外语导游专业的"情境教学模式"，国际酒店管理专业的"任务驱动式教学模式"等。

此外，在师资队伍建设工作中，学校把培养"双师型"教师作为教师队伍建设的基本目标，并随着学校和专业的发展，按照国际化和多元化两个标准打造一流教师队伍。

根据专业教师留校生多、专业水平高而学历低的实际情况，学校先后投入 40 多万元的资金，到 2003 年，我校所有教师的学历都达到大学本科及以上程度。学校通过与行业企业合作，聘请与专业相关的行业专家、职教专家组成专业建设顾问委员会，对教师的专业技能、教学技能定期进行指导和评价。通过建立专业教师定期轮换到企业学习培训的制度，使教师随时掌握最前沿的市场信息、行业信息，及时掌握新理念、新技术、新设备、新工艺和新方法，并消化吸收，有机运用到专业建设和教学中去。通过校本培训，提升了教师的教育理论、教学方法、教学技能等方面的水平。现在，学校的专业教师均已成为"双师型"教师。在实现了"双师型"教师培养目标之后，近几年，学校又进一步确定了"利用国际教育资源，打造专业化、多元化、国际化教师队伍"的指导思想。从 20 世纪 90 年代开始，学校陆续开展了与德国菲林根烹饪学校、英国伯恩茅斯学院、奥地利巴德—格莱辛贝尔格旅游学院、法国昂热旅游管理学院、澳大利亚商旅学院的合作，以本校教师到国外培训、国外教师到本校培训、本校教师到国外讲学、国外教师到本校讲学等方式开展交流与合作，合作的专业从西餐专业扩展到美容美发和酒店管理

紧跟首都经济发展，培养适销对路的人才

专业。交流的人员既有专业课教师也有文化课教师。学校骨干专业的教师几乎都有到国外学习和交流的经历。学校历年出国教师共有100多人次，他们到国外学习，学到的是先进的课程模式、高水平的专业技术、国际上先进的教育理念、发达国家的教育手段，提高了自身语言能力，感受了国外的素质教育。学

企业化实训基地开业剪彩

校教师出国培训都是由对方负担培训费用和生活费用，实现了用国外资金提高我校师资水平。

此外，学校与国内行业企业合作，定期聘请生产一线的优秀人才、专家等到学校为教师和学生讲课。同时，许多企业为了能够优先选拔和聘用学校的毕业生，也定期派人到学校对学生进行岗位专业知识和技能的培训，实现了企业培训的前移，优秀学生提前进入企业人才库。

在开展国际合作的过程中，学校也派教师出国讲学，学校教师到国外讲学实现了中国职业教育的输出，成为教育服务的提供者。这一系列的工作，使学校的教师具有国际化的视野、国际化的理念，具备了多元化的知识、多元化的技能，最终为搞好专业建设，培养国际化、多元化的人才奠定了坚实的基础。他们当中不乏"北京市先进工作者""北京市先进德育工作者""北京市职业教育先进个人""朝阳区三八红旗手"以及国际烹饪名师、国际烹饪联合会理事、国家级西餐烹饪专家、北京市烹饪名师、中国药膳名师、技师和高级技师等，他们已经成为专业建设、学校发展的宝贵财富。

通过上述一系列的专业建设工作，实训基地的建设可以说是万事俱备，只欠东风。新的课程模式需要新的实践环节才能落实；新的教材需要有新的设备配套才能有效；新的教学模式需要有新的环境才能运用；新的教学理念和高水平的教学技能需要新的平台才能展现；新的培养目标需要新的实践教学场所才能实现。所有的努力能否取得预期的成果，无疑取决于能否拥有现代化、多功能的实习实训基地或实习室。

接下来，自然而然地就得考虑建什么样的基地、怎样建。经过深思熟虑，根据学校实际情况，学校提出了"因地制宜、深挖资源、校企合作、内外结合、共建共用、稳定灵活、讲求实效"的实习实训基地建设指导方针。

二、实习实训基地的建设模式

（一）政府投资、专家设计、前店后校模式

中西餐烹饪专业、美容美发与形象设计专业是学校的传统专业和骨干支柱专业。经过 20 多年的积淀，这两个专业培养了大批优秀人才，在中等职业教育领域和行业企业中具有较大的影响力和良好的声誉，相对来说比较容

西餐服务实习厅

易争取到政府扶持，资金需求有所保证，两个专业的实习实训基地也具备良好的基础。而且学校对首都区域经济特点和未来发展趋势、行业人才需求状况等进行了市场调研及可行性分析，认为这两个专业具有较强的发展潜力。因此，在这两个专业的实习实训基地的建设上，学校把重点放在适度扩大规模、尽量提高品位、追求经济效益和社会效益方面，具体做法是：拓展有限空间、扩大基地规模、引入现代科技、实现模拟仿真。力求建设成教学、生产、培训相结合，具有前沿性和多种功能的实习实训基地。

在基地的整体布局和主体结构方面，学校充分发挥行业专家顾问委员会的作用，由他们配合学校进行调研和考察，制订出基地建设的整体方案，并会同专业设计机构就细节问题进行协商、定案。

在基地设施设备方面，由于近年来首都各大饭店都在提高设备设施的整体水平以适应星级饭店硬件的新标准，现代科学技术进入传统行业已成为行业新的生长点。学校作为培养人才的基地，设施设备的水平也必须紧跟变化着的形势。

为此，学校主动争取企业的全力支持，与相关企业建立了密切的合作关系。欧洲著名的餐饮机械制造商伊莱克斯商用电器有限公司按照先进的烹饪技术和理念，对学校的实训场地布局提出了非常中肯的意见。学校选购的设备、用具都按照饭店标准配备，甚至相关设备和用具的摆放位置都与饭店相仿，使学生进入实习室犹如进入饭店的后厨，有利于学生养成符合工作程序的习惯动作，也使学校的学生能够见识到世界最新的设备，掌握使用要领。例如，学校借鉴世界最新的厨房设计，引进 EKIS—远程厨房智能控制系统以及多媒体教学系统。其中 EKIS—远程厨房智能控制系统是对厨房中已安

装计算机控制配件的设备进行全程监控，并记录所有的相关操作，以保证达到设备的最佳运行状态和产品的最好质量，如记录冰箱的开关次数，每次开关的时间间隔及开门时间长度，万能蒸烤箱的温度设定，被烤食品放入烤箱的时间长度等。根据计算机的记录，可以反馈和探讨学生操作的科学性、合理性。这个系统是伊莱克斯商用电器有限公司在肯定学校办学理念和专业实力的前提下，凭借良好的国际合作关系和学校声誉无偿赞助学校使用，在我国是第一次被引进，学校是第一个拥有这个系统的单位，为使基地成为最具有现代化和前沿性的实训场地提供了必不可少的条件。所有这一切，使基地建设的水平在全国处于领先地位，为实现把烹饪技术提高到烹饪艺术的目标搭建了舞台。

为真正实现产教结合，学校又收回了租赁房屋，兴建了实习餐厅（包括中餐厅、西餐厅、咖啡厅），前店后校模式得以正常运行。但在实习餐厅的建设过程中，学校在设计、布局、装修、装饰、设施、设备、用具等方面主要着重于餐饮文化和校园文化氛围的营造，并未追求豪华与现代化。实习餐厅的建成为我校国际酒店管理专业提供了真实的岗位环境，并实现了与烹饪专业和国际酒店管理专业教学实践环节的接轨，完善了这两个密切相关专业建设的一体化，不仅保证了两个专业学生的技能训练，而且锻炼和培养了他们的合作意识和合作能力。

此外，在保证实现基地的教学实践功能的前提下，学校也注重发挥基地的社会服务功能。烹饪专业由于实习实训基地工位容量大、设施设备现代化程度较高、岗位工作环境较为真实，已经成为中国烹饪协会专业技术等级考评的定点单位、多家酒店的岗位技能鉴定的考场，成为学校服务社会、回报社会的主要途径之一，密切了学校与行业企业的合作关系。该基地也为学校开展规模适度、内容丰富、形式多样的社会培训工作提供了培训条件。各种社会培训年均达到 4000 多人次，取得了良好的社会效益和经济效益。

（二）校企合作、走入企业、共享企业资源模式

学校是三年制职业高中，学生在校学习两年，第三年进入企业实习。由于学校与多家企业建立了长期稳定的合作关系，学生第三年的实习能够得到有效保证。但学生在校学习期间，由于班级容量较大，而一些专业实习室容量较小，实习课很难保证质量。为解决这一问题，学校与合作企业洽谈，努力争取企业帮助，实现了部分学生部分实习课也能到企业去上或直接顶岗实习，如学校将国际酒店管理专业高二年级餐厅服务员和客房服务员两门课程

企业化实习基地内景

的实习分别安排到北京国际俱乐部和丽晶国际酒店去上。当然，这需要学校克服一定的困难，如教学计划的调整、课表的安排、教师的配备、学生的分层等。但从实际效果来看，这种模式不仅可行而且效果良好，因为学生可以到企业的真实工作岗位去观摩、体验、学习，那些聪明、好学、勤快的学生甚至可以顶岗工作，不仅锻炼和提高了实操技能，也增强了竞争意识。更重要的是，由于学生已经具备了一定的基础，到高三实习分配时，用人单位对他们的表现感到满意，非常愿意招收。有些学生凭借其良好的表现成为用人单位重点培养的对象，并进入企业的人才库。当学校领导看到学生顺利走上实习岗位的时候，就会感到学校为此付出的一切努力都是值得的。与企业合作，建立准实习实训基地，将企业资源转化为学校的教学资源应当是一条值得进一步探讨和规范的可行之路。

（三）走出校门、基础合作、自主经营模式

2004 年，教育部领导到学校考察工作。当时学校的美容美发与形象设计专业实习实训基地尚在筹划阶段，现有的实习室狭小简陋，设施设备也较为落后。领导了解到这一情况以后，为解学校的燃眉之急，提出了由教育部支持学校，在教育部机关开办一座美容美发厅的设想。这让学校领导非常感激，他们没想到能够得到国家最高教育主管机关如此直接的支持与帮助。很快，在教育部领导的亲切关怀下，学校与教育部达成共建协议：由教育部提供实习场地和设施设备，我校负责实习厅的运行与管理，对外实行保本经营。

正是由于各位领导的大力支持，2005 年 7 月，该美容美发厅顺利建成并投入使用。运行两年多来，已经有多批学生分期分批到此接受培训或直接上岗实习，他们在此得到了岗位实际工作的真实体验，服务意识、专业技能得到了全方位的提升，得到了社会各界的好评，尤其在教育领域产生了积极的影响，为专业和学校赢得了良好的声誉。实习厅在学校的精心经营管理下，实现了教学效益和社会效益"双丰收"。

（四）校企合作、优势互补、共建共用模式

学校的影像与影视艺术专业历史较为悠久，为北京的各种媒体机构培养

了众多摄影、摄像、编辑等专业人才。但近年来，随着传媒业的发展，行业对岗位专业人才规格标准要求越来越高，其中对先进设备、器材的使用能力，高新技术的运用能力的要求尤其严格。该专业的特点是适合小班教学，对实习实训室面积要求不高，但要求实习设施设备专业化和现代化，学校无力承担设备昂贵的费用。学校也曾努力寻求与企业合作，但效果不佳。正当学校为此问题苦恼的时候，一名优秀毕业生为学校解决了这个难题。

学校建有长期的毕业生跟踪调查制度，其目的是随时掌握多种信息，为学校的教育教学改革服务。在 2004 年的调研过程中，我们注意到 1995 年美容美发专业的毕业生马玉。他当时已经是全国形象设计领域小有名气的人物，并在 2003 年成立了自己的形象设计公司——般若视觉形象设计公司。当时我们只是想请他在新生入学的开学典礼上就"中职生也能成才"的话题现身说法，但在会后，在进一步交谈中我们了解到，他的公司经营得很红火，许多明星大腕、知名产品都到他的公司做形象设计、拍摄平面广告。他的摄影棚建在郊区，还想在市区内再建一座摄影棚。真是柳暗花明！因为我校长期闲置着一个面积不大、高度却不低的废旧厂房，其位置、结构特点使得我们一直无法利用，可谓食之无味、弃之可惜。

最后我们签订协议：由马玉的公司投资并负责厂房的改造与装修，所有专业设施、设备、器材也由公司提供，建成我校美容美发与形象设计专业和影像与影视艺术专业实习实训基地，双方共同使用。同时，学校聘请其公司的设计师、摄影师为客座教师，定期对学生进行辅导，其辅导课纳入专业课表。部分优秀学生可以随时观摩或参与作品的设计和拍摄工作。

这种校企合作模式还促使我校对美容美发与形象设计专业和影像与影视艺术专业的课程进行整合，为这两个专业的课程改革提供了新的思路。正是在这个实习实训基地的实践指导下，在专业人士的建议和参与下，目前我们已经调整、制订了上述两个专业的新的课程计划、教学计划，正在开展教学模式和教学方法的改革。同时，专业人士与学生日常直接接触，使得学生被发现、被鼓励、被培养、被推荐。有的学生已经直接进入企业人才库，为未来的发展提供了机会、铺平了道路。

也许这种基地建设的模式有巧合的成分，但偶然之中有必然，它给了我们很多启发。用心挖掘社会上可以利用的教育资源，充分发挥学校的有利条件，寻求学校与企业的多种合作形式，应当是实习实训基地建设工作中值得深入研究和探索的课题。

（五）捕捉机会、校企联合、短小灵活模式

实习实训基地建设，要做"大"文章，也要做"小"文章。实习实训基地本质上是为了让学生学习、锻炼、提高专业技能及应用水平而提供的一个实践场所。正因如此，我们不能只立足于花大钱办大事，非要建设规模宏大、设备先进、长期稳定、功能无边的所谓基地。在现实条件和形势下，对于有些学校、有些专业也应该因地制宜，采取一些"小快灵"的做法，花小钱、不花钱而办大事。

陶西平先生出席企业化实训基地开业典礼

北京作为首都，大的活动多，活动规格高，这其中蕴藏着许多机会。我们一直希望我们的学生能够参加或参与这些活动的服务工作。世上无难事，只怕有心人！经过与企业（比如钓鱼台国宾馆、国际俱乐部）的交流与探讨，我们了解到，实际上我们的学生是可以胜任这些活动中的有些服务工作的，只不过学生需要经过严格挑选、进行政审、集中培训、实地演练等。这正是我们求之不得的！为此我们与几家知名饭店建立了密切的合作关系，为学生争取更多、更好的实践锻炼机会。

2001 年，学校 200 多名学生志愿者曾出色地完成了在北京举行的"世界大学生运动会"运动员餐厅的志愿服务工作。

2005 年，学校国际酒店管理专业 50 名学生曾在温家宝总理宴请加拿大总理的宴会上承担服务工作，受到高度评价。

2005 年，在胡锦涛总书记和温家宝总理参加的 20 国财长和央行行长会议期间，学校有 100 多名学生承担了餐厅服务和食品的制作任务，为国家和学校赢得了荣誉。

2005 年，德国驻华大使参赞离任告别酒会在劲松职高举办。学校烹饪专业和酒店管理专业的教师和学生 80 多人，承担了酒会的筹划、菜品制作和服务等全部工作，得到了参赞及其夫人、中德双方官员和国际友人的高度赞赏。

这些活动虽然都是临时性的，但其高规格、高标准、高要求却使学生增强了职业感受，提高了职业技能，开阔了视野，树立了成材的信心，提升了

综合职业素质。不要小看这一次次的临时性活动，教育本就应该注重点滴积累所产生的潜移默化的作用。这种培训和实习锻炼的价值也许是再好的实习实训基地也不能轻易实现的。

（六）相对独立、自主经营、企业化运营模式

2009年3月15日，北京市劲松职业高中美容美发与形象设计专业企业化实习实训基地——领袖风尚形象设计有限公司举行了开业剪彩仪式。该实训基地由学校自主经营，对内实训，对外营业，采用企业化管理，体现出了学校在校企合作办学模式上的探索与创新。

美容美发与形象设计专业是学校国际合作办学专业和产教结合教学模式试点专业，其实习实训基地是北京市重点投入、朝阳区重点建设的专业实习实训基地。该专业建于1985年，至今已有20多年的历史，并保持着良好的发展趋势。该专业历年来获得国家级专业技能大赛奖项80多项次，2009年获得全国专业技能大赛一等奖一项、二等奖两项。2005—2009年，该专业约120名学生担任了多项国际时尚活动中的造型设计工作，并多次参加国内外的时尚造型竞赛。该专业与英国、韩国、意大利、加拿大等国同类院校建有不同领域、不同内容、不同形式的合作办学关系，与福建、内蒙古、海南、浙江、贵州等地同类学校建有长期稳定的以学生培训及师资培训为主要内容的合作办学关系，还与东方明珠时尚艺术有限公司、东方美颜美容美发中心、英国托尼盖等国内外知名企业建有合作共建关系。该专业在北京市、全国乃至国际职业教育领域都具有良好的声誉和较大的影响。

在上述工作取得一定成绩的基础上，学校一直在寻求和探索产教结合的模式，培养、造就满足行业企业岗位需求的专业技能人才，以直接、有效地为社会经济发展和人民生活服务。

领袖风尚形象设计有限公司的建设方案设计、设施设备选用、环境装修布置、整体运营管理等都是与企业密切合作的结果：通过深入企业调研形成建设方案，通过广泛市场考察选定设施设备，通过企业实践培养员工，通过聘请行业企业专家学习管理经验、开发课程等，使该实训基地具有真实的企业经营环境、高档次设施设备等硬实力以及高素质人才、现代化理念、高水平管理、实效性课程等软实力，在功能设计上突出教学功能、岗位实践功能、社会服务功能、宣传展示功能，既满足了专业实操课教学需要，又满足了专业相关岗位工作实际需要，还满足了师资培训、专业技能比赛、社会培训、国际交流、宣传展示等工作需要。同时，注重开发能够承担其他相关专

业的实训教学的功能。

为实现该实习厅的设计功能，学校从 2008 年开始致力于实习厅运行团队的建设。学校在现有专业师资队伍的基础上，为满足未来实习厅运营需要，聘请了 3 名已工作 5 年以上的优秀毕业生充实专业师资，择优选择了 14 名 2009 年的毕业生作为实习厅基本员工。

为实现该实习厅的设计功能，学校深度开展了"专业教师素质提高工程"。工作内容包括教师企业顶岗实践、聘请行业大师进行专业技能培训、先进设施设备使用培训、美容院经营管理培训、参与时装发布会造型设计工作、参与模特大赛化妆造型工作等。

从 2009 年 9 月至今，共接待待国内外参观、考察、交流 8000 多人次，其中包括英国教育大臣，泰国教育部长，全国地市、县市教育局长，外省市职业学校考察团，国外职业院校考察团，甚至包括国外旅游团队。他们在参观美容美发专业、听取实习厅建设情况介绍之后，有的主动要求建立合作办学关系，有的相约美发厅建成运行后再来参观学习……可见，该实习厅已经产生广泛的影响，很好地宣传了朝阳区、北京市乃至中国的职业教育。

学校美容美发专业实习实训基地的建设经验，尤其是实习厅的建设理念、功能定位、建设方案、运行模式得到了国家总督学陶西平先生等与会领导和专家的高度赞赏。他们评价该美发厅"硬实力和软实力交相辉映"，"立体化结构、综合性功能、显著的效益相得益彰"，"昨天——今天——明天的品牌价值不断提升"。

该实习厅采用企业化 VIP 会员制服务，使用国际一流的专业设备和产品，通过高水平的专业服务，每年接待高端客人至少 1200 人次，提供美容、美发、美体、形象设计等服务，并力争实现一定的经济效益。

该实习厅持续完成市内外、国内外专业师资，在岗职工，岗前人员，社会人员等不定数量的专业技能培训、专业考级培训等任务，实现了专业培训效益和社会服务效益。

该实习厅每年接待 3000 人左右的国内外相关人员的学习、考察、交流，实现了广泛的宣传展示效益。美发厅优雅的环境、前沿的设施设备、深厚的专业文化底蕴、高素质的管理者和工作者及良好的待遇，将改变人们对职业教育，特别是对美容美发行业从业者的偏见，能够吸纳更多更好的生源，培养更多更好的行业从业者，实现良好的社会效益。

该实习厅的高水平建设和运行，势必会继续增强该专业和学校的品牌品质和品牌效应，进而进一步增强学校的办学实力和办学效益。

 反思拓展

经过多年的探索与实践，我们深切感受到中等职业学校的实习实训基地建设对专业建设、学校发展、人才培养的巨大促进作用，同时，也体会到搞好实习实训基地建设给学校带来的良好效益。我们所付出的努力、所进行的辛勤探索，最终还是会体现在培养出来的学生身上。近几年，在中等职业教育面临一定困境，尤其是生源数量和质量整体下滑的情况下，学校常年保持着"进口畅，出口旺"的招生就业良性循环，学生的实习分配率仍能达到100%，上岗就业率超过90%，并涌现出众多优秀毕业生。

当然，这些成果之中包含着各级领导的关怀、各级政府部门的支持、各位同行的鼓励。

模式是有形的，而教育是无形的，在有形与无形之间，学校还有许多"大事"和"小事"要做！

学校将继续坚持"广开思路、立足自身、寻求合作、不拘模式、讲求实效"的指导思想，努力深入探索实习实训基地建设、运行、管理的新模式，建设精品专业，打造品牌学校，培育优秀人才。

 专家点评

职业学校实训基地的建设工作是一种综合性的实践活动，这种实践活动既需要科学严谨的逻辑，也需要艺术的发散思维。北京市劲松职业高中的实训基地建设正是科学设计与大胆创新的结晶，其经验值得学习和借鉴。

实训基地建设必须与专业建设相结合。实训基地建设是专业建设的组成部分，与课程建设、教材建设、师资队伍建设、教学改革等密切相关。根据经济社会发展的宏观需要和行业的人才需求确立的专业培养目标，是实训基地建设的基础。脱离专业培养目标的实训基地必然是盲目、低效的。

实训基地建设必须突出行业优势。实训基地的功能不仅是弥补校内设备和场所的不足，更重要的是实现课堂上无法完成的教学功能。实训基地建设的目的不仅仅是提高学生的实践技能水平，更重要的是从职业态度、职业意

识、职业习惯养成等方面培养学生的职业品质。因此，实训基地建设必须贴近生产、管理、技术和服务第一线，体现真实的职业环境和行业发展的前沿性、先进性。

实训基地建设的形式应不拘一格。北京市劲松职业高中在教育部机关开办美容美发厅的实践告诉我们：职业教育可利用的资源具有无限性，实训基地建设的形式具有多样性。用心挖掘身边的一切可以利用的教育资源，寻求多种实训基地建设形式，是实训基地建设工作中值得深入研究和探索的课题。

实训基地建设的模式没有定规。任何事物的发展和成熟都要经过从自发到自觉、从无序到有序、从必然王国走向自由王国的历程。实训基地建设也是如此。北京市劲松职业高中在工作中形成了"专家设计、前店后校模式""走入企业、共享资源模式""基础合作、自主经营模式""优势互补、共建共用模式""校企联合、短小灵活模式""自主经营、企业化运营模式"等多种模式，并取得了很好的成效。但我们相信，在这些模式之外，一定还有更多、更好的模式等着我们去创造。

（点评：张社字）

# 实训基地建设卷

创新发展方式　校企共建实训基地
——北京市怀柔区职业学校

名校／名校长简介

北京市怀柔区职业学校是北京市怀柔区唯一一所公立中等职业学校，占地面积340亩，建筑面积3万平方米，现有教职工258人，其中专任教师178人，高级教师57人，市级骨干教师9人，区级骨干教师及学科带头人4人。学校现开设机电、汽车、服务、计算机4个系共16个专业，全日制学历教育在校生2345人，成人学历教育学员2600人，社会培训年均4000余人次，已形成全日制学历教育、成人学历教育及多工种短期技能培训并举的办学格局。在办学过程中，学校逐渐形成了校企共建实训基地的办学模式。

北京市怀柔区职业学校始终坚持正确的办学方向，为当地经济社会发展培养了大批技能型人才，得到了上级主管部门和社会的认可，多次受到上级表彰，"十一五"期间，被认定为国家级重点中等职业学校，被评为全国成人教育工作先进单位、北京市职业教育先进单位、北京市农民培训先进单位。

核心管理思想

经过认真汲取历史经验、实事求是地分析现状、以发展的眼光设计未来，我们总结出了学校发展过程中的一些核心思想。

一、校企共建实训基地是职业学校迅速提升基础能力的有效途径

实训基地能否充分满足教学需要是职业学校基础能力强弱的重要标志之一。多年来政府投入不足使很多职业学校特别是职业高中校基地建设较为落后。"十一五"期间，国家和地方政府投入大量资金用于职业学校的基地建设，但因基地建设多年滞后、政府"欠账"太多等问题，光靠政府投入迅速做大做强实训基地不太现实。那么，以一定的方式整合社会资源、企业资源、学校资源，建设资源共享、互利互惠的企业化的实训基地应该是迅速建成基地、进而提升学校基础能力的有效途径。

二、校企共建实训基地是实训基地产学研一体化运行的客观需要

如前所述，学校自己经营基地面临诸多难以解决的问题。基地建成后如何发挥效益，关键是如何经营，而有效的经营必须走产学研一体化的路子，必须实现教育、社会和经济效益。事实证明，中职学校在生产经营、产品研发及新技术开发等方面处于劣势，而行业中的强势企业却具备优势，但学校在教育、培训方面具备优势。因此，校企共建并共营实训基地，可以实现优势互补，使基地得以产学研一体化运行。

三、校企共建实训基地是落实职业教育方针政策的具体举措

2005 年，《国务院关于大力发展职业教育的决定》明确了公办职业学校办学体制改革与创新的方向："公办职业学校要积极吸纳民间资本和境外资金，探索以公有制为主导、产权明晰、多种所有制并存的办学体制。推动公办职业学校与企业合作办学，形成前校后厂（场）、校企合一的办学实体。

推动公办职业学校资源整合和重组，走规模化、集团化、连锁化办学的路子。"教育部和北京市政府也相继出台了相关文件，要求更加具体。

我们认为，校企共建实训基地，正是落实国家、地方政府的有关政策的具体举措，因此，应该大胆探索。

四、校企共建实训基地适应市场经济体制和企业需求

经过近二十年的艰苦探索，目前，我国社会主义市场经济体制已经基本形成，其显著特点是：以公有制为主体、多种所有制共同发展；产权清晰、权责明确、政企分开；市场开放、有序竞争；按劳分配为主体多种分配方式并存。这种体制在发展中不断完善，也要求我们的职业教育要适应这种体制。

校企共建实训基地，把国家投入与企业资本以一定方式进行整合，使资源得到优化配置，资源效益的最大化成为可能。校企双方权责明确，分工合作，使现代企业制度下的实训基地得以产学研一体化运行。企业追求经济利益，学校追求教育效益，企业需要文化和技术工人，学校需要经济支撑，校企双方各有所得，实现双赢。

作为职业学校，其教育目标的实现，离不开实训基地的支撑，因此，实训基地是职业学校不可或缺的办学基础。那么，怎样建设实训基地并发挥其作用呢？"十一五"期间，学校在旅游服务、汽车修理、机械加工、印刷包装、农业产学研等几个专业做了校企共建实训基地的尝试，并取得了良好效果。在此，浅谈一些做法和体会，以期得到专家、同仁的指教。

一、转变观念，创新发展思路

讲这个问题时，不得不回顾学校实训基地的发展史。

学校建于 1983 年。建校之初，只有一个机械加工专业，靠十几个台钳和两台企业淘汰的旧车床支撑专业教学。因实训条件简陋，专业教学几乎全是理论课。1995 年，学校利用世界银行贷款 50 万美元建成机械加工专业实训基地，为专业教学奠定了物质基础，但同时，学校也面临难以解决的问题。其一，师资问题，没有科班出身的专业教师。尽管学校派教师到国内外

参加培训，但因教师"半路出家"，所以专业教师不"专"，实操能力欠缺，因此实训教学效果很差。想从社会、企业引进技术人才，因体制问题或待遇不高等原因又很难做到。聘请校外技术人员，没有经费来源，支付不起工资。其二，费用问题，实训耗材、设备保养都需要资金支持，没有专项拨款，又不能乱收费，因此，学校负担很重。其三，试图走产教结合之路，但生产方面又面临很多问题，学校内部很难找到懂技术、善经营、会管理的企业家，熟练的技术工人短缺，没有自己的核心技术与品牌产品，缺少满足生产所需的流动资金，实行来料加工，但在行业中也不占优势，因此，经营举步维艰。这些问题使该基地难以发挥其应有的作用。

1995年，学校又开设了汽车运用与维修专业，购置了5台旧发动机和2辆旧212吉普车作为支撑专业教学的汽修实训基地，基地一撑就是十年，而且专业教师全部是由文化课教师转行而来。这样的实训条件和师资水平，能培养出什么样的人才？我们自问都觉得汗颜。

1998年，学校开设旅游服务与管理专业，因没有实训基地，便租赁了一个宾馆。学校选派人员对宾馆进行经营，结果，宾馆不足一年就亏损倒闭了。

回顾一下历史，除了相当长一个时期国家和地方政府投入不足、社会对职业学校认可度低等客观原因外，就实训基地的建设和经营来看，至少可以得出这样的结论：一是建设资金严重缺乏，靠国家和政府的有限投入，靠学校的自身力量，很难建设起适应职业教育特点的实训基地；二是专业师资不足，很难支撑专业实训教学；三是学校在企业经营方面不具备优势，基地开展生产经营效益低下。因此，即使有基地，产学研一体化运行也很难实现。

历史饱含了我们的艰辛，也凝聚了我们的执著，同时也激发了我们的智慧。"十一五"开局之年，《国务院关于大力发展职业教育的决定》出台，在这个充满生机的春天里，我们回顾历史，研究政策，考察企业，向兄弟学校取经，就实训基地建设方面最终形成观念的三个"转变"：变独自建设为强强联合，资源共享，形成校企共建的观念；变学校独自管理为优势互补，共同经营，形成校企共同经营的观念；变学校独家追求效益为合作共赢，互利互惠，形成校企共同受益的观念。确立的指导思想是：依据有关政策，遵循"产权明晰、责任明确、优势互补、互利互惠"的原则，大胆进行校企共建实训基地的探索，充分发挥实训基地的学生实训、教师培训、社会培训、技能认证四方面的作用，实现并不断提高基地的教育、社会和经济效益。

综上，学校坚定了校企共建实训基地的信心和决心，开始了大胆的探索。

二、强强联合，创新建设模式

校企共建实训基地，和谁建？怎样建？上级主管部门能否支持？教职工能否认可？这对我们来说是一项具有挑战性的全新的工作。我们的主要做法有：

（一）争取支持，认真做好前期工作

校企共建实训基地需要的支持主要来自上级主管部门、学校内部和企业三个方面。

对上，校长、书记请市教委、区政府、区教委的领导多次到学校考察实训基地现状，使领导了解到了厂房场地严重不足、专业师资短缺、现有的基地条件简陋或经营困难等制约基地建设发展的实际问题，同时，向领导汇报基地建设的基本思路，提交校企共建实训基地的可行性报告，并以书面形式进行请示，经过反复做工作，学校得到了区教委的支持，区教委以批复的形式同意学校在机械加工专业进行校企共建的试验。

对学校内部，通过多次的党委会、干部会、教代会、教工会宣传贯彻国务院、教育部、北京市政府、区政府关于大力发展职业教育的文件精神，对学校实训基地的发展史、现状及前景进行分析，对校企共建实训基地的指导思想进行大讨论，得到了绝大多数干部、教工的理解和支持。

同时，学校对相关行业中的多家强势企业进行全方位的考察，考察的主要内容有：所有制结构；场地、厂房、水电等基础设施状况；设备状况；管理制度；技术人员及工人状况；产品结构；市场营销状况；资产负债及效益状况；发展规划；企业文化等。通过认真的考察，我们了解和掌握了企业的优势资源，为选择合作伙伴做好准备。

合作是双方或多方自愿的事情，因此，学校或主动出击，或通过一定渠道将合作意向传递给相关企业，以了解企业对共建实训基地的态度，进而决定是否合作。

在充分做好前期工作的基础上，学校开展了实质性的共建工作。

（二）借梯上楼，建设机械加工实训基地、汽修实训基地、印刷实训基地

前面已述，学校机械加工专业已有一个实训基地，"十一五"规划中，

北京市教委将其列入重点实训基地建设项目，将投入 500 万元设备资金。如果在原基地扩建，仅有的 400 平方米专用厂房面积不够，电力容量不足，配套厂房等基础设施建设又面临资金短缺的问题。

解决存在的问题，快捷的路径是校企共建。其运作条件应该是：（1）企业在行业中处于强势地位，能够抗御市场风险，现有的厂房及基础设施足以满足实训需要，但需更新或添置部分设备。（2）学校添置部分设备，产权归学校所有，企业在产教结合中使用并负责维护保养。（3）学校免费享用企业的人才、技术、管理、市场等优势资源，开展实训、实习、社会培训活动。（4）企业承担实训耗材并保证学校分享到一定的经营收益。

通过前期工作，学校选定了符合条件的北京市沟门福利金属加工厂为合作伙伴。

北京市沟门福利金属加工厂是一家民营企业。该工厂始建于 1988 年 4 月，占地面积 100 余亩，建有 6 栋工业标准化厂房、1 栋 4 层办公楼，建筑面积 22900 平方米，水暖电设施配套，各种设备 70 多台，固定资产 2200 万元，全厂职工 178 人，中高级技术人员 50 人，主营铸铝、铸铁、电气焊加工、机械加工，生产的阀门、水暖工程管件出口欧洲国家。2008 年 8 月，该厂开发新产品，为亚洲最大的重型车辆厂——北汽福田欧曼重型汽车厂提供支架类产品，年产值 2 亿元左右，年利税 3300 万元。企业的综合资源优势十分明显，且愿意与我们合作建设实训基地。

经过十几轮的磋商，双方达成了共建北京市怀柔区职业学校机械加工专业实训基地的协议。

协议约定了基地名称、宗旨。达成的共建方式为：学校投入一定的教学、实训设备，并拥有其产权。企业投入满足学生实训、社会培训和基地正常经营的场地、厂房及配套设备、基础设施，并拥有其产权。生产经营由企业全权负责。学校按计划免费安排学生实训、实习，开展社会培训及技能鉴定工作，企业优先留用实习期满的学生。同时，校企双方按一定比例共享经营收益。协议特别明确了双方的权利与义务：

甲方（学校）权利与义务：

（1）拥有所投入设备的产权、协议期满后的处置权。

（2）定期检查实训设备的使用保养情况，并提出改进意见。

（3）按学期制订实习实训计划，编制实习实训任务书，最迟提前一周向乙方提出实习实训人数和内容，与乙方共同落实实训、实习工作。

（4）负责学生技能大赛、技能展示、技能考证、社会人员培训的组织及实训协助工作。

（5）负责实习学生的考核及成绩评定、就业推荐。

（6）派出管理人员对实习学生进行管理。

（7）组织学生投保意外伤害险。

（8）向乙方提供符合乙方要求的实习学生相关资料（毕业生素质评价表、身份证复印件、实习推荐表等）。

乙方（企业）权利与义务：

（1）拥有所投入的厂房及配套设备设施的产权、协议期满后的处置权。

（2）协议期内拥有甲方投入设备的使用权，但不得转借、转租、抵押、变卖。

（3）负责设备的维修、保养，如果损坏负责修复。

（4）确定实习实训指导技术人员，与甲方共同负责实习实训学生的日常管理，负责安全生产事故的处理。

（5）按照甲方制订的实习实训计划，免费安排实习实训工作，培养学生的职业道德、职业技能，与顶岗实习学生签订实习协议书，发给顶岗实习学生工资及劳保、福利待遇。

（6）按照甲方计划，完成"技能考证辅导""技能大赛训练""社会人员岗位培训"等工作。

（7）为甲方派出的管理人员、教师及实习学生提供办公场所及专用教室。

（8）按照企业"5S"标准加强基地管理，接受各级领导及学校的检查。

（9）免费培训有关专业教师。

协议对违约责任、期限、协议变更、合同解除与终止、争议处理等事项都作了严格约定，力求做到依法合规，以保证建好基地、用好基地。

经过一年的努力，2009年，学校终于建成了具有4000平方米厂房、700万元设备，有配套教室、机算机房、教师办公室的产教结合的机械加工专业实训基地，基地迅速形成规模，适应了本专业的教学需要与社会培训工作，同时，也取得了较好的经济效益，学校节省设备维护、实训耗材、耗电、冬季采暖、外聘技师等费用，并取得了预期经济效益。

万事开头难。校企共建实训基地亦是如此。机械加工实训基地的建成并取得的良好效益，得到了市、区主管部门的高度评价和全校教职工的认可。

印刷专业实训车间

因此，学校乘势而上，于 2010 年以同样的模式建成了汽车修理专业实训基地、印刷专业实训基地。

汽车修理专业实训基地，学校以 160 万元的设备，共享合作企业——北京精信汽车修理有限责任公司三个分公司的万米厂房、百名技术人员的资源，基地规模迅速形成。印刷专业实训基地，学校以 100 万元的设备，共享合作企业——北京白帆印务有限责任公司的 8000 平方米厂房及亿元设备资源，同时，以工学结合的方式开办了印刷专业班，解决了本专业生源不足的问题。

实践证明，因选择了行业中的规模企业为合作伙伴，故学校用有限的投入迅速建成较大规模的实训基地，并具有显著特点：一是基地建设期短，时间效益凸显。二是校企优势资源互补，基地规模、水平得到大幅度提升。三是共同经营，责权利明确，基地运营能力迅速提升，解决了若干实际问题，综合效益明显。

（三）筑巢引凤，建设旅游服务专业实训基地

经过几年的不断建设，学校旅游服务专业已经建成模拟导游实训室、形体训练房、茶艺实训室、模拟客房。"十一五"期间，本专业实训基地被列入北京市重点建设项目，投资 400 万元建设实训饭店。

学校将实训饭店定位为产学研一体化的实训基地，建设方式是"筑巢引凤"，即学校投入专项资金建设基地，引进品牌企业的经营团队，由其投入流动资金进行经营管理。这种模式运作条件是：（1）基地的全部固定资产由学校投入，流动资金由合作企业投入。（2）引进的企业应该是品牌企业，具有核心技术、研发能力、管理水平，在行业中具有竞争力。（3）本专业是学校的主干专业且有可持续发展的空间。（4）不等同于出租或承包，企业不仅要做好经营，而且还要按照学校专业特点选择有能力的管理人才、技术人才担任学校职业技能培训师，负责学生的技能培训和社会培训工作。

通过多次多渠道的行业、企业考察，学校选择了北京九九嘉餐饮有限公司为合作伙伴。

九九嘉餐饮有限公司，在全市有 8 家饭店，其中，在怀柔就有 3 家。公司已经形成了独到的家常菜菜品体系，管理规范严谨，企业文化氛围浓厚，

经营效益良好。随着企业规模的不断扩大，也急需建设一个集菜品研发、员工培训、经营服务于一体的基地。经多次磋商，学校与其成功合作。实训饭店以企业字号冠名，学校负责饭店固定资产的投入并拥有其产权，利用饭店开展在校生专业技能训练、学生顶岗实习，开展社会培训、技能鉴定。企业负责饭店个性化装修及固定资产的日常维护，负责流动资金投入并主持日常经营管理，企业高级管理人员、技术人员参加学校旅游服务专业指导委员会，参与学校专业建设、校本教材和实训项目开发，饭店技师、经理、领班为职业技能培训师，负责学生技能培训工作。饭店的经营收益由企业和学校按资产、品牌、管理、技术等生产要素进行分享。

2010 年，学校与九九嘉餐饮有限公司共同设计，学校投入固定资产，企业投入装修与低值易耗品，仅用半年时间，在学校大门东侧建起了 2500 平方米的实训饭店。2010 年 9 月 10 日开业以来，饭店品牌优势、连锁经营优势、管理优势凸显，仅用两个月的时间即达到了盈亏平衡点，学校的投资收益率达到 11％。同

旅游服务专业实训餐厅

时，本专业的实训教学在基地有效开展。学校坐落在经济开发区之内，地缘便利，吸引了众多企业到实训饭店开会，使之成为企业了解学校的窗口，极大地提高了学校的知名度和影响力。

这种模式的特点：一是所有制结构清晰单一，有利于维护资产的完整。产权与经营权分离，有利于执行现代企业管理制度。二是使学校回避在企业经营管理方面的弱势，能够集中力量做好主业。三是按生产要素进行分配，符合市场经济规律，实现互利双赢。四是基地真正实现了产学研一体化运行，教育、社会、经济综合效益迅速形成。

（四）技术依托，建设农业产学研实训基地

涉农专业的工作在学校主要体现在成人学历教育与农民培训方面，多年来没有基地依托，这项工作的开展受到制约。为充分发挥职业学校服务"三农"的职能，2007 年，学校筹建农业产学研实训基地。

农业产学研实训基地应该是新品种、新技术的试验基地、种植示范基

地、技术推广培训基地。怎样建设这样的基地，学校首先进行了充分的论证。

项目可行性主要有三：一是市教委、区政府在政策、资金方面予以支持；二是项目建成后能够更好地发挥农村职业学校服务"三农"的作用；三是学校自有76亩土地，具备建设基地的基本条件。

但是，学校最缺的是技术，特别是推动怀柔农业产业发展的技术。

选择什么技术，这是基地发展定位的关键。首先，学校对怀柔农业产业进行调查了解。怀柔区总面积2128.7平方公里，其中山区面积占88.7%，农业产业结构已发展成以板栗、冷水鱼、西洋参、民俗旅游等为主导的产业链条。怀柔板栗久负盛名，其林下副产品——栗树蘑更是营养价值极高的食用菌。

栗树蘑，学名灰树花，因其野生于栗树根部周围，所以北方俗称栗树蘑。其肉质脆嫩，味如鸡丝，口感鲜美，人体必需的氨基酸含量高，维生素及矿物质丰富，是一种高蛋白、低脂肪、多营养的珍稀天然食品，素有"食用菌王子"和"免疫之王"的美称。

怀柔，是京郊著名的板栗之乡，目前已发展成为集旅游、休闲度假、会展于一体的生态疗养区。她以悠久的历史、优美的环境、丰富的物产、得天独厚的旅游资源吸引着国内外游客，具有发展栗树蘑人工栽培技术的资源优势。加之栗树蘑种植成本低、收益高、见效快，又是绿色有机产品，因而极具市场发展潜力。所以，学校将农业基地的技术定位为以栗树蘑为主的食用菌技术开发。

由校长牵头，学校成立了专门的机构，到浙江庆元、河北迁西等地考察，从河北润隆食品有限公司及当地食用菌合作社引进栗树蘑种植技术，聘请技术人员，以"技术＋基地"的模式建设了具有7个日光温室大棚、800平方米制菌车间、40亩林下种植面积的农业产学研基地。

基地建成后，技术方负责生产经营、种植示范与教师培训，学校借助其技术组织培训推广，互利双赢，各有所得。2008年，技术方拿走基地种植效益近30万元，而学校虽然让出了直接经济效益，但"主业"却获得了大丰收，不但培养了自己的技术人员，更主要的是通过示范、培训带动了怀柔栗树蘑种植业的发展。通过印发自编讲义、开展专题讲座、现场演示、入户指导等方式，累计开展培训十余期，参训农民多达2000人次。该项目辐射10个乡镇，扶持40个种植示范户，年创经济效益约150万元。目前，怀柔的栗树蘑种植已经成为新的农业产业。

学校的工作得到广泛的认可，学校获得北京市农民培训先进单位称号，成为怀柔区农村科普基地。2009年以来，学校在农业方面的合作又有了新的发展：与北京市农林科学院、区种植中心合作开发新的食用菌品种，与北京金源广发公司合作开发鲜切花枝条项目，技术开发又有新进展；与渤海群兴等五个农民食用菌种植合作社签订了"基地＋

农业产学研基地

合作社"合作协议，使之成为我们的校外实训基地，服务"三农"工作落实得更加具体。

这种模式的明显特点是：

（1）中职学校并非科研单位，不具备农业方面的研究能力，因此引进并依托行业成熟的技术进行推广，是既符合实际又能发挥职业学校功能的有效途径。

（2）引进技术的过程也是培养自己专业教师的过程，为教师培训创造了条件。

（3）农业经营技术性强、劳动力成本高、周期长、见效慢，因此，具体的经营活动由技术合作方负主责，学校主要做好技术推广培训工作，责任明确，互利双赢。

三、转换机制，创新经营管理模式

建设基地的根本目的是提升学校的基础能力，满足教育教学需要，服务于社会，并创造经济效益。那么，如何经营管理基地并使之发挥应有的作用呢？我们的实践是：

（一）创新经营方式，校企共同经营基地

必须认识到，基地不仅是教育教学场所，同时也是企业。和一般企业的区别是，基地要产学研一体化经营，产学研都要见效益。因此，校企共建模式的基地经营必须转换传统的由学校单独经营的机制，发挥校、企各自的优势，实行分工合作，共同经营基地。"产权清晰，责任明确"是现代企业管理制度的显著特征，据此，学校首先做到了产权清晰，校企对各自的投入拥

有各自的产权，其次，明确了校企双方的责任，企业主要做好生产性经营，学校主要做好校方投入资产的管理与教学工作。校企优势互补，保证了基地的有效运营。

（二）创新组织机构设置，建立实训基地处

为适应基地建设与经营的需要，2009 年，学校转换由学校总务处、教务处、各专业多头管理基地的机制，设置了实训基地处，编制为 12 人，设专职副校长 1 名，主任 1 名，基地管理员 5 名，实训指导教师 5 名。其基本职能是落实学校的发展规划，尊重教育规律、经济规律、社会活动规则，主持基地建设与宏观经营工作，发挥基地的学生实训、教师培训、社会培训、技能鉴定作用，以取得应有的教育、社会和经济效益。基地处建立后，持续不断地开展企业考察、外校学习、政策法律学习、国内外业务培训、课题研究、座谈等培训活动，打造"人讲称职、事争一流"的团队精神，形成"科学管理、创新发展、务实高效、团结上进"的团队理念。机构的设置，为基地建设和经营提供了组织保证，使基地建设中的科研、立项、招标、验收等各项具体工作得到有效开展，使基地处于良好的经营态势。

（三）创新管理制度，编制基地管理手册

一个全新的部门，面对全新的管理对象与全新的工作任务，必须建立一套行之有效的管理制度，以制度管人做事，最大可能地避免工作中的无原则性和人情化、随意性，以保证各项工作的有序开展。因此，学校在坚持以人为本、注重团队建设的同时，注重理性管理，建立了包括实训基地处职能、岗位职责、实训管理、日常管理、安全管理、环境保护、劳动纪律、绩效考核、设备管理及各种设备操作规程在内的制度 50 项，为基地建设和经营提供了制度保证。

（四）创新资产管理制度，建立设备管理系统

在校企共建的实训基地中，学校的投入主要是可动产——设备，产权归学校所有，因此，资产管理的重点是设备管理。基于此，学校转换以往的由总务处管理设备的机制，建立了由实训基地处负责管理的设备管理系统，引进北京化工大学的管理软件，并派专人参加培训，开发了适合学校特点的软件，配置了设备管理专机、专人。对所有设备进行科学分类、编码、贴牌、录入，依据设备管理制度，每日、周、月对设备进行检查维护，保证了资产完整与较高的完好率。

（五）创新综合管理制度，建立基地管理标准

为保证基地发挥作用、实现效益，学校成立了由实训基地处、办公室、教务处、招生就业处组成的基地标准化管理创新研究团队，依据《北京市教委"十一五"期间中等职业学校重点专业实训基地评估指标体系》，参照《北京市高等职业教育实训基地管理规程》，并结合学校实际，用 2010 年一年的时间进行实践、提炼，形成了学校《实训基地管理标准》。标准纲目清楚，定性与定量指标明确，对基地的常态化管理工作及基地的可持续发展具有指导和规范作用。标准如下，仅供参考。

怀柔区职业学校实训基地管理标准

标准类别	项　目	标　准	常规工作必备材料
资源配置	场地	工科专业使用面积 1500 平方米以上，其他专业使用面积 1000 平方米以上	基地平面图
	设备	工科生均占有设备额 8000 元以上，其他专业 4000 元以上	装备标准、设备清单
	师资	专业教师 15 人以上，高级教师比例 30% 以上，"双师型"教师比例 50% 以上	教师基本情况登记表、证书复印件
	学生	本专业在校生数量 270 人以上	学生花名册
运行机制	业务领导机构	1. 由学校主要领导、教务处、实训基地处、实习就业处、行业企业相关人员组成专业指导委员会	专业指导委员会组织机构名单
		2. 专业指导委员会每学期开展活动 1 次以上	指导委员会章程活动记录及影像资料
	管理机构	1. 实训基地处编制到位，岗责明确	名单、岗位职责
		2. 各项制度健全，执行有效	制度、执行记录
		3. 场地、设备专人管理，日查周检月结记录完整，设备系统录入准确	检查维护记录微机录入
		4. 学期工作计划切实可行，重点工作落实到位，创新工作每年开展一项	计划、总结、单项工作方案、论文

标准类别	项　目	标　　准	常规工作必备材料
运行机制	教学	1. 有与硬件配套的教学软件资源和指导实训教学的资料	软件及资料清单
		2. 教师实操培训每学年2周以上	培训计划、记录
		3. 教师利用实训基地开展专业教学的课时比例60％以上	课表、教案
		4. 专业课程中实训项目开发占50％以上	实训项目方案
		5. 专业教师积极参加理实一体化教学改革，每人都有课题	校、区、市、国家级科研课题材料
	培训	利用基地资源开展师资培训、社会培训	计划、人员名单、记录
	技能鉴定	1. 具有鉴定资质	证书、考评员名单
		2. 职业技能年鉴定500人以上	花名册
	企业经营	1. 企业基本状况	统计表
		2. 技术人员、兼职技能培训师	名单、证书
		3. 按约定进行效益分配	合作协议
综合效益	教育效益	1. 学生就业率95％以上，对口率80％以上，技能取证率95％以上，职业技能大赛有市、区以上获奖者	相应的花名册、获奖证书复印件、获奖者照片
		2. 有市、区、校级骨干教师或学科带头人	登记表、证书复印件
		3. 专业教学改革或科研课题有效果，每人每学年最少一篇论文	论文
	社会效益	社会培训年800人次以上，有区内外影响力	培训花名册、校际合作协议
	经济效益	基地承担实训成本，学校获得一定的经济收益	财务收入凭证

我们知道，这个标准在执行中肯定有不妥之处，需要在实践中不断完善。

——北京市怀柔区职业学校

创新发展方式　校企共建实训基地

（六）创新情报工作，建立信息资源系统

职业教育置身于市场经济的大潮中，可以说是加入了没有硝烟的战争，因此，每次战役、战斗的胜利都需要有可靠情报的保证。所以，国家和地方政府有哪些教育及相关行业的政策、学校专业设置是否符合市场需求、学校的基础能力如何、行业的现状及动向、相关企业的基本状况、市场人才需求状况等都是极具价值的情报，都需要学校了解和掌握，以保证决策更加科学正确，工作更加主动，更加实事求是。为此，学校建立了包括政策类、学校基础设施类、行业企业类、技术信息类、人力资源类、意见建议类等在内的信息资源系统，一人牵头，基地处全员参与，日积月累搜集相关信息，及时整理归档。在基地建设中，这个系统发挥了不可替代的作用。

总之，软件建设与硬件建设同步进行，既保证了基地建设过程的依法合规，又保证了基地的有效经营。

"十一五"期间，学校共投入市级专项资金 4260 万元，建设了 5 个实训基地。实践证明，校企共建的实训基地有其鲜明的特色，在共建过程中要坚持务实的原则，要注意发现和解决发展中的问题。

（一）校企共建实训基地的鲜明特色

一是资源配置优化，资源效益共享。"不求所有，但求所用"，学校以自身一定的资产优势、理论师资优势、潜在的技术工人优势、社会培训优势等优势资源与企业共建基地，享用企业的设备设施资源、人力技术资源、市场资源、文化资源、信息资源等学校不具备或欠缺的资源，不同程度地解决了自建基地场地不足、形不成完整的生产线、技术力量不足、生产工艺滞后、没有定型产品、生产效率低下、市场信息不畅等若干问题。同样，企业也享用了学校的优势资源。因此，资源的优化配置，使校企双方在人才的培养与需求上、在文化的相互渗透上、在社会的影响力上、在生产经营上都节约了一定成本，并共享资源效益。

实践证明，企业借助学校的资源优势，扩大了生产规模，提高了产能，增加了经济效益，提升了企业文化水平，扩大了社会影响，开辟了稳定的技工来源渠道；学校借助企业的资源优势，有效地实现了教育教学目标，灵活

汽修专业校企合作签字仪式

地开展社会培训，稳定地获得经济效益。校企双赢，共同发展。

二是生产环境真实，企业文化浓厚。与企业共建实训基地，跨过了基地"仿真""模拟"的门槛，基地既是教学场所，也是生产企业。真实的生产环境和浓厚的企业文化氛围，使学校能够真正按照未来职业岗位群对基本技能的要求对学生进行实际操作训练，培养学生的职业道德、敬业精神，提高其综合素质，从而实现教育教学目标。

我们以学徒形式把学生编入企业生产班组，明确一对一的师徒关系，从而实现准技工"零距离"上岗，大大提高了教学效果，受到学生、家长及企业的欢迎。

三是成为基地先进技术的载体、实训项目的摇篮。与行业中的强势企业合作，我们能够摈弃若干陈旧的教材，吸纳企业最新技术、最新工艺及生产管理经验，开发实用的实训项目，编制校本教材，解决技术、教材滞后的问题。

目前，学校组织专人编写了《栗树蘑种植技术》《怀柔民俗菜谱》等校本教材，开发了一大批实训项目，并在教学和社会培训中广泛应用，有效地强化了教学、培训的针对性、实效性。

四是基地成为教师锻炼的平台、技能提升的场所。基地具有校企合一的特点，因此，专业教师的实训教学过程也自然成为在企业锻炼的过程，基地成为教师提高专业技能的平台。同时，企业技术人员参与实训教学，使专业教师在教学过程中学习了新工艺、新技术，也提高了自己对设备的实操能力。

在实践中，学校通过实训教学提高了教师的专业水平，同时，利用基地开展业务培训。2010 年，30 名专业教师考取了涵盖 15 个工种的职业技能鉴定考评员资质，大大提升了整体专业水平。

五是基地成为社会培训的基地、校际合作的基础。学校的基地涵盖第一、二、三产业，成为开展各类社会培训的依托，年培训达到 4000 人次以上，"民俗旅游中餐烹饪项目""栗树蘑种植技术推广项目""农产品经纪人培训项目""花卉栽培项目"先后获市级一等奖,大大提升了我校的社会影响力。

基地的建成提升了学校的基础能力和办学水平,也成为学校开展校际合作的基础。2010年,我们以"1+2""2+1"、短期技能培训等多种形式与太原技工学校、河北丰宁职教中心、北京商鲲教育集团等市内外学校开展了合作办学,合作校享用了基地资源,学校缓解了生源不足的压力,合作双赢,共同发展。

(二)校企共建实训基地务实操作需坚持的原则

"多算胜,少算不胜。"校企共建基地也要"多算",避免战略或战术上的失误,以使基地走向成功。因此,要坚持以下原则,争取消灭可预见的问题。

一是坚持上下联动的原则,吃透"上头",抓住"下头"。吃透"上头"就是要研究国家、地方政府、行政主管部门的相关政策,保证工作方向的正确性,以得到"上头"的支持;抓住"下头"就是要做好教职工的思想工作,通过有效的方式转变他们的发展观念,并让其看到和分享到发展的成果,以得到其理解和支持。

坚持这一原则,可以最大限度地避免出现决策方向偏颇、得不到上下支持的问题。

二是坚持强强联合的原则,攀龙附凤,依强发展。学校选择的合作伙伴必须是行业中的龙头企业或强势企业,并且经济实力雄厚,能够抗御市场风险,产品技术先进或实用,发展前景广阔。把握住这一点,才能使校企合作长久、基地发展可持续。

坚持这一原则,可以最大限度地避免出现因合作伙伴破产倒闭而导致基地不可持续发展的问题。

三是坚持核心利益的原则,求同存异,有舍有得。任何合作都没有绝对的一致性,校企合作共建基地也是如此。学校追求的核心目标是教育效益;企业追求的核心目标是经济效益。因此,学校为实现核心目标就要降低对经济效益的期望值,在一定程度上让利给企业,以保证"主业"的丰收。

坚持这一原则,可以最大限度地避免出现偏离职业教育目标、"丢了西瓜捡芝麻"的问题。

四是坚持资产完整的原则,看家护院,监管到位。不管是将基地建在企

设备管理系统

业，还是将企业引入学校，学校投入基地的资产是国有资产，因此，必须建立专门的机构进行资产管理，以保证国有资产完整，绝不能以简单的租赁或承包形式经营基地。

坚持这一原则，可以最大限度地避免出现国有资产流失问题。

当然，实际操作中还要遵守法律法规，尊重市场游戏规则，力争做到依法合规，避免出现其他问题。

（三）客观分析和努力解决发展中的问题

尽管学校"多算"，但也发现了一些发展中的问题。

一是资产的维护存在一定问题。从资产的角度讲，目前我们还没有让政府投入的资产对合作企业进行参股，没有将基地建成真正意义的股份制企业。那么，学校又要搞校企合作，又要把资产攥在自己手里，这样，即便是合作了，也只能做公开的"情人"，而不能成为长久"夫妻"。因此，企业很可能出现对学校"投入"的资产不负责任或不能很好地负责任的问题。为化解这个风险，尽管学校要成立专门机构或责成专人对资产进行跟踪管理，保证了资产不流失，但仍存在过度使用、保养不及时等问题。从长远发展看，只有政府出台相关政策，运用市场机制，校企双方在资产投入与管理方面完全按现代企业制度进行运作，才能从根本上解决问题。

二是企业的经营效益影响基地的发展。从企业经营角度看，尽管企业享用了学校的部分资源，但要抽调技术力量进行实训教学，势必对生产有一定影响，同时，企业要承担实训费用，并分给学校一定经济收益，因此，企业在经营成本和经济效益分配方面承担全部责任。没有倒闭的行业，只有倒闭的企业。企业的倒闭，最直接的原因是效益持续负增长。所以，与学校合作的企业如果效益不佳，合作的实训基地就自然夭折。为化解这个风险，尽管我们坚持教育效益优先的原则，在经济效益方面尽可能地让合作企业得到实惠，以促其增长发展后劲，利于长期合作。但是，学校不参与生产性经营，对企业的经济效益难以掌控，所以，基地的发展存在一定风险。要从根本上降低这个风险，最有效的办法是实训基地完全发展到企校合一的产业化经营水平，校企双方的生产要素实现真正意义的股份化，基地实现董事会领导下的现代企业运营机制。那时，即使出现风险，最起码学校对风险也有一定的预见性和可控性。

三是专业师资不足和水平偏低问题仍没有得到根本解决。多年来，制约专业教学的两大问题是实训条件和师资力量。目前，实训条件得到了根本改变，但是，师资力量仍然不足，师资水平仍然偏低。在校企共建的实训基地中，企业技术人员承担实训教学任务，起到了缓解师资力量不足的作用。但是，从专业教学的角度分析，企业的技术人员即便承担实训任务，因其缺乏教学理论、经验，故存在"茶壶煮饺子——有嘴倒不出"、不能因材施教等问题。现有的专业教师虽然通过实训教学、企业锻炼、各种形式的培训提高了业务水平，但是，"半路出家"，其水平很难与科班出身的专业技术人员相比。要从根本上解决专业教师不足和水平偏低问题，除我们自己要加强师资培训外，还要靠政府出台非师范类院校毕业生准入职业学校、企业技术人才向职业学校流动等方面的相关政策。

总之，这些问题是发展中的问题，我们相信，问题会在发展中逐步得到解决。2010年《国家中长期教育改革和发展规划纲要（2010—2020年）》提出"制定促进校企合作办学法规，促进校企合作制度化"。我们期待在投资、管理、税收、人才流动、效益等若干方面进行规范，通过立法解决目前教育用地不能开办企业、企业资产如何与校方资产进行整合、企业技术人才如何进入学校、实训费用如何统筹等实际问题，使校企合作真正从民间行为转变为政府主导、行业指导、企业参与的办学机制，给采用校企共建模式的实训基地注入新的生机与活力。

专家点评

事物的发展是一个不断完善的过程。认识到位是前提，程序完善是基础，制度科学是关键。一项工作、一个创新要想长久、要想深入，要想经得起检验、经得起考验，必须有体系、有标准，正所谓"无规矩，不成方圆"。体系是事物持续发展的重要保障，是其由粗放型向精细化发展、由经验型向科学化转变的必由之路，是由"自在"走向"自觉"和"自为"的鲜明标志。

该校在实训基地建设方面的认识是到位的：校企共建实训基地是职业学校迅速提升基础能力的有效途径；是实训基地产学研一体化运行的客观需

要；是落实职业教育方针政策的具体举措；是适应市场经济体制和企业双重需求的措施。该校的建设思路是清晰的：变独自建设为强强联合，资源共享，形成校企共建的观念；变学校独自管理为优势互补，共同经营，形成校企共同经营的观念；变学校独家追求效益为合作共赢，互利互惠，形成校企共同受益的观念。该校的确立的指导思想是明确的：遵循"产权明晰、责任明确、优势互补、互利互惠"的原则，大胆进行校企共建实训基地的探索，充分发挥实训基地在学生实训、教师培训、社会培训、技能认证四方面的作用，实现并不断提高基地的教育、社会和经济效益。该校的实施的联合方式是科学的："强强联合""借梯上楼""筑巢引凤""技术依托""转换机制"等，都是学校在基地建设方面值得肯定的有益探索和经验总结。但是该校最独特、最可贵之处，在于"依据《北京市教委'十一五'期间中等职业学校重点专业实训基地评估指标体系》，参照《北京市高等职业教育实训基地管理规程》，结合学校实际，用 2010 年一年的时间进行实践、提炼，形成了我校的《实训基地管理标准》"。该标准纲目清楚，定性与定量指标明确，对基地的常态化管理工作及基地的可持续发展具有重要的指导意义和规范作用——虽然标准还有不尽如人意的地方，但从思路上、方向上为基地建设和未来发展提供了很好的启示。

（点评：张社字）

 **实训基地建设卷**

以现代企业管理理念引领实训基地建设

——浙江省慈溪职业高级中学

名校／名校长简介

慈溪职业高级中学（原名慈溪市城镇职高），创办于1986年，2001年跻身首批国家级重点学校。学校是宁波市机电专业特色学校、浙江省先进制造业技能型人才培养培训示范基地、浙江省职业教育先进单位、浙江省教育科研先进集体、浙江省现代教育技术实验学校，并被教育部等六部委联合确定为国家数控技术应用专业领域技能型紧缺人才培养培训基地。

学校地处杭州湾跨海大桥南岸，交通便捷，环境幽雅，占地180亩，建筑面积5.7万平方米，分设中心校区和城东校区。学校现有全日制班级76个，在校师生近4000人，拥有浙江省特级教师、宁波市名师、学科带头人、优秀"双师型"教师多人，配有一流的教育教学设备设施，已建有高标准的理实一体实训室（区）。

学校专业特色显著。设有机电技术应用、电子信息技术、国际贸易、工商管理、艺术等五大类专业，其中机电技术应用专业为国家级重点示范专业，电子与信息技术专业、国际商贸专业为浙江省示范专业。

学校管理科学高效。遵循"做实、做细、做精"原则，以现代企业"7S"管理理念和方法，推进学校规范化专业建设，整体推进教育教学管理水平的提升。

学校办学思想前沿。建有"办校进厂"型慈职奇奥创业基地、"办厂进校"型"中大"生产教学示范区，不断探索校企合作新模式，为培养区域产业经济发展人才作出有益尝试。

校长张昊昱，男，1960年出生，中共党员，从事成人教育和中职教育工作二十余年，勤于思考，敢于创新，勇于实践，积极探索职业教育办学新路子。张昊昱校长经常深入企业第一线，与资深企业家交流探讨，对现代企业管理有一定的思考和探究，自觉致力于把现代企业管理理念融合在中职学校发展管理中，成效显著。

　　2008年以来，学校遵循"做实、做细、做精"原则，移植、嫁接现代企业"7S"管理理念和方法，探索尝试实训基地建设管理新模式。把"7S"管理植入实训基地建设，创新了一套基于"7S"管理的规范化实训基地运行模式，深化了校企合作的内涵；把"7S"管理"注入"教学环节，将工业元素、企业文化、职业素养渗透到常规教学中，实现授课教学与实训、实习、就业的规范"对接"，并通过"三五"素养工程将教育文化和企业文化有机融合，形成职教文化，推进了中职特色校园文化建设；把"7S"管理融入德育管理，创设"一平方米……好习惯"模式管理，从细节着手，规范"养成"教育，内化学生的行为习惯，为区域产业经济发展培养职业人才。

一、创新实训基地规范化管理理念

　　随着国家对职业教育高度重视和地方政府的大力支持，近三年来，当地财政投入累计达3000余万元，学校实训场地、设备设施不断更新，规模不断扩大。如何科学、高效地发挥实训基地的作用，学校面临新的考验。

　　现代企业"7S"管理指整理、整顿、清扫、清洁、素养、安全、节约，是现代团队行之有效的管理理念和方法，通过规范现场、现物，营造一目了然的工作环境，培养员工良好的工作习惯，提高员工的整体素质，最终达到提升产品的品质。

　　学校认为，将源于现代企业管理理念和方法的"7S"管理有机地移植、嫁接到学校的实训基地建设中，旨在通过"人造环境"实现"环境造人"，突出技能本位，融入职业素养，内化行为习惯，这对于培养目标的实现有着重要的意义。

二、创新实训基地规范化管理策略

　　一下子改变人的习惯很难，但可以借助职业化训练改变人的行为，可以通过调整观念和行为来达到逐步完善思维和习惯的目的。"7S"管理是现代企业精细化管理的一种模式，通过全程管理来提高质量和效益，这要求学校在制订制度、职责、规则时要充分考虑各个细节，要使它们具体化、标准化、数据化、可操作、可执行，因为只有格式化的规则才可以训练，只有通过训练才能提升素养。因此我们通过以下 7 项策略来保障实训基地管理的规范化。

一是新建实训管理中心，搭建管理平台，保证了实训基地建设向规范化、特色化、现代化的方向发展。

二是构建目视化管理实训场景，设立各类"看板管理"，实现现场、现物的"定置、定位、定标志"。

三是编制《SIS学校视觉识别系统规范手册》《"7S"实训管理手册》，建立完善相关制度，包括《实训"7S"管理要求》《实训中心安全制度》及各类实训操作指导书等，使"7S"运动落实到每个细节。

四是开发项目化专业课程，编写校本教材、《教师实训手册》《学生实训指导手册》，使实训教学项目规范化和可操作化。

五是以项目为载体，以工作过程为导向，展开实训教学，实现实训教学流程的规范化。

六是制订学生实训行为流程及规范，实现实训行为规范化。

七是学生实训成绩实行过程评价、阶段性考核和最终目标考核的"三评价"，实现评价与考核规范化。

三、创新实训基地规范化运行模式

"7S"管理实施两年来，经历了"植入实训基地、注入教学环节、融入德育管理"的发展历程，形成了慈职"7S"改、理、形、进实训基地运行模式（简称"4321"运行模式），该模式具体包括："4 改"，即环境改造、理念改变、过程改善和行为改进等 4 个方面，它是一个渐进的过程；"3 理"，即目视管理、看板管理、三定管理等三方面管理内容，它是管理的核心部分；"2 形"，即有形和无形，把"无形"的制度、习惯、素养、特色文化与实训基地

实训课规范操作

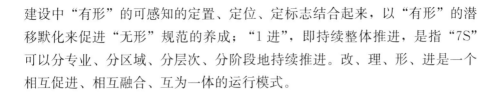

建设中"有形"的可感知的定置、定位、定标志结合起来，以"有形"的潜移默化来促进"无形"规范的养成；"1进"，即持续整体推进，是指"7S"可以分专业、分区域、分层次、分阶段地持续推进。改、理、形、进是一个相互促进、相互融合、互为一体的运行模式。

四、创新实训基地规范化建设成效

主要表现在三方面：一是学校实训基地规范化建设得到较好的体现，通过引入现代企业"7S"管理模式和建立标准化现场管理机制，让学生在学校就能感受到企业严格规范的管理氛围，使实训基地真正成为中职学校培养人才、服务社会经济发展的"体验"平台；二是较好地实现了中职教育与现代企业管理对接（专业与职业岗位对接、教材与岗位技术标准对接、教学过程与生产过程对接、学历证书与职业资格证书对接、职业教育与终身学习对接）的需要；三是学校育人文化得到整体推进，以实训基地"7S"管理为契机，延伸渗透到学校的各个层面，加强学生的规范养成意识，提高学生的职业素养、就业能力和可持续发展能力。

2006年至2008年，当地财政累计投入达3000余万元，学校新建了实训大楼，添置了大量先进的生产型实训设备设施，实训基地的建设迎来了新的机遇。如何让实训基地发挥最佳效能，学校面临着新的课题。学校领导通过调研、考察、交流、学习，将"7S"管理移植、嫁接到学校实训基地的建设中来，让实训基地建设增添新的发展方式。

一、将"7S"管理植入实训基地建设，创新实训基地运行模式

2009年1月，经过前期调研、考察、理论学习，并根据学校场地、专业设置的实际情况，学校将现代企业的"7S"管理的理念和方法移植、嫁接到实训基地的建设中，并设想场地布置方案。方案对地面油漆、室内标志、警示标志、理实一体、监控安装等细节提出具体要求。如地面油漆提出用中灰、绿色和黄色等三色来区分设备区、教学区、通道等空间；安装监控云台，实现现场安全监控和理实一体技能教学实时互动；理实一体区域布置，考虑学生的好动特点，设计连体桌椅，固定位置，节省空间。实训场地的布

置方案虽是粗放的，但在设计中引入企业文化和企业元素的做法，切合了"7S"管理的核心内涵，所以当初的布置方案可称为学校实训基地"7S"管理原始版"行动路径图"。随后，学校按照各专业实训的具体要求，对区域进行定置管理，定置主要是针对区域划分、大件物品放置等进行统一规划、合理布局，将企业工艺流程与学校教学环节相结合，既体现了企业的规范布置氛围，又符合职教教学规律。学校在实训建设过程中也曾遇到过前所未有的困难。新实训大楼建筑结构与设备规格不相匹配，28台数控铣设备要安装到二楼，但无法从一楼搬运至二楼，迫不得已，我们只好把二楼的窗户拆掉，通过汽吊将设备吊上二楼。设备放入后，设计电路、设备气路等都不符合规范，三坐标测量也没有防震措施，于是对气路进行改造，将电路改成桥架式，三坐标测量室借用周边的电缆沟改造成防震沟。

其中值得一提的是，在开展新实训大楼场地建设的同时，学校对老实训楼也进行了改造：拆除普通车间的防盗窗，采用双重玻璃分隔理实一体钳工房，对钳工房中设备进行保养、油漆，将钻床等配套设备喷刷一新，区间划分，规范安放，让学生对规范、整洁、整齐有对照、直观的认识。

（一）基于"7S"管理，搭建实训基地管理平台

新实训大楼中设备、设施安置到位后，学校紧跟课程改革的步伐，决定成立专门的实训中心，组建一套完整的管理班子，实训中心集实验实训（实习）管理、设备设施管理、工量具耗材管理、现代化管理等多种功能为一体，指导和管理全校的实践教学。中心有主任1名，专业干事3名，实训室专职管理员5名，实训指导教师23名，分工清晰，职责明确，改变了实训教学业务与实训设备设施管理分割的状况，改善了管理效率低下的状况，保证了实训基地建设向规模化、现代化、特色化方向发展。

（二）基于"7S"管理，实现定置、定位、定标志

硬件设备放置到位，实训中心组建完成，接下来考虑如何让设备充分发挥作用。实训基地根据"7S"管理，采用定置、定位、定标志管理，通过对实训基地中的人、物、场所三者之间的关系进行科学的综合分析，使之达到最佳结合状态。定位是在定置的前提下，根据人、物、场所的最佳结合原则，对物品进行细化定位。定标志是指对区域、物、场所根据统一的标准进行有效标志，用于指引。同时，还建立标准化信息卡、位置台账和计算机信息索引，以提供齐全、准确、可靠、及时的信息引导，节约时间，提高效

率。整个团队献计献策，教职工出谋划策有 200 多人次，学校对场地布置及标志等方案进行细化和规范化，大大提高了可操作性。

通过对实训现场的区域、物品、场所等进行设计、组织、实施、调整及有效标志，使其达到科学化、规范化、标准化，从而改善现场管理，建立文明实训秩序，优化实训流程，并使实训教学实现人尽其力、物尽其用、时尽其效，达到有序、高效、优质、安全，是"7S"活动的深入和延伸。

（三）基于"7S"管理，制订实训基地管理手册及规章制度

为切实推进实训基地"7S"管理，学校设立实训基地推行"7S"管理领导小组，组建行动工作班子，组织相关人员阅读"7S"管理书籍、观看"7S"管理辅导培训视频，多次组织相关人员考察取经，邀请当地知名企业家和"7S"管理专家来我校实训基地进行现场指导。学校还编制了《SIS学校视觉识别系统规范手册》《"7S"实训管理手册》（分教师、学生用书），建立完善了相关制度，包括《实训"7S"管理要求》《实训中心安全制度》《实训中心相关人员职责》《学生实训行为规范》《实训室卫生清扫制度》等，同时，为使"7S"管理深入实训教学，学校进行过程督查、全程管理，设计了相关表格，如《教学检查登记表》《项目归案情况统计表》《实验（训）教学检查登记表》《实验（训）教学"7S"管理评价表》《实验（训）流程登记表》《实训中心"7S"管理检查表》《实验（训）教学预约登记表》《学生实训安全承诺书》等，使"7S"理念落实到每个细节。

二、"7S"管理注入教学环节，有效提升教学质量

"7S"管理的目的是以规范的管理促使学生良好习惯、职业素养的养成，这关键要落实在教学过程中。学校推行了"以规范为保障，以教学为主阵地，以实践为突破口"的工作举措，在实训教学过程实施六个规范化，将"7S"理念运用于整个教学过程。

（一）教学人事安排规范化

原先实训教学由一位教师负责全部教学任务，一人扮演多个角色，承担多种职责，存在实训教学管理无序、低效的现象。"7S"管理对实训教学提出了新的设想，实训课堂师资配备均采用1+1+1+1模式：每门实训教学课都配备1名理实教师、1名实训指导教师，负责专业理论教学和实训指导；配备1名实训室管理员和1名工量具管理员，提供设备设施、实训教学场地

保障，提供实训课所需要的耗材、工量具器材收发。教学人事安排规范化，使任务容易落实，职责更加明确。

（二）实训项目规范化

为规范实训教学内容，提高实训课教学效果，学校专门成立课题组，研究开发专业岗位项目化课程。课题组以岗位需要的职业能力和职业标准

实训老师精心指导学生

为依据，以职业实践为主线，以职业岗位中完成某项工作任务的完整工作过程为逻辑顺序，按工作过程的需要将职业技能、技术知识、学科知识以及劳动习惯、劳动态度等都加以组织安排，开发数控专业项目化课程7个，并编写校本教材、教师实训手册、学生实训指导手册。

（三）教学流程规范化

实训教学由授课教师和实训指导教师共同根据课程标准制订授课计划和教学项目单，由授课教师制订项目单并传达至指导教师、工量具管理员、实训室管理员，以便相关教师备课、准备工量具和场地。同时，实训教学过程严格按"明确任务→制订工作计划→实施计划→质量控制和检测→评估反馈"的教学顺序，以项目为载体，以现代教育技术和教学方法为手段，以工作过程为导向，展开教学。每一门实训课程都要求教师课前发放项目单、项目考核内容

课前规范领取工量具

及评分标准，要求学生明确任务与要求，并进行相关的预习和准备。教师在课上发放实训报告，要求学生每完成一个项目或任务，都必须完整填写实训报告，并进行自评和小组互评，学会包括咨询、决策、计划、实施、检查、评估的全部工作步骤，有助于实现以提升学生专业能力为核心、以培养学生的方法能力和社会能力为两翼的教学目标。

（四）实训行为规范化

不仅要对学生的实训行为进行规范要求，而且要对实训任课教师、实训指导教师、实训管理员、工量具管理员也作了明确细致的规范要求，具体见下表。

实训教学主要工作流程及规范表

序号	时间段	实训管理员	实训指导老师	工量具管理员	学生
1	实训开始前	准备实训场地、设备、器材等，与实训指导老师交接	点名、考勤、督查学生的着装，带领学生有序进场，领取毛坯	工具、量具、刃具及毛坯等各项准备	认真学习，做好实训前准备，按时排队，有序进场
2	实训开始时	督查教师、学生的到位情况，做好记录	清点和接收实训用设备及其他器材，进行安全文明教育，组织教学，发放毛坯	出借工具、量具、刃具，做好记录	明确实训目的、内容，到位检查设备、工具等，按要求开始实训
3	实训过程中	巡视、督查，及时处理相关技术问题	巡视、辅导、答疑，密切关注学生的实训情况，及时处理相关问题	维护、保养、整理	认真实训，完成学习任务
4	实训结束时	督查清场工作，检查设备、器材等完好情况和卫生工作	检查学生完成任务的情况，督促学生搞好卫生工作，与管理员交接	检查、收回工具、量具、刃具，做好记录	关闭设备、整理工位，做好场地清洁工作，归还工具、量具、刃具
5	实训结束后	再次检查全场情况，收取有关实训记录，关闭门窗及电源	填好实训记录，经管理员同意后带领学生离场	整理、校验、归回工具、量具、刃具	经实训指导教师允许后有序离场。完成实训报告

（五）设备使用规范化

在实训教学开始前，学生先要对设备进行点检。所谓点检，是按照一定的标准、一定周期，对设备规定的部位进行检查，以便早期发现设备故障隐患，及时加以修理调整，使设备保持其规定功能的管理方法。如数控车床的点检项目依次包括：开关是否完好（目视）、风扇是否运转（目视）、面板按钮是否完好（目视）、每班加油（动作）、导轨是否清洁（目视）、刀架是否运转正常（动作）。通过点检，可提前对不同设备、不同设备故障点进行判断，有效记录，如急需处理的问题，要通知维修人员，不急处理的问题则记录在案，留待计划检查处理。点检是动态的管理，它与维修相结合，是安全操作的首要步骤。

在实训教学结束后，关闭设备电源，清扫设备和工具箱周围的责任区域，并保持清洁，特别是对设备进行清洁有其规范的操作流程，根据每个设备的清洁标准，从设备正面、右侧面、左侧面、背面进行清洁，同时做到对各个侧面的细化清洁，比如数控车床（CK6136S）正面，包括清洁机床正、顶面、刀架、导轨，要做到防护门、面板、顶面擦拭清洁无油渍、灰尘，刀架导轨无切屑，上油防锈，踏板无积屑、异物。通过设备清洁、保养，为下次课堂做好准备，同时也利于设备的保养。

（六）评价与考核规范化

实训评价分学生评价和教师教学质量评价，采用过程管理和目标管理相结合的评价方法。

对学生评价，按照专业所需要的基本技能、专项技能和综合技能目标，确定分阶段的目标、任务、方法和评价标准。教师对学生在每个项目实施过程中的"7S"执行情况、工艺准备、操作过程、完成质量、完成时间及实训报告等内容进行过程评价，再结合阶段性考核和最终目标考核。评价过程又按自评、互评、教师点评、总评等几个环节实施。

对教师教学质量的评价，主要根据教学计划及任务要求以考教分离的方式抽取某一项目进行验证性测试；根据每班学生的工件制作过程、规范操作及作品评分来测定学生技能过关的情况，按合格率、教师开出的实训项目单、实训作品、实训报告等进行评价。

三、依据"7S"管理理念深入开展校企合作，实现实训、实习、就业对接

实训教学如何真正同企业的工作过程高度结合起来，让学生真正做到真刀真枪地操作，在毕业后能较顺利地上岗，是学校关心的问题。在市局领导的支持下，学校建立了基于"7S"管理的办校进厂、办厂进校型"嵌入式"校企合作模式。同时，为让校企进行更深入的合作，也出于对"用工荒"及学生就业后与岗位对接的思考，学校为企业与学生创建一个双向沟通平台。

（一）办校进厂型实训基地

2008 年 7 月，学校与宁波奇奥电气科技有限公司合作的关系紧密型实训基地——慈溪职高奇奥创业基地正式成立。

宁波奇奥电气科技有限公司是一家规模型现代化私营企业，它隶属慈溪市奇乐低压电器厂（市百强企业），设备先进，管理规范。该公司位于杭州湾开发区，主要生产电气控制器材，兼有机和电的实习内容，适合机电类专业学生的实习和训练。为共同培养企业急需的先进制造业一线的技能型人才，在市教育局的支持下，2008 年 7 月，学校与该公司签订了《关于合作创办慈溪职高奇奥创业基地的协议》，首创了宁波市乃至全国办校进厂的紧密型校企合作模式。合作的基本形式是：共同投入，产权明晰；共同管理，各有侧重；相对独立，资源综合利用。奇奥公司提供能同时满足 120 名师生食宿、教学和文体活动的场舍设施，提供 2000 平方米标准车间、生产实训车间的设备，学校与企业大致按 1：2 的比例投入。目前学校已向"奇奥创业基地"投入设备经费 252 万。校企联合组建基地管委会，企业方面侧重于生产实习资料的提供和实训工艺过程的组织与管理，学校方面侧重于学生的思想教育和日常管理，同时与企业技术师傅一起开展工艺和技术的指导。

基地运行以来，首批 52 名入驻基地的学生已经圆满完成实习任务，在企业开展的月星级员工评选中有 20 位同学入选公司"月优秀员工"，经双向选择，有 15 名学生留在公司成为技术骨干，其他学生顺利走上工作岗位。第二批学生于 2009 年 9 月进驻基地，从公司管理教师的反馈信息来看，进入基地实习的学生，不仅在生产技术上实现了从理论到实践的转换，而且在心理素质、思想认识和职业素养上都发生了深刻的变化。

（二）办厂进校型生产加工示范区

2010 年 3 月，学校与集团企业宁波中大力德传动设备有限公司合作，在校实训区域内建立企业加工示范区，即示教工厂。

宁波中大力德传动设备有限公司前身为慈溪中大电机厂，成立于 1998 年，专业生产齿轮、传动和驱动部件制造、电动机制造、微电机及其他电机制造等。公司是中国微电机协会理事单位，中国齿轮协会会员单位，被评为中国信用企业认证体系示范单位、浙商最具成长性企业 50 强等。企业根据学校现有设备设施，开发产品，提供原材料，委托学校进行加工，并给予技术上的指导，对加工的合格产品按市场价收购。这一合作模式，不仅有利于

"三个一体化"的进一步实现，而且校内实习实训"示范教学区"带来了真实的企业生产流程，使学生经历从图纸→毛坯→工艺分析→装夹→刀具→加工→测量→产品合格验收全过程，接受企业真实的技术指导。此外，这一模式也为学生的技能提升提供了一个检验的平台，可以让比较优秀的学生进入示范区操作，直接参与生产加工，让优的更优，也让每个学生有一个比较明确的目标。

（三）开设"企业讲坛"，搭建学生、企业提前沟通的平台

2010年11月，学校与相关企业多次交流、洽谈，旨在为企业储备后续劳动力，让学生毕业后有更对口的企业接纳，实现学生与企业之间的双赢。学校开设"企业讲坛"，将某区域（指以乡镇为单位）内的知名企业家请进学校，给该区域及区域周边的学生作讲座，让学生提前了解企业需要什么样的人才，

数控车实训区

自己需要在专业上面达到何种要求，让学生对自己的就业前景有充分的了解，明确学习方向，增强学习动力。

（四）区域互动签约，提前创造企业与毕业生双向选择的机会

2010年12月，学校与鸿达模具企业达成意向，在企业周边区域内的学生可提前签约到该企业实习就业。学校安排三年级的学生与企业进行互动，如果不参加高职考的学生在最后一学期可直接与企业签订上岗协议，参加高职考的学生，也可提前与企业储备签约，在读高职期间，学生可以与企业进行有针对性的互动，提前了解自己的专业是否适合该企业，有利于调整自己学习的方向，为就业做准备，而企业承诺给学生在寒暑假期间提供见习的机会，让学生真正融入企业的生产实践中，更能明确学习的方向和目标。

鸿达模具地处匡堰镇，在学校举行的2011年初的毕业生就业洽谈会中，该企业与匡堰及周边地区的学生互动，当场签约27名学生，同时储备签约学生45名。

区域互动签约为学生提供了就业保障，而对企业来说，通过几年的毕业生积累，存下了后续储备劳动力，从长远看，解决了"用工荒"的实际难题，区域的针对性也利于就业后的员工长期为企业作贡献，是企业与学生的双赢。

四、"7S"管理理念引领实训基地建设，取得了丰硕成果

学校实训基地实行"7S"管理近 3 年的时间里，"7S"管理的实训基地建设在宁波市内已处于领先地位，并在省内外也有一定的知名度，给学校的发展带来了新的机遇。

（一）创新了实训基地运行的新模式

实训基地植入"7S"管理后，从现代企业管理理念和现代职业教育管理理念出发，将"7S"管理与实训基地建设密切结合，形成了一种以"7S"管理为核心的实训管理机制新模式，发挥出了它最优的作用。基于"7S"管理的实训基地新模式，不是简单套用、生硬执行企业"7S"管理模式，而是充分考虑机电专业学生特点和机电专业实训教学的需要，创造性地开展工作，提高了管理效率，加速了管理预期目标的实现。

2010 年 11 月，《中国教育报》以《以现代企业管理理念建设实训基地》为题报道了慈溪职高的实训基地建设情况。

（二）拉开了学校建设的新局面

2010 年 6 月 2 日，宁波市中职"7S"管理现场培训会在学校成功召开，学校的"7S"管理模式得到与会人员的肯定，并在宁波市有关中职学校推广。第二天，《慈溪日报》《宁波日报》等多家媒体相继进行报道，认为慈溪职高将"7S"管理率先引入数控教学，大大缩短了毕业学生与企业合格职工之间的"距离"，提高了学生的职业技能和职业素养，提升了学校的办学质量。

宁波市中职学校"7S"管理现场培训会

2010 年 6 月 24 日，"2010 中国宁波国际装备制造博览会暨宁波市中职机电数控专业教育成果展"在宁波国际会展中心举行。宁波市共有 10 所职业学校受邀参展，慈溪职高成为我市唯一受邀参展的职业学校。学校以"融入'7S'管理，打造职教新天地"为主题，制作"学校名片""专业建设""办学特色""办学成果"等版块，图文并茂、生动形象地展示了学校机电数控教育的成果。

2010 年 7 月 5 日，学校召开为期三天的宁波市电子电工专业教师技能提

升培训，来自全市各中等职业学校的近 30 名教师参加了该培训。培训围绕"单片机控制装置安装与调试"项目，开展了单片机控制装置功能演示、单片机控制装置程序的输入与输出操作、单片机编程基础、按键应用与矩阵键盘原理、RS232 串口通信基础与 1602LCD 应用等项目培训。

2010 年 9—12 月，学校的"7S"管理实训基地模式逐渐声名远播，来校参观的省内外兄弟学校及教育考察团体络绎不绝，有来自本省及江苏、四川、贵州、河南等地的 24 个学校及教育考察团体来校进行"7S"管理实训基地调研考察。

在"7S"管理的实训基地建设模式的实施推进下，学校在先后被评为国家数控技术应用专业领域技能型紧缺人才培养培训基地、国家重点投资建设示范项目学校、浙江省先进制造业技能型人才培养培训示范基地、宁波市实习实训示范基地的基础上，又于 2008 年被评为宁波市首批特色专业中等职业学校（机电），获得宁波市教育服务经济贡献二等奖。2010 年，学校分别获得第七届全国中等职业学校"文明风采"竞赛工作组织奖、全国职业院校技能大赛特别贡献奖、宁波市级以上职业教育技能大赛先进学校二等奖，被评为 2010 年度慈溪市教育科学研究优秀单位。

（三）创建了"7S"管理在学校应用的新模板

为使"7S"管理在职业学校有效推行，通过对企业"7S"管理内容详细解读，结合职业学校的特点，学校对企业"7S"管理内容进行优化，创造性地整理归纳出适合中职学校的"7S"管理内容、实训基地建设中"7S"各构成要素及相互之间的关系，同时，明确"7S"管理的作用、意义及具体的管理目标和原则，使"7S"管理理念深入人心。

在张昊昱校长的带领下，以《SIS学校视觉识别系统规范手册》为指导，学校编制了一套"7S"管理系列手册，对教师、实训管理员、学生都做了具体的规范要求。同时构建了一套"7S"目视化管理场景，以醒目的标牌、线条、颜色、图形、文字作为手段，将各类信息通过看板及时公开，让操作者一目了然，易看易懂，并做出准确判断，其特点是整齐美观、效率至上，统一规划、统一规范，分步实施、分项实施。

在"7S"行动中，广大师生并不缺少目标，但缺少目标指引，缺少如何达成目标的具体步骤和细节，于是，学校从"7S"管理的目标出发，科学、细致地分解、细化"7S"的各个环节，明确每一步的操作策略，为达成目标提供一套可操作的方法。通过清理工作台、工作区、存储区，整理用品，清扫场所，清洁环境，重视安全，合理使用、节约资源等几个环节的操作策略，每个学生都明白了"7S"在实训过程中的具体含义，让"7S"变得简单易操作。通过"每天目视管理""每周红牌作战""每月绿色盘点""不定期定点摄影"四个环节及"7S"领导小组不定期检查、联网监控实时观看、"每月技能之星"评比等活动，引入考核竞争机制，开展行动前后改善对比。

通过"7S"行动，学生养成了开课前统一排队进入实训区域、统一着工作服上岗、女学生戴帽子上岗等习惯，严格按流程操作，按规定摆放物品，严格遵守课堂纪律；做到地面一日二小扫、一周一大扫，机床一日一整理、一周一保养，做到地面干净无杂物、机床清洁无切屑、工作台物品整齐等；做到人走机停、水停，毛坯多次重复使用，小毛病自己修理，并将节约的理念贯穿到实训行动中，降低了实训成本，提高了工作效率。实训场所宽敞明亮，通道通畅，各项安全措施落到实处，学生能自觉重视实训安全问题，减少了安全事故的发生，已具备较强的安全意识。

（四）提高了技能展示水平

实训教学从 2007 级数控车工实训教学试点，逐步推广，目前整个机电专业的所有实训课程，乃至所有专业核心课程，都采用该模式，以点带面，大大提高了教学质量。近几年来，机电专业学生等级考试合格率及参加宁波技能大赛的成绩都有所提高，特别是在 2010 年宁波市技能大赛中，他们取得了较好的成绩，职业资格鉴定合格率也稳步上升。

同时，学生在技能方面有了跨越式的发展。2009 年 3—6 月，戚路锋同学分别获得中职学生宁波市单片机项目竞赛一等奖、浙江省二等奖和全国三等奖。2010 年 3 月，张淑芳、宋高清同学双双夺取宁波市单片机项目竞赛一等奖。2010 年 5 月，来自浙江省的 12 个代表队在 9 个项目中进行了角逐，张淑芳获得了省中职学生技能大赛暨全国职业院校技能大赛选拔赛单片机项目的一等奖。2010 年 6 月，全国职业院校技能大赛在天津举行，张淑芳沉着应战，发挥出色，勇夺单片机控制装置安装与调试项目第一名，同时获人力资源和社会保障部颁发的无线电调试（单片机）技师证书，为宁波、慈溪及学校争得了荣誉，并为学校首次摘得全国技能大赛一等奖。2011 年 3 月，在宁波市技能比赛中，宋高清、丁律丰均获得单片机控制装置安装与调试项目一等奖。

要积极配合"7S"管理下的数控专业教学的开展，抓好师资队伍建设是关键，特别是教师的技能水平。为此，学校出台了一系列制度和规定，开展了一系列的技能培训活动提升教师的专业技能。为充分利用校内实训设备进行技能培训，自 2008 学年第一学期开始，学校要求该专业教师每学期初自主选择至少一项技能训练任务和训练目标，制订课余时间技能训练日程表，每学期期中对其进行抽查，每学期期末专门组织外聘专家对其进行技能目标考核，并严格按评分要求进行打分，考核成绩作为该教师学期业务考核的一项重要内容。同时，学校每个学期举办技能比赛、技能月等各种活动。为充分利用教育集团资源，学校要求教师下企业挂职实习，每学年实习 2 个月以上，并能完成比较详尽的实习报告。学校鼓励教师参加省级、国家级师资培训基地举办的高技能培训，并对获得高技能技术等级证书的给予奖励。通过各种活动，教师的专业技能水平不断提高，近几年，该专业教师在各级各类技能竞赛中取得越来越好的成绩。

（五）拓宽了校企合作新渠道

基于"7S"的办校进厂、办厂进校型"嵌入式"校企合作，学校将企业中的新技术、新工艺、新方法引入教学环节，开展"企业讲坛、区域互动签约"，提前将企业的产业结构、发展情况渗透到学生教育中，提前给学生做好职业导向，同时通过构建校企沟通平台，实现企业与毕业生区域信息互动，增加针对性，为企业储备劳动力，为学生就业提供了双向选择，着力解决企业与学生的区域就业对口率，并将职业道德、职业意识、职业行为、职业技能等职业素养引入学校教学中，深化了校企合作内涵，达到校企双赢。

"7S"管理以实训基地建设为突破口，通过解读、移植、嫁接、感受、融入、内化，分专业、分区域、分内容、分时段地落实到学校各个环节中，使观念得以梳理，环境继续改善，实效持续提升。但是在实训基地的建设过程中，学校也经历过诸多困难，遇到过诸多问题，值得反思和借鉴。

一、"7S"管理应避免"形式化"，宜致力于行事化

判断"7S"的深层内涵是形式化还是行事化，关键看其如何处理现场、现物与人的关系。在形式上，"7S"管理规定要求对现场、现物进行整理、整顿、清扫、清洁，保持现场、现物规范、有序、整洁，但现场、现物都是表态的东西，最终都是通过人这个决定因素实施，如何将静态的东西转换到人的思想高度上，需要各方面的默契配合，理解、沟通、整理、整顿人的思想。

推行"7S"管理当理念先行，全员参与。整理、整顿、素养是"7S"管理的精髓，其中，整理、整顿则是"7S"行动的最基点。从某种意义上来说，"7S"管理不仅仅局限于实训基地的整理、整顿，更需要我们"整理"大脑，内化观念，实现全员行动、主动参与的"从遵守决定的事项开始，以遵守决定的事项结束"的管理过程，达到改变思想、提升素养的目的。从观念的"梳理"到观念的"疏通"，是"7S"真正落实的关键。学校在成立实训中心的时候，争议较多，因为根据学校各方面的情况，加上实训中心往往与教务处在事务处理方面矛盾较多，协调也难，不容易配合默契，实行"7S"管理有一定难度，但两机构在功能职责上有分工，有联系，要配合又要互动，因此，以"7S"为宗旨，统一思想，相互理解，相互沟通，正是体现了"7S"管理的深层次内涵。

二、"7S"管理应避免固定化，宜致力于动态化

"7S"管理在学校的开展过程，是一个持续不断、动态的过程，它是一项长期而艰巨的活动，需要一支创新、敬业、给力的团队，需要利用群体的智慧和力量、团队的执行力不断推动，不断创新。"7S"管理不能流于表面化、短暂性，更不应该固化，应从区域产业经济的发展和培养职业人才的需求出发，以科学发展观为基础，既充分考虑学生的就业需求，又考虑到学生的可持续发展，注重学生的潜能开发和全面发展，突出技能本位，融入职业素养，内化行为习惯。

同时，推行"7S"管理要因校而异，因专业而异，因场地而异，不能固化于简单的套用。学校认为，鉴于职业教育的特殊性，现代企业管理模式要切忌拿来主义。譬如学校在推进"7S"管理中，提出的目标、制订的规则、布置的氛围等充分考虑机电专业学生特点和机电专业实训教学、课改需要。因此推行"7S"要切忌机械化、形式化，要理解、吸收、改良。

三、"7S"管理应避免物化，宜致力于习惯化

"7S"管理从场地、物品与人的密切关系出发，区分要与不要的东西（整理），彻底清扫不需要的东西（清扫），再定位需要的东西（整顿），通过整理后做到清扫、整顿，使物品与场地和谐，进而落实安全与节约的要求，再通过时刻保持美观、干净（清洁），逐步让学生养成良好的习惯，遵守规章制度（素养）。但是在"7S"管理操作过程中，要注意不能过于物化，不能停留在物品与场所整理、整顿、清扫、清洁上，应从细节抓起，但更需要

理性一点，要致力于整体的提升。

在构建目视化场景、做好目视化管理、感觉目视化"认同"的同时，我们更需要从理性的高度培养学生提升素养的意识，倡导节约、安全的理念，规范学生的行为习惯，使他们在"7S"管理的环境中逐步改掉原先的坏习惯，养成好的习惯，让优秀的习惯引领他们的学习、生活、工作，让学生学会做人、学会学习、学会工作。同时，让学生在校期间就接受"7S"管理理念，这是对学生"附加值"的储添，使其能更快适应企业管理，实现个人价值。

四、"7S"管理"注入"教学过程，培育"三五"素养

职业教育是一种跨界教育，需要把教育文化和企业文化有机"融合"成职教特色文化。通过在常规教学中的渗透和企业文化的熏陶，把学生逐渐培养成具有职业素养和职业精神、具备专业基础概念和基本理论、掌握专业技能和通用技能的职业人才。

在学校现行的诸多有效的校企合作的历程中，中职学生不仅感受到了新技术、新工艺、新材料，同时体验到了现代企业的工业元素、企业文化和职业素养，专业素养得到了有益的提升。

以 2009 年 9 月开始，学校在平时注重传授新知识、新工艺、新方法的同时，更加倡导职业素养（职业道德、职业意识、职业行为、职业技能）、工业元素、企业文化在"教"的环节上的深度融合，创设"企业讲坛"，实施企业家和师生互动，启动"三五"素养工程。

"三五"素养工程包括：

一是培养"五种基本素质"，即是非鉴别能力，自我学习能力，身心承受能力（抗挫折能力），沟通协调能力，动手操作能力。

二是培养"五种通用技能"，即职业表达技能，汉字书写技能，外语适应技能，微机操作技能，信息处理技能。

三是培养"五种意识"，即责任承担意识，沟通协调意识，团队合作意识，科学研究意识，争先创优意识。

五、"7S"管理融入德育管理，规范"养成"习惯

著名的教育家叶圣陶曾说过："什么是教育？简单一句话，就是养成良好的习惯。""我们在学校里受教育，目的在养成习惯，增强能力。……习惯越自然越好，能力越增强越好。无论哪一种能力，要达到习惯成自然的地

步，才算我们有了那种能力。如果不达到习惯成自然的程度，只是勉勉强强地做一做，就说明我们还不具有那种能力。"推行"7S"管理的要点在于习惯化，关键在于执行和坚持。"7S"管理在企业中推行可以是刚性的，它可以与经济奖惩直接挂钩，但在学校中推行，还要注意防止实施过程中各项标准、要求被"递减"，执行力被打折扣。只有从行动的"7S"、标准化的"7S"、预防的"7S"三个阶段层层深入，才能实现由"形式化"向"行事化"再向"习惯化"的转变。

对于"学校"两字我们可以这样来理解，"学"指的是学生，学生在学校中主要学习生活常识、生存技能和生命意义。"校"从教的角度看，是知识和技能的传授，是教的体现；从育的角度看，是行为的矫正，是育的功能的体现，连起来就是"教育"。学校在大力提倡培养高素质职业人才时迫切需要反思教育，以期体现真正的"教""学""育"的初衷和目标。

2010 年 9 月开始，学校在德育管理上创设了"一平方米……好习惯"的管理模式，从生活、学习、实训等方面入手，引导学生遵守规范，促进各项规章制度的内化，使规章制度成为自觉意识、自觉行为，使学生养成良好习惯，最终实现职业能力的提升。"一平方米"指以自身为中心的一臂所占的空间，是眼力所见、伸手可触的地方，做好一平方米以内的细小事情，既是基础的、分内的事情，又具有榜样辐射作用。"一平方米……好习惯"是一个泛指的概念，它是移动的好习惯，直接指向个体良好习惯的养成和积淀。每一个小习惯的养成、叠加，都会渐渐产生引导效应和放大效应，从学会学习、学会生活、学会工作变为会做人、能做事、多做事、做正事、长本事的教育目的，这也是我们职教工作永恒的主题。

教育部鲁昕副部长在讲话中指出，职业教育服务经济与社会发展，一定要跳出教育看教育，紧紧跟上产业发展步伐，随着经济发展方式变而"动"，跟着产业调整升级而"走"，围绕企业技能型人才需要而"转"，适应市场需求变化而"变"。那么如何做好"动、走、转、变"的大文章呢？只有以区域经济、社会发展、现代企业的眼光来科学地审时度势，职业教育才能紧跟产业发展步伐。以现代企业"7S"管理理念引领中职学校规范化建设，从"突出技能本位，融入职业素养，内化行为习惯"这一方向来培养区域产业经济发展的职业人才的做法也许正吻合了鲁部长提出来的"动、走、转、变"这一主题。

 专家点评

现代管理学认为，科学化管理有三个层次：第一个层次是规范化，第二个层次是精细化，第三个层次是个性化。显然，慈溪职业高级中学在基地建设上已经走过了第一阶段，迈向了精细化管理的新阶段。学校遵循"做实、做细、做精"原则，移植、嫁接现代企业"7S"管理理念和方法，在探索中建立了实训基地的管理新模式，这是该校基地建设的成功和独到之处。

精细化作为现代工业化时代的一个管理概念，最早是在 20 世纪 50 年代由日本的企业提出的。"天下大事，必作于细。"精细化管理是建立在常规管理的基础上、将常规管理引向深入的基本思想和管理模式，是一种以最大限度地减少管理所占用的资源和降低管理成本为主要目标的管理方式。精细化管理的核心是制度化、格式化、程式化，强调执行力，不仅要求把复杂的事情简单化、把简单的事情流程化、把流程化的事情定量化、把定量的事情信息化，而且要求建立起专业化的岗位职责体系、科学化的目标管理体系、完善的考评体系以及考评结果的应用体系。它是一个系统工程，体现的是一种意识、一种观念、一种认真的态度、一种精益求精的文化。因此，要想做到精细化管理，不仅仅需要先进的理念、认真的态度，更重要的是要建立在规范化的基础上。——毕竟，有些东西是不能跨越的。

记得这样一个细节：在日本的超市里，售出的鸡蛋附赠了一份煮鸡蛋的说明书，步骤如下：

1. 采用长宽高各 4 厘米的特制容器。

2. 加水 50 毫升左右。

3. 1 分钟左右水开。

4. 再过 3 分钟关火。

5. 利用余热煮 3 分钟。

6. 凉水浸泡 3 分钟。这样煮出来的鸡蛋，不但生熟适度，而且能节约 4/5 的水和 2/3 的热能。

乍一看，也许你会觉得很好笑，但细一想，不得不钦佩日本人生活态度的严谨、科学、高效——也许这就是日本能成为强国的根本所在。这对我们的职业教育应该有些启示吧！

（点评：张社字）

 **实训基地建设卷**

名校／名校长简介

　　贾长营，1964年生人，中共党员，中文硕士研究生。历任密云县原成人教育局农村科科长、密云电大校长、书记，多次受到县、市级的表彰，是一名出色的，具有开拓进取、求实创新精神的领导干部，目前在密云县职业学校任校长。

　　多年来，贾校长带领学校领导班子，励精图治，坚持"以服务为宗旨，以就业为导向，以学生为中心，以能力为本位，以市场为机制"的办学理念，创设出"三三四一"的工作原则，建立"以低重心运行、近距离服务、高效率工作"的管理机制，使学校在观念转变、品牌创建、育人模式、校区建设、专业调整、基地建设、课程改革、校企合作、产教结合、订单培养等诸多方面取得了实质性的发展，实现了从规模扩张到内涵发展、从单一学历教育到多元办学、从应付性就业到优质性就业、从办学初始阶段到品牌阶段的初步飞跃。

　　在学校发展过程中，贾长营作为一校之长，发扬了共产党员的先锋模范作用，发扬了百折不挠、锐意进取的职教人精神，取得了显著成绩。

　　北京市密云县职业学校1992年被评为省（部）

企业化管理实现校企双赢
——北京市密云县职业学校

级重点职业学校，是中国职业技术教育教学委员会课程改革研究会成员校，是全国计算机等级考试考点、北京市英语口语考试考点，2006年被评为国家级重点职业学校，是2011年北京市"现代化标志性学校"郊区县唯一一所入围校。贾校长于2010年9月，被密云县委、县政府授予"密云县优秀教育工作者"称号。

核心管理思想

密云县职业学校 1983 年建校，诞生于改革开放的初期，成长在社会主义市场经济的大潮中，在新世纪里不断发展壮大。学校栉风沐雨，走过 28 年的光辉历程，真可谓桃李遍四海，各行各界共飘职教书香。

贾长营校长刚调到职业学校的时候，恰逢中等职业教育发展机遇与办学艰难并存之时，面对严峻形势、艰巨任务、巨大的心理压力，他没有选择"守成"，而是选择了"开拓"，克服困难求生存，抓住机遇求发展。他先后走访调研了北京城区、郊区的多所著名职业学校和山东青岛等职教名校，拜访了首都、密云等数十家合作企业，与近百名干部教师职员深入恳谈，短短 5 个月，完成了对工作领域的基本认识，提出了做好三个服务（为学生服务、为教师服务、为教学服务），增强三种意识（忧患意识、机遇意识、责任意识），实现四个满意（家长满意、学生满意、用人单位满意、政府满意），塑造一个形象（作为国家级重点校的密云县职业学校新形象）的"三三四一"工作原则，以此引领学校发展，为学校实现良性运转打好基础。

在此基础上，从 2009 年开始，学校逐渐梳理出办学思想和目标，即学校要全面贯彻落实科学发展观，认真贯彻执行党和国家的教育方针，坚持以服务为宗旨，以就业为导向，以技能为核心，以素质教育为根本的职业教育办学思想，不断强化职业道德教育，加强职业技能培训、文化素质教育和身心健康教育，注重培养受教育者的敬业精神、创业精神和创业能力。被评为国家级重点职业学校后，学校在坚持"突出特色、协调发展、品牌强校、服务社会"的办学思想基础上，明确提出了新的办学思路及"三三三"治校方略。

办学思路：立足首都，面向市场，以就业为导向，以稳定生源、基地建设、校企合作办学为突破口，创建区域性名校。

"三三三"治校方略：牢固树立以人为本的三个方面（人才支撑发展、德育引导人生、技能成就未来），认真抓好办学的三个重要环节（招生、培养和就业），突出解决三个关键性课题（教师队伍建设、实训基地建设、校园环境建设）。在办学思路的引领下，逐步形成了坚持"以服务为宗旨，以就业为导向，以学生为中心，以能力为本位，以市场为机制"的办学理念。

"校长只有从无穷无尽的现象中看出问题的相互联系，才会对学校实行真正的领导。"学校在以贾校长为核心的领导班子的共同努力下，提炼出内部管理机制，那就是"低重心运行、近距离服务、高效率工作"。其实，很多的学校也采用这个机制，但贾校长根据我校的特点，将这个管理机制进一步深化，使之更加符合我校的特点。低重心运行是把教师的聘任、考评、课程的设置、教师的培训计划、专业室建设等权力下放到各专业室手里，由专业室主任全面负责本专业室师生的管理及专业的发展。校长和副校长一对一负责专业室的督导工作。因为专业室主任是本专业的核心人物，他最了解本专业的发展状况和发展前景，低重心运行，可以给专业室主任施展才华的空间，发挥出自己最大的潜能进而推动专业的发展。近距离服务是指中层干部为专业室服务、协调、督导、评价。这是中层干部工作的八字方针。服务，是指中层干部工作意识上的转变，从某种意义上的"前勤"变成"后勤"；协调，是指中层干部工作职能的转变，从指令性变成协调性；督导，是指中层干部工作重心的转变，从"指挥员"变成"督察员"；评价，是指中层干部工作思路的转变，由制度性评价变成民主性评价。当然，各级干部在工作中要相互合作，多沟通、勤练习，形成合力推动学校的发展。

坚持"低重心运行，近距离服务，高效率工作"的扁平化工作理念，为学校内部体制改革指明了方向。扁平化工作理念的最大特点是流程短、信息畅、重心低、服务近、效率高，使企业达到与顾客零距离、资金零占用和质量零缺陷的理想状态，简化了管理的程序，增强了工作的效率。

 实践应用

一、以政策导航谋基地建设

当你走进密云县职业学校的大门，一种清新愉悦、奋发向上的感觉油然而生。在这里，你可以清楚地看到"三三四一"工作原则的标示。"三三四一"是指：三个服务——为学生服务、为教学服务、为教师服务；三种意识——忧患意识、责任意识、机遇意识，四个满意——用人单位满意、家长

满意、学生满意、政府满意；一个形象——塑造一个国家级重点职业学校的新形象。"三三四一"的工作原则是贾校长及其领导班子在多年的教育管理过程中萃取出来的精华，是他们调查、学习、思索、探讨、实践的结果。"三三四一"提出之初，曾引起了教师们的争议。有的教师说："'三个服务''三种意识'我们能够理解，但是'四个满意'对我们来说太难了。我们怎样做才能让用人单位满意、家长满意、学生满意、政府满意？这要求也太高了。说白了，咱的学生咱们清楚，那都是'精英。'"还有的教师说："这个想法好倒是好，就怕是事与愿违。我们无论怎么努力，社会上很多人还是有成见，认为职业学校就是'精英们'的聚集地，还能好到哪里去。"面对教师们的质疑，贾校长陷入了深思：难道我们的目标不该定得高些吗？学校的工作如果只安于现状，就会把我们自己逼进死胡同。安于现状，不求发展，声誉就会差，生源就会减少，学校还谈何发展，教师还谈何发展？学校的发展还要靠全体教职工的共同努力，我们无法做到最好，但是能够做到更好，做不到非常满意，至少应该做到很满意、比较满意吧。在一次教师大会上，他进一步诠释了"三三四一"工作原则的内涵。

密云县职业学校的发展离不开专业的发展，而专业的发展要依据本地经济结构调整、技术进步和劳动力市场变化及时进行专业设置调整和专业计划的滚动调整，从而增强专业适应性。贾校长和他的领导班子综合调查和分析的结果，把过去的传统专业逐步调整为近三年的电子商务（呼叫服务）、汽车运用与维修、数控技术应用、计算机及应用、物流管理、商务英语、旅游服务与管理、财会、美容美发与形象设计、烹饪等十个专业。此外，农民成人中专开设农村发展与管理、种植、养殖、民俗旅游、计算机等 5 个专业。

在这十个专业中又确定了龙头专业和重点建设专业。龙头专业是电子商务（呼叫服务）。重点建设专业是数控技术应用，这个专业属"国家紧缺人才"的培养范畴，符合北京市和密云县的经济发展重点，市场对该专业人才需求量大。为了能让学生们将来就业有更高的起点，学校把提高学生的专业技能作为专业课教学的重点，而技能的提高在于理论加有效的实习实训。可是早在 2008 年前，学校的实习实训设备少得可怜，只有计算机专业和美容美发与形象设计专业能够基本满足实习实训的需要，数控技术应用专业和汽车技术应用与维修专业都是实习实训设备匮乏的专业。一个简陋的钳工车间，几台掉了漆的台钻，一间简单的电器教室，只能进行简单的电路操作。说到数控专业，很是惭愧，别说是数控机床，就连普通车床都没有。教师们打趣道："这真是黑板上开车床啊！"贾校长没有忘记教师的这句话，他更难以忘记的是学生到企业实习的情景：有一次，贾校长到实习单位看望学生，了解实习情况。当贾校长走到一个学生面前说："孩子，你操作一下机床，我看看。"学生在那儿急出了汗，怎么也找不到机床的开关。也难怪啊！学生们根本就没摸过机床。回来后，贾校长整晚没有睡好，他翻来覆去地想，学校要发展，这样下去，肯定不行，这也不符合"三三四一"的原则啊。第二天，贾校长召开了领导班子和专业室主任会议，对建设实习实训基地的事情进行商议。在讨论的过程中，大家达成了共识：建设实习实训基地固然好，但是会遇到很多困难。资金哪里来？怎么运作？专业教师具有操作机床的能力吗？采用什么样的教学模式才会有效？实习实训基地的运作费用从哪里来？这一连串的问题困扰着贾校长，困扰着大家。

在困难面前，贾校长没有退缩，他毅然决然地做出了决定：不管怎么难，也要建立学校自己的实习实训基地，为学生创造优质的实习实训环境。只有这样，才能够做到为学生服务，为教学服务，为教师服务；只有这样，才能够做到让用人单位满意，让家长满意，让学生满意，让政府满意。这是发展的机遇，同时也是学校的责任：借基地建设的时机塑造一个国家级重点职业学校的新形象。

《国务院关于大力推进职业教育改革与发展的决定》和《北京市人民政府关于大力发展职业教育的决定》，对职业学校加强实训基地建设、为社会培养技能型人才提出了明确要求。市县职业教育功能的定位：根据北京市经济发展重点产业（发展现代制造业和现代服务业）和密云县功能定位（创建国家级生态县）的需求，有针对性地开设专业、建设实训基地。"四大服务"的需要："四大服务"是在做好基地基本建设和各项管理工作的基础上，主动做好校内实践教学建设与改革工作，为培养技术型、技能型人才服务，主动为企业培训在职人员和新技术推广服务，主动为社会待岗人员、失业人员和下岗职工转岗再就业提供优质的技能培训服务，主动为建设社会主义新农村服务。这"四大服务"，既是中等职业学校的任务，也是实习实训基地建设的政策依据。

依据有了，从哪里着手建设呢？贾校长带领他的助手们开始了大规模的调查，不知走访了多少家省部级、国家级的重点职业高中校，也不知拜访了多少家知名的大型企业。他的步伐匆忙却从容，他的眼神深远而聪慧，他的行动坚定且执著……经过往返奔波，他掌握了大量的第一手材料，为实习实训基地的建设打下了坚实的基础。

有了第一手材料，贾校长开始着手制订基地的建设方案，从此陪伴他的是办公桌上堆积如山的各种资料，是头顶不灭的灯光，是手中那支不辍耕作的钢笔，是天际留下的那一抹红霞，是夜风袭来的风铃轻唱，是清晨爬上窗棂的第一缕阳光……

终于，一校三址的新型格局在他的脑海里、在他的规划图上初具规模。这个规划图是他人经验和本校特点相结合的结果。

几次会议后，方案终于有了眉目。将原密云县第二职业学校和密云县职业学校合并，将原塘子中学划归职业学校，建设现代制造业实训基地，进一步扩大办学规模，校本部为学校主要专业教学点，东校区为汽修、数控实训基地，西校区为生态种植基地，以此来形成一校三址的新型格局。

依据方案，2008年8月，学校将完成4800平方米的数控、汽修实训车间建设，2009年7月建成3779平方米的教学楼和3504平方米的宿舍楼，2009—2012年完成绿化美化，2009年9月东校区正式入住汽修、数控两大专业的实习生。

2008年3月，东校区实习实训基地在一阵喜庆的鞭炮声中，正式破土动工。从此，贾校长把东校区当做第二个办公地点。只要有时间，他就来基地工地现场办公，察看基地建设的进程，提出一些建设性的意见。

有一次，天降大雨，贾校长想了解一下工地的情况，他完全可以用电话的方式进行了解，但他决定到工地亲眼看一看，于是冒雨驾车来到工地。当时雨下得很大，匆忙中他没有带雨具，工地上因钢筋水泥等建筑材料的堆积，车子无法开到基地建设办公室，他只好把车停下来，等雨停了再去办公室。十分钟过去了，二十分钟过去了，贾校长看看天气，雨没有停的意思，于是他毅然冒着大雨跑向基地建设办公室，大雨浇在了他的身上，短短几十米的距离，他浑身淋了个精透。在场的人都惊呆了，既埋怨他又心疼他，可他风趣地说："好几天没洗澡了，正好今天老天爷给我洗了，省水、省力还省钱，我可捡了个大便宜呀！"基地办公室很简陋，也没有什么衣服可以替换，大家劝他赶紧回去，可他一屁股坐下来开始询问工程进度……外面的雨停了，云彩让出一条缝隙，太阳钻出来了，很耀眼。工地王队长对贾校长说："赶紧把衣服晾晾。"贾校长一摸，衣服已经干了。

第二天，贾校长没有再来工地，第三天也没有来，此时的他在哪里呢，他正在医院打点滴，那天的大雨把他淋感冒了。

功夫不负有心人，实习实训基地终于如期完成了。截至 2009 年，汽修、数控专业的实训设备购置到位，完成调试、验收合格后正式投入使用。2008 年 11 月，两个车间已经正式接纳第一批实习生。

基地的建成为我们更好地为学生服务提供了基础保障，老师们高兴地说："这下就不用在黑板上开车床了，我们也可以见识见识这些真家伙了。"学生们也拍手叫好，终于能亲自动手加工零件了。是啊，贾校长用行动践行着"三三四一"的工作原则。

二、双赢

实习实训基地建成了，但占地 60 亩的实习实训基地怎样运作才能使它的效益最大化呢？学生进车间实习，机器转动起来，水费、电费从哪里来？机器保养的费用从哪里来？学生实习加工的原料从哪里来？……又是一大堆的问题，贾校长又陷入了深思。

2005 年 10 月，《国务院关于大力发展职业教育的决定》指出："大力推行工学结合、校企合作培养模式。"而工学结合、校企合作的重要载体是实习基地。近年来，探索工学结合、校企合作的论文专著比较多，而探索实习基地运作的专著甚少，见诸媒体的只有一些相关论文，而且比较集中于高职实习基地运作，研究中等职业技术教育实习基地运作的文章不多。这又是一个新生事物。贾校长和数控、汽修专业室主任及领导班子成员又坐到了一起，开始研究实训基地的运营模式问题。大家展开激烈的讨论。贾校长仔细地听着大家的发言，认真地把大家的意见一条一条地记下来。讨论结束了，但没有像样的方案。他仔细分析了大家的建议，带着问题，带着会议讨论的结果又走访了多家大型企业，走访了知名学校，调研回来再研讨、再分析。也不知开了多少研讨会，不知开了多少分析会，最终一个较为完整的基地运营模式出台，那就是走校企合作、资源共享、共管共赢的基地发展道路。对内集中管理，以优化资源配置、避免重复投资、提高设备利用率为原则；对外建立共享、共管、共赢机制。指导思想是：对内实行企业化管理，对外实行准市场化运作。企业化管理主要表现在引入现

贾长营校长与上海橡果国际安耐驰公司总裁吴月荣先生签订校企合作协议

代企业的理念与价值观，营造企业化的职教氛围，实训内容与项目绝大部分来源于企业，实训方式和实训过程企业化。准市场化运作是指按市场化要求进行实训成本核算，加强教学管理、设备管理、工具管理、材料管理以及学生管理，确保实训教学优质高效，社会效益与经济效益并重。与各共享单位共同制订基地运行机制，明确各自的责、权、利，共同参与实训基地的规划和建设。

企业为实训基地提供兼职教师，参与实训基地的建设规划、实训项目开发、实训设施选型、实训教材建设、实训质量评价等实训全过程，对实训全过程进行监控，建立紧密型产学研结合机制。这样就缓解了教育资源不足以及资源分散的矛盾。

实训车间为学生提供了优良的实习场所，专业教师可以在车间施展才华，学生可以在车间提高技能，这是为学生服务、为教师服务的最好体现。有了合作单位，就可以实现资源共享，达到共管共赢，基地就会良性循环，长久地运转下去，也会长久地为师生服务。当然，这一切都是为教学服务。

有了实习实训基地，才能培养出专业人才；培养出专业人才，才能扩大学校的办学声誉；有了良好的办学声誉，学校的生源会才源源不断；有了生源，学校就有了生命，才能很好地发展。只有这样，才能向单位满意、家长满意、学生满意、政府满意的目标迈进。贾校长和他的助手们又一次深层次地践行了"三三四一"的工作原则。

基地没有的时候发愁，现在有了设备，老师们也发愁。原来习惯"在黑板上开车床"的老师们，开始发愁怎么才能尽快掌握实操技能。如果老师不会，怎么来辅导学生啊？那这些设备岂不成了摆设？贾校长在一次大会上说："学校的发展要依靠教师的发展，而教师的专业素养在实习实训中非常重要。实习实训的有效运行，还要依靠专业教师的努力，我们要尽快解决校企合作问题，依靠企业的力量来提高我们专业教师的综合能力。"贾校长用实际行动践行着他讲话的内容，不久，一些相关的制度陆续出台，如《密云县职业学校关于教师到企业参加生产实践的规定》，有计划地安排专业教师深入生产第一线，参加企业生产实践，或做技术员，或做学员，在实践中不断完善自我，提高专业技能，每名专业教师每年必须有两个月到企业参加生产实践。教师到企业要带着任务去——到企业参加生产实践活动除了自身提高之外，同时负有专业论证、为制订专业教学计划提供依据的责任；带着收获回——写出不少于1500字的实践活动总结，贾校长亲自主持召开教师企业调研总结会，将教师的调研结果作为制订专业计划的重要依据。为了能够掌握操作技能，有效地指导学生的实习实训，培养技术应用型人才，数控、汽修的专业教师与基地实习指导教师按照校领导提出的要求和专业室制订的实习实训计划，进行了多种形式的培训。

贾长营校长勤于探索，善于创新，不怕困难，顽强拼搏，不断推进职教事业的改革和发展。他十分注重产学研结合，瞄准企业需求确立科研课题，并热情鼓励和悉心指导青年教师开展科研攻关，积极探索校企合作之路，服务区域经济发展。贾校长亲自进县级知名企业调研，谋求校企合作的衔接点，几番周折后，数控专业室和北京翔云机械厂联合办学，汽修专业室和北京名副实汽车维修有限公司联合办学，共同打造专业师资队伍。通过到企业学习，教师在参加生产、经营的过程中，将理论和实际紧密联系起来，为指导实习实训工作积累了丰富的经验，专业素质有了明显提升。贾校长还不惜重金，把数控、汽修专业的骨干教师选派到专修学院去，让他们系统学习专业知识和技能。这些骨干教师学成后当二传手，在专业教师队伍中发挥他们的骨干作用。为使专业教师的理论技能水平进一步提高，使教学手段和实践技能达到国际先进水平，贾校长又先后派两个专业 3 名骨干教师去德国培训。老师们收获很多，被派出去学习的老师还自编了校本教材，以适应我校学生学习的实际。

此外，为提高教研活动的实效性，贾校长还为教师搭桥，让教师与企业专家合作，共同研究实习实训方案，

汽修专业室邀请北京精信等十三家企业到东校区参观学生的技能展示

共同制订工艺流程，共同确定实践环节的教学目标，依据实习实训目标、任务对知识、操作技能、态度的要求遴选实训内容，按照职业能力培养的基本规律，以实践教学大纲为依据，对遴选的教学内容进行整合、序化，并将其模块化、项目化，以学生为主体，按照"做中教，做中学"的原则选择实践教学的方法和手段，以"能力考核"为重点、企业参与实践环节的考核方式设计实习、实训任务。经过贾校长的多方努力，两大专业分别邀请到了下列专家来指导实践教学工作：

吴熹：北京玻璃钢设计院副总工程师、享受政府津贴的机电专家。

家井延平：北京机械局职工大学机电系主任、教授。

么居标：北京电子科技学院副院长。

赵勇：北京广达汽修设备有限公司副总经理。

贺强：北京市工业技师学院汽修系副主任。

阚有波、薛庆文：北京飞远博飞汽车研究院经理。

……

这些专家在实践教学中发挥着重要作用，为基地的良性发展做出了很大的贡献。

三、走理实一体化科研之路

贾校长曾经强调"科研立校、科研兴校、科研强校"。他先后承担了《密云县经济发展对技能型人才需求分析及职成教对策研究》《农村远程教育教学质量保证体系研究》和《县域中等职业教育课程体系适应性研究》等十余个研究课题，其中十余篇研究成果获奖并发表在《北京教育》《21世纪教育》《北京广播电视大学学报》《密云教育》等学术刊物上。校长亲自抓教研，带动了一大批骨干教师投身教学改革的大潮中，攻破了一个又一个教学难题，取得了多项市级以上研究成果。

目前，贾校长正在进行理实一体化教学模式的研究。他只要一有时间，肯定到数控专业室了解情况，有时听课，有时参加教研活动，和专业教师座谈，和聘请的师傅座谈，和专业室主任座谈……

在贾校长的领导下，东校区实习实训基地数控专业和汽修专业均取得了显著成绩。数控专业通过参加几轮课程改革已经积累了一定经验，几年来组织教师研发校本教材，如《数控车床实训指导书》《数控铣床实训指导书》《加工中心实训指导书》《线切割实训指导书》等。该专业还采用模块化的技能教学一体化模式，每个专业的实习都根据中级工的标准明确了实习模块，以培养学生的技术应用能力和操作技能为主线，对课程内容进行整合，确保学生的技能水平达到中级工的要求，提高了学生的操作技能和技术服务能力，使学生既具有较强的岗位实际工作能力，又具备一定的相关岗位适应能力和可持续发展能力，为扩大就业出路和今后的继续深造打下了良好的基础。理实一体化教学已初见成效，四步教学法得到相关领导的充分肯定。

汽修专业室通过参加的几轮课程改革也积累了一定经验，几年来组织教师研发的校本教材有《汽车底盘讲义》《四轮定位讲义》《汽车保养讲义》

等。高一年级的专业课，采用项目教学法，打破传统的学科教学，使学生的创新能力和实践能力都有了很大的提高。高二年级的学生主要采用"车间即课堂，课堂即车间"的理实一体化办学理念。在设备配备上，整体构思尽可能满足学生的实操要求。教学过程引进德国经验，采用旋转工位法进行教学，调动学生学习的主动性和

汽修专业学生为家长作技能展示

积极性，而且适当考虑了相应的职业资格证书的课程内容，有利于学生在获得毕业证书的同时获得相应的职业资格证书。

为了培养劳动力市场所需要的中等专业人才，学校按照"统筹规划、整体优化、校企合作、突出重点；先进性、实用性、规模性相统一"的原则，以城乡劳动力就业培训需求为导向，以培养有一技之长的技能型人才为重点，通过政府集中投资、企业搭台的形式，构建一个课堂与实习实训场地合一、实训与生产合一、资源开放、功能齐全、服务配套的公共实习实训平台。贾校长深知自己肩上的责任重大。实习实训基地的建成让贾校长松了一口气，校企合作初战告捷又让贾校长松了一口气，理实一体化教学模式取得的一点成绩也让他紧绷的心弦轻松了一些，但接下来就是如何用好它，用什么方式管理基地才能让它发挥最大的职能作用呢？这又是一个新的课题。

传统管理方法是层级汇报制度。不管做任何事情，先请示汇报，然后逐级反映，批准需要一段时日，这使得大量的临时性工作无法如期开展，或者说实效性大大降低，使得信息不畅通。下级对上级负责，责任逐层分解落实。这种"金字塔式"的管理存在的弊端日益突出：一是政出多门，协调不力，内耗严重；二是中间环节多，信息反馈慢，管理效率低；三是过分突出权力的集中，事事围绕行政事务转，容易忽视一线教师，难以突出学校的中心工作——教学，影响教师的积极性。

作为一个拥有近 70 个教学班，3000 多名学生，近 300 多名教职员工的国家级重点校，没有一个科学的管理方法就会使陷入混乱状态。贾校长和他的助手们在研究其他学校管理的成功经验的基础上，结合我校特点，提出了扁平化的管理机制，即"低重心运行、近距离服务、高效率工作"的管理机制，也就是专业室主任负责制，把教师的聘任、考评，课程的设置，教师的

培训计划、专业室建设等权力下放到各专业室手里，由专业室主任全面负责对本专业室师生的管理及专业的发展。校长和副校长一对一负责专业室的督导工作。中层干部起到服务协调的作用。

新事物的出现，往往引起一定范围的震动。扁平化管理遭到一部分人的反对。中层干部提出："专业室主任负责制，我们还怎么领导他们呢？"专业室主任提出："我们级别不够，怎么能做到政令畅通呢？"校级干部提出："我们直接领导专业室，中层干部不都成了甩手先生？"一系列问题显露出来。

制度在实际运行过程中，也出现很多矛盾，专业室主任遇到问题有时也会逐级请示，唯恐会因工作而"得罪"某些中层领导，当他们遇到困难需要中层领导帮助时，中层领导会说："现在是扁平化管理，自己想办法吧。"这也使得专业室主任工作起来吃力，心情也不会愉快。

中层领导也常常出现相互推诿，互相扯皮的现象，"有利的事，人人都要管；无利的事，个个都不管"，学校的行政形象大打折扣，公信力有所丧失。

针对这些现象，贾校长在全面了解情况的基础上，召开专业室主任以上干部会议，就这些问题专门进行讲座。他谈到："实行专业室主任负责制是因为，专业室主任是本专业的核心人物，他最了解本专业的发展状况和发展前景。低重心运行，可以给专业室主任施展才华的空间，使其发挥出最大的潜能进而推动专业的发展。近距离服务是中层干部为专业室服务、协调、督导、评价。这是中层干部工作的八字方针。扁平化管理体制的最大特点是流程短、信息畅、重心低、服务近、效率高，简化了管理的程序，能大大增强工作效率。当然，大家在工作中要相互合作，多沟通、勤联系，形成合力，推动学校的发展……"

贾校长的讲座，使干部们真正理解了扁平化管理的内涵，为学校内部管理体制的改革指明了方向。经过一段时间的运行，扁平化管理模式终于发挥出了它的作用。

以基地管理为例，因为实行扁平化管理，基地发挥了它最大的效能，加快了课程改革的进程，优化了教学计划，建立起以就业为导向的理论与实践相融互动的专业教学体系，确保了学校教育与企业的零距离，提高了专业教师的教育教学水平、专业技能水平和教育科研水平。

基地已经成为教师教学实践、实操训练、教学研究的核心场所，促使专业师资整体水平不断提高。专业教师的"双师型"比例达到100%，教师素质不断提升。

贾长营校长的不懈努力和付出为学校带来了前所未有的发展机遇。密云县职业学校先后被评为北京市职业教育先进单位、首都文明单位、北京市信息化建设示范校、北京市德育工作先进集体、北京市绿色学校、北京市健康促进学校、北京市2008奥林匹克教育示范学校、北京市"四五"法制宣传教育先进集体、北京市农村剩余劳动力转移培训先进单位、北京市"十五"继续教育校本培训示范校、密云县创建学习型学校先进单位。计算机及应用专业被评为市级骨干特色专业。2011年，密云县职业学校从众多职业学校中脱颖而出，成为郊区县唯一一所入围北京市现代化标志性学校。

近三年，学生的专业技能水平、职业规范、岗位适应能力等综合职业素质不断提高，在市级专业技能大赛中屡获佳绩，实习率达到100%，就业率达到98%以上，形成"进口旺、出口畅"的良性循环。这两年来，学校为下岗、失业、失地人员培训1200余人次，为农村劳动力转移培训300余人次，为企业职工培训1000余人

教育部陈建华处长到学校视察工作

次，为青海贫困地区的学生培训1400余人次，取得了良好的社会效益和经济效益。

四、可持续发展

在贾校长的带领下，学校在各个方面实现了划时代意义的突破。在深入学习实践科学发展观的基础上，紧紧围绕"科学发展强内涵，放大特色创示范"的主题，学校出台了十余项引领学校科学发展的新举措，有力地推进了学校的全方位改革，实现了思想观念上的新突破。

经过几年的发展，学校已经形成了多门类、多渠道、多规格、多联合的办学格局，与辽宁、青海、河北、黑龙江等地5所学校签订了合作办学协议，在校生已达3000人。社会服务体系和功能逐步加强、完善和发展，实现了办学规模上的新突破。

依据"学校围着市场转，专业围着产业转，人才培养围着需要转"的原

则，学校形成了以呼叫专业为龙头，以计算机专业为骨干，以数控、汽修相关的现代制造专业为重点，以旅游、物流、财会、美容美发、农民中专、短期培训为补充的专业格局。投资近亿元的东校区现代制造业实训基地，4800平方米的数控、汽修实训车间已步入全市先进行列。目前，学校已被列入北京市创建现代化标志性中等职业学校的名单，为品牌学校的创建奠定了坚实的基础，实现了品牌建校的新突破。

学校现在有市、县、校级学科带头人、骨干教师 40 人，高级教师 60 人。近几年，学校有 15 人获市级先进称号，12 人获"'紫禁杯'班主任"称号，17 人被评为县级优秀教育工作者，10 人被评为县级爱生标兵，有 40 多名教师参加了北京市职教系统第三轮课改，有的还担当了课程改革的骨干；有 30 名学生在北京市技能大赛中获得一、二、三等奖，高职考试再创新高，213 人考试，212 上线，上线率达 99.5%，名列全市第一，有 1600 多名学生取得各级各类职业资格证书，实现了教学质量的新突破。

随着东校区实训基地的正式投入使用、运行，一年来，400 多名汽修、数控专业的学生开始在基地正式上课，这标志着我校实训基地高素质技能型人才培养达到了一个新水平。学生技术技能水平的全面提升、校企合作、产教结合的不断深入，以工作过程为导向的课程改革的贯彻执行，使基地建设业绩、成效和形象日益显现：实现了技能大赛奖牌零的突破；先后接待了市、县领导，兄弟院校领导和教师等参观团十余批，举办了全国汽车职教年会等大型活动，学校的办学模式和成效得到了各级领导的充分肯定。另外，引导九五太维公司进入学校，建立生产型实训基地，带动了呼叫专业的实践教学，实现了实践教学的新突破。

密云县人大常委会副主任郭瑞权和主管教育
副县长程文华到东校区实习实训基地视导工作

继和九五太维合作办学之后，学校又先后和多维集团、橡果国际、联想集团、北京电信、中国移动、雪花压缩机、现代汽车、SMC公司、首发集团等近 20 家公司签约，成立了 12 个定向班，大约有40%的学生进入定向班学习。和密云县重大招商项目，如北汽福田、北新建材、呼叫中心已经有实质性合作。2010 年各专业平均就业率保持在 98% 以上，实现了校企合作的新突破。

在内部运行的模式上，学校坚持"低重心运行，近距离服务，高效率工作"的扁平化工作理念，为内部体制改革指明了方向，实现了内部管理的新突破。

学校在育人模式、和谐校园创建等方面均有新的突破……

贾校长常说："校长只有善于学习、研究和实践，才能实现学校的可持续发展，才能完成个人的自我升华。"

他是这样说的，也是这样践行的。目前，他正带领学校的领导班子以及全体教职工在上级领导的关怀下，朝着新的目标奋勇前进。

反思拓展

密云县职业学校的核心管理思想概括起来有两部分：一是"三三四一"工作原则，二是扁平化管理机制。在践行核心管理思想的过程中，基地在教育思想、课程改革、德育领域、基地建设、管理机制等方面进一步拓展，以发挥最大功效。

职业学校的培养目标，就是培养初中级技术人员，说到底就是培养"员工"，而且这种"员工"不是"秀才"，是应用性、实用性的中等人才。也就是说，我们的毕业生不可能是学术型、工程型人才，而是技术型、技能型的人才，对他们的要求不能是"宽、广、深、厚"，而应当是"会、巧、精、熟"。要树立"博士可能失业，师傅永远吃香"的观念，在教学中必须增加适应性内容，突出职业性，强化应用性。

实习实训基地的建设，目的就是以城乡劳动力就业培训需求为导向，以培养有一技之长的技能型人才为重点，通过政府集中投资、企业搭台的形式，打造一个公共实习实训平台。在这样的平台上才能真正做到教室与车间合一、学生与学徒合一、教师与师傅合一、理论与实践合一、教具与工具合一、作业与产品合一、教学与科研合一、育人与创收合一、实训与革新合一、学位与岗位合一，才能不断提高课堂教学效果。

一、各领域拓展要求

（一）思想层面

贾校长为首的领导班子一直注重对中职教育理论的学习和研究。学校先后开展了三次关于教育思想的大讨论活动，第一次（2007—2008 学年，以延庆玉都宾馆干部会为标志）以转变人才观、质量观、教学观为重点，解决什么是职业教育、为什么办职业教育和怎样办职业教育的观念问题，提出了"三三四一"的办学思想，创造性地解决了招生问题（2008 年开始提前招生）和实训基地的建设问题（2008 年 3 月 12 日开工，2009 年 7 月 20 日完工）；第二次（2008—2009 学年，以雾灵山干部会为标志）以讨论学校发展定位和特色为重点，解决如何更好地开展工学结合、校企合作的问题，二职合并（7 月 10 日），东校区启用，形成一校三址的战略格局，开办了呼叫专业，并使之成为龙头专业，与九五太维等十几家企业签订了合作协议，在"服务为宗旨，就业为导向"的思想指导下，推进"以工作过程为导向"的课程改革，提出了职业教育要面向市场、为本地经济提供智力支持和人才保障的思想；第三次（2009—2010 学年，以平谷会议为标志）提出"近距离服务、低重心运行、高效率工作"的扁平化管理思想，提出内涵发展、和谐校园的建设思想，并以申办北京市示范校为抓手，以讨论改革人才培养模式为重点，解决科学构建职业人才培养模式的问题。2011 年，学校被确定为北京市现代化标志性建设学校，在此基础上，学校重新梳理和调整了办学思路，即三个理念（"人才支撑发展，德育引导人生，技能成就未来"）、三个支点（"政策引领方向，市场配置资源，就业改变人生"）、三项建设（"教师塑造品牌，专业提升品位，环境熏陶品行"）。

（二）课程层面

课程是一切教育活动的核心，课程设计要以能力为本位、以过程导向，过程导向的课程是以职业实践为主线，不再是抽象和简约化的学科知识。从内容上讲，校企合作是以课程合作为中心展开的，这里涉及课程从何而来，开发什么样的课程，如何开发课程等问题。中职学校的课程应该按市场上的岗位（群）——能力划分——模块设计——实施教学（任务驱动、项目教学）——评价（理论、实践）的顺序进行组织，可见实训基地建设在课程改革中的作用。

（三）教学层面

任何课程都只有通过一定的教学活动才能实现，最终的落脚点在学生身上。职业教育强调以学生为主体，以职业能力培养为重点，职业教育的能力本位观决定学习阵地必须以企业等工作实践的场所为主，以工作任务的真实内在结构作为课程结构，构建一个能够促进学生整体性学习的情境。为了掌握某一生产过程的基本原理，就必须在职业实践中、在实训基地的真实环境中操作、感知、理解。以上这些都是学生形成创新能力的基础，也是职业教育在教学层面需要着力解决的问题。

（四）德育层面

毛泽东同志说过："教育必须同生产劳动相结合。"学校的职业教育无论是在德育教育方面还是技能训练方面，与企业的需求脱节的现象都比较普遍。学校对学生实行人性化管理，学生受不了委屈、受不了呵斥，而企业的制度化管理则相当严厉，惩罚的意味很重，因此，学生不适应企业的各种管理制度。一些传统的道德观念在中职学生那里非常淡薄，他们没有形成勤劳、节俭、宽容等意识，从业时畏难情绪弥漫。

学校要培养学生成为专业能力强、技术素养高的"职工"。只有当职业精神的培养成为职业学校德育主体的时候，职业学校才能是真正的职业学校；只有当教师从"经师"变成"技师"再变成"人师"的时候，职校的德育才能走向正轨；只有当专业技能的训练和职业操守真正融为一体的时候，德育、教学才能互相促进，共同发展。把"遵守规程"与"遵纪守法"对应起来，把"流水生产"与"团队合作"对应起来，把"完成工序"与"履行义务"对应起来，把"工资报酬"与"劳动光荣"对应起来，就可以实训基地为核心用一个流程式的环节链条引导学生在职业技能的不断学习中，一点一滴地养成良好的职业习惯，进而形成良好的道德品质。

（五）内部机制运行层面

扁平化理论是在行为学派、企业再造、学习型组织的变革中形成的与科层官僚制相对应的一种企业管理理论，通过减少管理层次、压缩职能部门和机构、裁减人员，使企业的决策层和操作层之间的中间管理层级尽可能减少，使企业快速地将决策权延至企业生产、营销的最前线，从而为提高企业效率而建立起富有弹性的新型管理模式。组织扁平化的直接结果是人员的精简、成本的下降、素质的提升、效率的提高，最大特点是流程短、信息畅、重心低、服务近、效率高，使企业达到与顾客零距离、资金零占用和质量零缺陷的理想状态。但实训基地实行企业化管理，引入企业化的扁平化思想，还有很长的路要走。

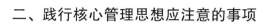

二、践行核心管理思想应注意的事项

践行"三三四一"工作原则要注意宏观要求和微观实施的关系，宏观要求过多，就会变成空喊口号，解决不了实际问题，但总是瞄准微观，陷入事务性问题，就会失去方向。所以践行"三三四一"工作原则时，既要重视把握方向的宏观教育，又要重视解决实际问题的微观教育，二者要互相联系，相得益彰。

践行"扁平化管理机制"要注意以下问题：

一是提高中层管理者的素质。作为既得利益者，为保护现有的和将来可能有的利益，中层管理者可能会对扁平管理进行自觉或不自觉的抵制，从而导致变革的努力被削弱或抵消，"四大处"（教务处、德育处、实习处、总务处）主任与专业室主任工作中可能出现互相推诿现象。因此，要提高管理者的服务意识，尤其是使基地中的管理更专业，更要实行企业化管理模式。

二是提高全体人员素质。无论是管理者还是被管理者，当素质达不到要求时，扁平化管理的效果将会大打折扣，因为时间是稀缺资源，任何一方的素质达不到要求，都将占用双方的宝贵时间，从而压缩了管理幅度，难以达到预期的效果。

三是创设适合扁平化管理模式的学校基地文化。不同的学校文化反映出不同的价值观、行为规范、组织形式、管理制度等，不具备创新精神的学校，是不大可能主动实施扁平化管理的。扁平化管理思想植根于最先进、最活跃的校园文化中，学校实现扁平化管理是从旧有的思想体系、文化体系、管理体系中突围破茧的艰难过程。

办学理念是一所学校办学的总纲，是学校集国家需要、社会需求以及教育本质、学校特点于一体的理性思考，体现了一所学校的价值取向，决定了一所学校的发展方向和未来走向。因此，办学理念是否符合现实的要求，是衡量一所学校生存状态和发展能力的核心，更是衡量一个校长办学兴校能力和水平的关键。北京市密云县职业学校的贾长营校长，在深入思考职业教育规律和社会需要的基础上，提出了从顶层设计到实施细节、从理念到行动的一整套办学思路："三个服务"（为学生服务、为教师服务、为教学服务）、

"三种意识"（忧患意识、机遇意识、责任意识）、"四个满意"（家长满意、学生满意、用人单位满意、政府满意），充分体现了贾校长的"教育"情怀；"三三三"治校方略，可谓是贾校长对"学校"本质的最准确的领悟；内部管理机制的"低重心运行、近距离服务、高效率工作"的扁平化理念、"校企合作、资源共享、共管共赢"的基地企业化管理思想以及理实一体化的发展模式，均显示出贾校长对职业教育特点和规律的深刻体认。

扁平化理论是在企业再造学习型组织的变革中形成的与科层官僚制相对应的一种企业管理理论，通过减少管理层次、压缩职能部门和机构、裁减人员，使企业的决策层和操作层之间的中间管理层级尽可能减少，以便使企业快速地将决策权延至企业生产、营销的最前线，是为提高企业效率而建立起来的富有弹性的新型管理模式。该校实行的"专业室主任负责制"，就是扁平化理论的最有效应用。学校把教师的聘任、考评、课程设置、教师培训、专业室建设等权利下放到各专业室手里，由专业室主任全面负责对本专业室师生的管理及专业的发展，不仅是对效率的追求，更是人本化的体现。尤为可贵的是，该校认识到实施扁平化管理必须创设适合扁平化管理模式的学校文化，必须从旧有的思想体系、文化体系、管理体系中突围破茧，这既是科学的，同时又是艰难的。但我们相信，有先进的理念引领，有正确的制度保证，如果再加大物质层面的投入力度，密云县职业学校的基地建设定会有辉煌的明天。

（点评：张社字）

加强实训基地建设 彰显职高教育特色

——浙江省富阳市城镇职业高级中学

名校／名校长简介

富阳市城镇职业高级中学创建于 2000 年，学校占地面积 102.15 亩，建筑面积为 28201.1 平方米。全校共有 48 个班级，在校学生 2409 人，目前开设医药化工、计算机及应用、金融事务、商业贸易四大类专业。

学校现有教职工 156 人，其中专任教师 132 人，学历合格率 100%，研究生 4 人，其余都为本科生，中高级职称 119 人，1 人为浙江省中职英语大组理事，1 人被评为杭州市名师培养人选，1 人被评为杭州市优秀双师型教师，7 人被评为杭州市级教坛新秀，6 人为杭州市级大组成员，5 人获省"春蚕奖"。

学校教学设施齐全。建有校园广播系统、校园双向闭路电视系统、计算机校园网、校园无线网络、校园电话网等五大校园网络系统，48 套多媒体教学设备。有实验实训室 37 个，阅览室、电子阅览室各 1 个，图书馆 1 个，藏书量为 10.8113 万册，实验实训仪器设备总价值约为 818.3 万元。

办学以来，学校坚持"点希望之火，育文明之人，成有用之才"的办学理念，遵循"环境一流、设备一流、师资一流、质量一流"的办学目标，以"敬

十周年校庆

德修业"为校训，以"勤学、精业、乐群、创新"为校风，先后被评为国家级重点中等职业学校、浙江省教育科研"百强学校"。学校构建了"校企合作，工学结合"的办学模式，与企业合作共同培养人才，确立了"希望教育"的理念，以"细心、爱心、耐心、信心"来帮助学生恢复信心，取得了显著成效。

一、专业建设管理

打造品牌专业是职业教育推进专业现代化建设的需要，建设具有地方特色的职业教育品牌专业更是职业学校生存和发展的根本。为此，近年来，学校在专业品牌建设方面迈出了可喜的一步，并取得了显著成效。在分析研究富阳经济和社会发展对人才需求的基础上，从 2005 年开始，学校对专业设置进行重新调整，砍掉了那些不切实际的专业。为适应打造"数字富阳"的需要，学校改造和提升了计算机及应用专业，进行课程体系改革，推出了计算机网络技术专门化方向课程。为了适应富阳制药行业发展对人才的需求，学校又及时开设了生物制药专业（后更名为"医药化工"专业）。

为当地社会经济发展培养技能型、实用型人才，是职业教育的主要任务。为此，学校构建了"校企合作，工学结合"的办学模式，实行产教结合，与企业合作共同确定人才培养模式、人才培养方法。基于上述理念，学校在继续抓好原有校外实习基地的同时，另辟蹊径，在校企深度合作、产教研结合方面作了积极探索，形成了自己独有的产教研一体化办学的模式。

二、教育教学管理

确立"希望教育"的理念，要求教师以"细心、爱心、耐心、信心"来鼓励、帮助学生恢复信心。在实践中，德育工作坚持以"贴近生活、贴近实际、贴近未成年人"为原则，坚持严格管理和亲情关爱相结合，努力探索学校德育的有效途径，不断拓展"希望教育"的新平台，形成了一系列的德育新方法，从学习、生活、心理等各个层面关心、关注每个学生的健康成长。通过细节教育及"7S"管理，规范学生的日常行为，让学生养成良好的行为习惯，不断优化育人环境，赋予学生更多的人文关怀。学校踏踏实实的德育工作得到了上级领导、兄弟学校的赞许，赢得社会、家长的好评。

自学校创办以来，校领导始终把科研兴校作为学校发展的第一要务，并在学校教育教学和管理的实践中不断进行改革和创新。学校领导以身作则，亲临教改第一线，参与多项省、市级规划课题的实践和研究，取得了可喜的成果。在科研引领下，教师形成了"苦教、勤教、无私奉献"的良好教风，学生形成了"苦学、勤学、永不气馁"的良好学风。特别是学分制管理的推行，激活了学生的学习热情，调动了教和学的两个积极性，从而，使教学质量和专业技能水平不断提高。在技能考核中，学校的初级技能考核通过率达100％，中级技能考核通过率达98％。学校实行产教结合，校企联合办学，毕业生就业率达95％。教师技能竞赛成绩突出，10年来，平均每年有50多人次在富阳市级以上的各级各类竞赛中获奖。

学校高职考试成绩突出，10年来共向高一级院校输送优秀毕业生2008人，其中本科生131人，升学率、升学人数、本科上线人数都居富阳市职业学校的第一位。

 实践应用

职业教育作为教育事业的重要组成部分，肩负着为社会培养生产一线的技能型人才的重任，它与社会生产、经济发展密切相关。基于职业教育的特点，年轻的城镇职高提出了"希望立学、技能立业"的教育理念，坚持"以服务为宗旨、以就业为导向"的职业教育办学方针，办学十年来，砥砺前行，以严谨的教学管理秩序和优良的教学质量为保障，突出专业特色，以适应区域经济发展和社会对人才的需求，进而深化改革，推进教育思想观念，创新人才培养模式，加强专业建设和实训基地建设，实现学校的跨越式发展。

一、建立强势专业实训基地

（一）创建医药化工专业省级实训基地

（1）医药化工专业概况。学校开办至今，该专业已连续招生十届，前四届为化工（环保）专业，自2005年开始，在继续开设化工专业的基础上，增设生物制药专业。2010年，该专业在校生人数为603人，该专业配置药学基础实验室、化工分析实验室、化学工艺实验室、化工基础实验室、药剂实验室、药物分析实验室、精密仪器实验室、药物模拟分析中心、化工操作仿真中心，专业师资力量雄厚，有专业专任教师13人，高级职称3人，中级

职称 4 人，硕士 2 人，13 名专业专任教师中 12 人取得高级职业资格证书，1
人具有化学分析工技师资格。2007 年，该专业成功创建为浙江省省级示范
专业。

（2）医药化工专业实训基地建设的背景及意义。浙江省是全国的"医药
大省"和"医药强省"，杭州又是浙江省的主要生产基地之一。杭州市充分
依托自身优势，创建了杭州医药高新技术产业化园区，涌现了一批在化学制
药、天然制药、生物技术领域有一定影响的制药企业。对于富阳来说，随着

签约仪式

产业结构的调整，医药行业已成为新生
的主要产业，海正药业在洞桥落户，高
桥创建了富阳医药高新工业园区，有胡
庆余堂、正大青春宝药业等知名企业，
零售药店也达 200 多家。2006 年底，我
们组织全校教师对杭州地区的 100 多家
制药企业进行了调查，学校还与杭州市
药监局、杭州医药行业协会、富阳市药
监局等取得联系。大量信息表明，医药
化工行业正面临难得的发展机遇，这给我们全面推进医药化工专业品牌建设
注入了强大的动力。

随着现代企业制度的推进，人的能力素质正作为一个重要元素在企业员
工的录用等环节中体现出来，作为承担培养人才、为当地经济发展服务的任
务的职校理应审时度势，及时调整专业方向，加强校企合作，开展课程改
革，强化技能教学与考核，使专业设置具针对性，教学更贴近学生实际，学
生培养更符合社会需求。

医化专业实训基地的建设，势必在办学规模和人才培养等方面对学校产
生积极影响，将"服务地方"的办学宗旨推向纵深，更重要的是，为医药化
工行业的长远、高速的发展提供有力的支持。

（3）实训基地建设条件。已形成与本地经济社会发展紧密结合、具有特
色的专业教学方向，若干专业特色鲜明，与当地主导产业结合紧密。因主导
产业发展对技术工人有较大需求，学校培养的学生受到社会和企业的欢迎，
近三年来毕业生一次就业率在 90％以上。

实训基地与企业合作情况良好。近几年学校以学生职业素质和专业技能
培养为核心，突出职业岗位实习训练，提高学生的技术应用能力，培养学生
的综合职业素质，在人才培养过程中积极和企业开展合作，已与浙江海正药

业股份有限公司、中国林科院松花粉研究开发中心、杭州天缘药业有限公司、富阳市远洋化工有限公司、富阳市医药药材有限公司、杭州先进凤凰投资集团有限公司、富阳东辰生物工程有限公司、富阳胜大生化有限公司、杭州瑞华生化制品有限公司在教育、教学、生产实习、师资培训、课程改革、人才培养等方面进行合作。良好的合作，使学校与企业获得双赢，校企合作进入了良性循环，2007 年，中国林科院松花粉研究开发中心被评为富阳市、杭州市优秀校外实训基地。学校为企业培养、培训了大批高素质的技术工人，他们在企业发挥骨干作用，受到用人单位的好评；合作企业用实质性的行动支持了学校教学改革和专业建设。

基地已具备良好的办学基础。相关专业有一支专兼结合、结构合理的"双师型"专业教师梯队，具有中高级职业资格证书的教师达 100％，学历合格率 100％，有硕士研究生毕业教师 2 名，部分教师具有高级工以上职业资格证书和高级职称。

基地已形成一定的人才培养规模，教学改革成效明显，教育教学质量高。相关专业年招生在 300 人以上，积极开展农村劳动力转移培训和企业职工培训，年培训规模达到 500 人以上。主体专业已被评为省级示范（或重点）专业，并在全省职业学校同类专业中发挥较强的示范和带头作用。学校基本形成一整套比较成熟的符合相应行业发展需求的人才培养培训方案，专业教学内容能及时反映新知识、新技术、新工艺和新方法。相关专业毕业生70％以上具有中级以上职业资格证书，一次性就业率达 98％，其中专业对口就业率达 91％。

实训基地工作条件成熟。基地共有专业基础课实验实训室 4 个（医学基础实验室 1 个、化学基础实验室 1 个、计算机房 2 个），专业课实验实训室 5 个（药剂实验室、药剂分析实验室、化工分析实验室、化学工艺实验室、精密仪器室），实用面积共 859.2 平方米，近三年共为基地相关专业专用实训设备投入496.34 万元。基地现有相关专业图书共450 册，专业期刊 13 种/年。

基地具备可持续发展的条件，有科学、合理、操作性强的基地建设规划。学校举办者支持基地建设，并能按规定落实配套经费，确保基地规划项目如期实施。

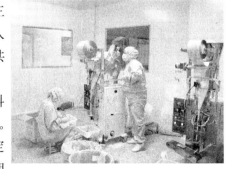

医化实训区

鉴于各方面条件，2008 年 12 月，医药化工实训基地成为省级实训基地。

（二）创建计算机网络技术专业国家级实训基地

（1）专业背景。计算机网络技术专业是在计算机及其应用专业的基础上发展起来的，相关子专业有网络动漫、计算机艺术设计，现有在校生共 513 人，近三年共毕业 627 人。

近年来，富阳信息产业快速发展，市委、市政府努力促进信息化与工业化、城乡一体化紧密结合，先后出台了《关于加快富阳市信息化建设的实施意见》《富阳市制造业信息化建设的若干意见》等一系列配套政策和措施，有效加快了我市信息化和信息产业的进程，使我市信息化基础设施处于国内领先水平，为建设"数字富阳"打下了坚实的基础。2010 年，富阳实现了 95％的市内企业上网，规模以上企业全面应用信息化辅助管理，信息服务业企业和软件业初具规模，智能化建设也在积极进行中。可以预见，信息技术将在各领域得到广泛应用，社会、企事业单位对计算机技术人才需求旺盛。

根据上述市场的需要和可能，2006 年，学校及时调整专业教学计划和专业发展规划，突出网络技术课程并明确了网站建设和网络工程两个专门化方向，提出"精一专一"的技能培养目标，专业的建设和发展完全符合、适应富阳本地的经济发展需要，专业发展有着很大的空间、前景。

（2）打造了一支技能型的专业教师队伍。目前，该专业有专业教师 24 人，均为本科毕业，其中高级职称 4 人，中级职称 18 人，"双师型"教师 24 人，有网络公司的网络工程师和锐捷公司的专业技术人员。

学校非常重视专业教师队伍的建设，坚持"以竞赛促进师生技能提高、以竞赛促进学校专业发展"的原则。学校给专业分成八个模块，使每位专业教师都明确专业模块的发展方向，每年假期有计划地选派教师到锐捷公司、浙江工业大学继续教育学院、浙江大学高技能培训中心进行脱产继续教育，学习网络组建等技术，并成立技能兴趣小组对教师进行技能竞赛辅导。目前已有近 50 人次参加国家、省、市级组织的专业技能培训，专业技能水平稳步提高。2007 年，在杭州市中等职业学校专业技能竞赛中，黄淑萍老师在"网页制作与设计"比赛中获三等奖，黄国峰老师在"计算机操作"比赛中获三等奖，蒋应军、白瑛老师在"计算机程序设计"比赛中分获二、三等奖。2008 年，在杭州市中等职业学校计算机专业及学科教师教学能力说课比赛中，张凤凤、万晶影、童淳远三位老师分别捧回一、二、三等奖。2009 年，在杭州市中等职业学校优秀教学课例评比中，许超英、黄征两位老师获得三等奖，蒋英军老师为多个企事业单位共计开发 8 个应用软件。2009 年，经过层层筛选和紧张激烈的角逐，蒋英军老师获浙江省计算机维修工一等奖中的第二名，同时被授予"浙江省技术能手"称号；在"动画绘制员"比赛中，黄征老师获得二等奖。

计算机网络技术实训基地

（3）建设了完善的实验实训场室。学校非常重视基地建设，根据市场的需要和可能，不断调整专业的发展方向，制订了专业发展规划，并有计划、分步骤地实施，专业建设成效较大。近三年，学校共投资 670.0 万元建设实验实训场室。目前，学校的计算机网络技术专业分为计算机硬件维护、计算机网络技术、计算机平面设计、计算机网络动漫四个子专业，拥有专业基础课实验实训室 3 个、专业课实验实训操作室 6 个，共有计算机 449 台，实验实训仪器设备总值 751 万元。

2010 年 3 月，计算机网络技术专业实训基地成功创建为国家级实训基地。

（三）金融事务专业创市级实训基地

（1）金融事务专业实训基地的基本情况。该专业现有在校生共 621 人，近三年共毕业 528 人。专业教师 19 人，其中中学高级教师 4 人，中学一级教师 9 人，"双师型"教师 16 人，占专业教师 84％，外聘兼职教师 4 人。金融事务实训中心现有财会模拟室，理财实训室，"用友"创业认知沙盘操作实训沙盘室，证券、保险、外贸单证操作仿真教学操作室等实验实训室共 12 个，实验实训设备设施价值达 313 万元。

2007 年，富阳市教育局进行职业教育资源优化整合，提出"错位发展、各创特色"的目标，财会专业拓展为金融事务专业，进行课程体系改革。学校开始尝试拓展专业方向，推出了《保险基础》《金融理财》等选修课。2009 年，富阳市委市政府推行专委会制度，建立了大社保体系，为此学校与中国人寿保险股份有限公司富阳支公司开展校企合作，瞄准农村市场，推出保险事务方向专业模块。

该专业主要为保险、理财行业、企事业会计行业培养人身保险、财产保险、社会保障方面的推销员、理赔员和在证券理财、收银、财务会计方面具有一定的知识和技能的初、中级技术人才。

（2）大投入、大调整，强力推进，金融事务实训基地建设坚持服务宗旨。2007年，富阳市在全国率先提出了一种全新的政府管理机制——专委会制度。专委会之一的富阳市社会保障委员会负责整合劳动保障、民政、残联、红十字会、总工会等单位，建立起"就业、保险、救助、福利、慈善"五位一体的大社保格局，实现市、乡、村三级网络的大社保体系。对于农村来说，农民的人身保险、财产保险、农业保险等都是一个空白，大社保体系的建设在浙江省乃至全国都是首创，是富阳的一张"金名牌"，市委市政府非常重视。

学校及时捕捉信息，主动与相关部门取得联系，建立合作关系，同时对金融事务实训中心进行重新调整规划。原来金融实训中心比较简陋，只有一个财会模拟室和两个机房，重新规划后把保险事务、证券理财、企业经营等实训列为重要项目。2008年8月，学校撤除原来的餐饮操作室，改为学生阅览室，原来师生阅览室全部改建为金融事务专业实训中心，投入200多万资金建设了小牛证券室、财会电算化教室、企业认知操作室，实验楼二楼新建为多媒体仿真教学操作室，同时采购添置了保险、证券理财等仿真教学操作软件。目前共有实验实训室12个，完全能够满足学生教学实习和社会培训需要。

2010年3月，金融事务实训基地成功创建为杭州市实训基地。

二、创新实训基地运作模式

学校的基地建设紧紧围绕人才培养目标，不断进行功能拓展，积极探索新型管理模式，根据实际情况采取多种机制组合运行，走产学研结合的道路，服务于教学，服务于社会。

（一）教学实践与经济实体相结合的实训基地

2007年9月，学校打破传统观念，大胆尝试以经济实体的形式建设基地，和计算机专业教师共同出资创办了城镇职高宏志计算机技术有限公司，由原计算机教研组长担任公司总经理。公司是相对独立的经济核算实体，实行公司负责人负责制的市场化运作方式。

公司以"服务社会、造就人才"为经营理念，始终坚持通过良好的服务与信誉不断打造品牌，并以严谨的作风致力于计算机技术的教育教学与应用事业。学生可以在公司内进行实训，公司在完成了实训教学任务后，面向企业进行产品开发和技术服务，提高了服务社会的能力，紧密了与行业、企业的联系，同时也给学生提供了真实的职业训练环境。该公司引入现代企业运行机制，制订了较为完善的考核机制，并通过一系列举措，妥善处理好实训教学与运营的关系，初步形成了可持续发展的运行机制。

（二）企业进校，依托企业建立企业式校内实训基地

2009 年 3 月，经双方协商，学校提供场地，杭州古圣电子科技有限公司进驻学校实训中心，4 月，通过该公司引荐，学校引进一条生产线，利用企业的技术和资金资源，由校企双方联合投入资金共同设计建设了一个 96 平方米的布线实训室，满足了学生专业技能实训的需求。学校希望通过校企融合模式，实现专业教师与企业的"零距离"接触，激发专业教师的热情和职业行业意识，把实训直接搬到工厂，从一开始就实现学生与企业的零距离接触，稳固学生的专业技能。杭州古圣电子科技有限公司是继宏志公司后第二家进驻我校的公司。

（三）实现双赢，建立技术人才互动式实训基地

杭州永通网络技术有限公司是杭州富春江集团信息中心下属的子公司。为了突出技能培养，为师生提供实训的机会，经有关人士牵线搭桥，2008 年，学校与杭州永通网络技术有限公司达成合作意向，实现了人才资源共享，学校师生参与网络工程的实训，实现了校企间的互动，建立起了良好的互动关系。依托企业技术团队促进教师自身快速成长并带动一批教师的成长，使教师与行业人员结成益友，获取企业对学校设备设施及实习耗材的支持和帮助。

（四）校企合作，把企业作为实训工厂

学校根据医药化工专业的办学综合实力，积极主动地与企业沟通协商，达成供需共识，实现招生与招工同步，实习与就业联体。早在 2007 年，学校就与海正药业联合，实行"海正"班"订单式"人才培养，根据"海正"药业需求工种和用工条件，对在校学习一年半的学生进行面试考核和基本技能考核，择优推荐学生到企业顶岗实习待就业，把毕业实习安排到企业，把实训课堂搬到车间，让学生与企业零距离接触，为将来的就业铺设道路。

（五）联手保险公司，培养社保协理员

2009 年 8 月，富阳市大社保体系建设工作正式启动，要求每一个村、居委会都要至少配备一个"农村大社保协理员"。2009 年 8 月，富阳人寿与富阳市政府签订《大社保体系合作框架协议书》。中国人寿保险股份有限公司富阳支公司一直高度重视此项改革，为做好大社保体系建设的试点工作，富阳人寿为居民积极开发了专门的保险产品，同时计划投入大量人员、设备。富阳的每一个村、居委会都需配备一个"大社保协理员"，富阳人寿计划近

三年聘任富阳本地协理员 300 多人，具体承担宣传、咨询、调查和代理理赔工作，然而，大学生不愿意到农村，从农村中选拔推荐的人员又缺乏相应的文化素质。中国人寿保险股份有限公司富阳支公司一直在积极寻求各种合作机会，学校主动介入，双方成功合作。于是，学校与市劳动保障局签订协议，由学校代为培训"农村大社保协理员"。由此，学校全面落实"大社保"协理员人才培养工程，目前已经完成了两期培训，学生进入岗位实习。

三、基地建设初见成效

（一）基地为学生提供了实习实训的场所

教师把一些课堂放到计算机房、医药化工仿真训练室等校内实训基地，和日常的教学结合起来，使学生在积累了一定的基本理论、基础知识的基础上，通过实践教学，熟练掌握各种基础实验的操作。医药化工专业学生在校期间的寒暑假或高三实习这一年，到与学校合作的一些校外实训基地实习。计算机专业二年级学生必须在公司实习两个月以上的制度执行到现在，学生反映良好，他们在为客户服务的过程中学到了平时在课堂中学不到的东西，动手能力明显加强。有几个学生在两个月的实践中快速成为公司的技术力量，如 09 计（1）班的董晓程、戴晓飞等同学现在能独立负责一个简单工程的施工管理，同时能轻松地为客户进行上门服务。

（二）基地为教师搭建了提高技能的平台

在基地建设中，学校制订了相应的师资培训措施，通过"送出去""引进来"等渠道，努力提高专业的教师的专业技能，如计算机专业教师去学校宏志公司进行实践，通过服务客户及参与工程项目施工，在实践中获得了非常珍贵的经验，教学上更加得心应手，极大地丰富了课堂的教学内容。

（三）基地为社会培训提供了场地

实训基地依托在学校设立的杭州市医药特有工种职业技能鉴定站富阳鉴定点，根据地方经济发展需求，组织和实施面向社会的职业技能培训和鉴定，同时将实践教学内容与职业资格考证培训内容相结合，推进专业课程教学与社会化职业资格鉴定接轨。

学校宏志计算机有限公司充分发挥自身的优势，2010 下半年及 2011 上半年组织了 8 次义务社会服务，在城西、恩波广场、大源、场口等地方组织活动，得到了广大市民的一致好评。与此同时，公司长期坚持门店免费维修的制度，以真诚的态度回报社会，影响力也得到了极大的提高。

2010下半年，学校为富阳市财政局组织了个人所得税全员培训工作，培训工作得到了富阳市财政局的好评，800多户被培训企业也对我们教师的教学态度与教学水平给予了高度的评价。

（四）基地给毕业生提供了就业的机会

学生通过实训基地，逐渐熟悉了企业，企业也熟悉了学生。每年实习就业招聘会上，学生与合作企业的签约率都很高，毕业生一次性就业率达95％。特别是与浙江海正药业有限公司进行全方位合作后，学校根据海正药业的企业文化、员工素质、技术要求及学校人才培养目标进行教学改革，培植"海正文化"，并派学生到海正总部进行见习，效果显著，海正药业第一批技术员工都从我校毕业生中录用，这些毕业生成为海正药业胥口基地的技术骨干。

反思拓展

经过几年的实践，在实训基地的建设上，我们确实取得了一些成效，但因为学校年轻，基地建设起步晚，在一些地方还不够成熟，值得反思。一般来说，校内实训基地的运行是可控的，校外实训基地的运行是非可控的，企业人力资源具有较大的流动性，很少有企业拿出专门的场地设备进行新生劳动力的培训，因为培养的人可能留不住，"实习就等于就业"已经是非常普遍的现象。因此，在可控范围内发挥实训的最大效能才是比较现实的。在实训基地建设的道路上我们应该关注以下几点：

一、坚定不移地进行校内实训基地建设

由于校外实训基地的局限性，在资金允许的情况下不遗余力地进行校内实训基地建设是十分必要的。首先，校内实训基地是真正解决学生实践课教学的必要条件，为推进理论和实践一体化教学奠定了基础，同时可以根据学生的实际灵活调整教学进度；其次，校内实训基地体现了学校的综合办学能力，有效地提升学校的社会信誉度，提高了办学吸引力；第三，便于统一调度和宏观管理，为学生的职业技能鉴定和就业前训练提供便利条件。

学校全景图

例如，学校的宏志计算机公司，由于是学校自办的，场地就在校内，可以自行安排学生实践实习，提高了学生的操作能力。而像海正药业等一些企业，虽然几年来我们彼此合作非常愉快，但因为企业的"追求商业化及高利润"的特征，不可能真正完全地把车间作为学生实习的工厂。鉴于此，在今后的基地建设中，学校将大力地建设校内的实训基地，例如，建立医药化工的生产流程线等。

二、认真解决运行过程中的实际问题

校内实训基地的建设应当考虑学校的专业背景和专业规模，必须是骨干专业和常设专业，否则会因专业调整而造成资源浪费。在基地运行过程中，要根据实训条件科学地规范教学计划，要配备过硬的专业实习指导教师，要编制实训大纲，要建立统一的管理制度、科学的评价制度，使系统教学和"项目教学"相结合，科学解决生产和教学之间的矛盾。

三、有效推进"工学结合"的培养模式

学校在校企合作的背景下，探索、优化职业学校实训基地的运行机制，以提高职业教育教学质量和学生就业能力。在分析学校和企业利益关注点的前提下，归纳校企之间开展合作的条件；在分析学校和企业各自具有的资源和优势的基础上，寻找具有推广意义的校企之间"资源互换、优势互补"的内容、途径和方法；在分析有效推进"工学结合"培养模式成功原因的基础上，提炼出优化职业学校实训基地运行机制的基本规律。

首先，要进行调查研究。通过走访企业，了解企业的生产、经营和人才需求状况，为校企合作奠定基础，为创设校企合作的基本条件提供逻辑起点。

其次，要进行行动研究。与企业交流、谈判，签订合作协议，建立合作关系，制订实训实习计划，开发与学生实训实习相配套的实训课程，并组织"工学结合"式的实训实习。

第三，进行教学评价。对于开发的课程、开展的实训实习活动进行质量评价。

第四，进行逻辑归纳。分析上述行动的成功原因，提炼职业学校实训基地运行机制的基本规律，建立若干种在校企合作背景下实现职业学校实训基地良性运行的基本类型。

总之，实训基地是职高学生了解企业、体验岗位的重要窗口。学校在实

训基地的建设中实现了学校与社会的交融与对接，形成了具有职高特色的办学思想，对提高教育教学质量、提升学生就业能力、实现职高教育的培养目标具有重要而深远的意义。

当前，不管是经济领域还是社会领域，都强调效率。而能够提高效率的一个概念十分深入人心，那就是资源整合。所谓资源整合，就是指一个系统内各要素相互渗透、协调一致，构成一个整体的活动或过程，从而使系统的各个要素发挥最大效益，达到 $1+1>2$ 的效果。可以这样说，无论是国家的强大、社会的进步，还是家庭的兴盛、个人的发展，全都是资源整合的结果，无论这种整合是有意还是无意、主动或是被动的。

富阳市城镇职业高级中学及时适应区域发展需要灵活调整专业设置，采取多种措施建设实习实训基地，取得了显著的成效：为适应打造"数字富阳"的需要，创建的计算机网络技术实训基地成为国家级实训基地；为适应浙江省全国"医药大省""医药强省"和创建富阳医药高新工业园区的需要，建立的医药化工实训基地成为省级实训基地；为适应"错位发展、各创特色"的需要，拓展财会专业为金融事务专业，建立的金融事务实训基地又成为市级实训基地，建设成效是显著的，充分显示出学校在基地建设方面独有的优势和能力。但是，一所学校要长远、持续、健康地发展，必须有所为有所不为。如果富阳市城镇职业高级中学根据外部发展的需要和内部的现实条件，按照整合理论，发挥学校的地域、专业、基地等自身优势，将现有的计算机网络技术、医药化工实训基地和金融事务实训基地进行有效整合，寻求和挖掘基地之间的内在联系和相互支撑，不仅可以提高基地建设的现代化、科学化水平，而且必将能够实现基地建设的专业化、特色化，从而使学校相关专业的内涵、质量和特色得到有效提升。

（点评：张社字）

 **实训基地建设卷**

完善护理实训基地建设 推进高技能人才培养

——河北省衡水卫生学校

名校／名校长简介

衡水卫生学校始建于 1966 年，是河北省衡水市唯一一所医学类职业学校，是国家级重点中等职业学校和国家级护理紧缺人才培养培训基地。

学校占地面积 256 亩，建筑面积 9.5 万平方米，教职工 196 人，专任教师 120 人，其中高级职称 51 人，"双师型"教师 67 人。学校有两所附属医院，目前开设有高级护理、涉外护理、普通护理、农村医学、医学检验、药剂、中医骨伤、针灸推拿、中医护理、眼视光与配镜、口腔修复工艺、助产等 12 个专业，其中护理专业是衡水市重点骨干专业和重点建设专业。学校 2003 年被卫生部、劳动和社会保障部批准为国家级护理实训基地，基地建筑面积 2500 平方米，实训设备总值 1800 万元。学校拥有 70 多个实验室，大型专用仪器设备 280 多台套。护理专业自 1972 年开设以来，已培养毕业生 10000 余人，开展在职医护人员学历教育 3000 余人次，为农村培训卫生技术人员 1500 余人。学校先后与河北医科大学、天津医科大学、华北煤炭医学院、河北工程大学、承德医学院等高等院校联合办学，每年招收各类专业学生在 1000 名以上，现有在校生 4500 余人。

学校在护理培训基地建设中坚持以打造精品课程、培养精品教师、形成精品专业为目标，按照专业教育、素质教育、能力教育、管理模式四个模块构建人才培养方案，为社会培养和输送了大批优秀护理人才。

校长周洪波，男，1959年12月出生，中共党员，正高级政工师，衡水市人大代表。周洪波于1999年调任衡水卫生学校党委书记，2005年至今任学校校长。十余年来，他带领党政领导一班人，紧紧抓住改革给学校带来的发展机遇，以服务为宗旨，以就业为导向，使学校实现了跨越式发展。学校从一个普通中等职业学校，晋升为国家级重点中等职业学校，从占地20亩的校园成功搬迁至占地256亩的新校区，在校生规模由1999年的2000多人迅速增长到2010年的4300人，学校毕业生对口就业率连续保持在96%以上。学校先后被评为河北重点中等职业学校、国家级重点中等职业学校、国家级护理培训基地、河北省职业教育先进单位、河北省综合治理先进单位、衡水市文明单位等。周洪波校长本人也先后被中国教育界联合会、中国新教育研究编委会评为全国教育科研先进个人，他的作品荣获第三届全国教育科研优秀成果一等奖，他被中国现代教育研究院、现代教育研究杂志社、中国现代管理科学院评为"全国职业院校综合质量管理百名杰出校长"，被河北省教育厅、河北省人力资源和社会保障厅、中国教育工会河北省委员会授予"河北省优秀教育工作者"称号。

团结奋进的领导班子

核心管理思想

　　护理实训基地是学校提供实践教学、保证学生掌握医学护理技能的重要场所，也是教学和实践相结合的主要载体。几年来，学校的实训基地建设坚持以服务为宗旨，以就业为导向，以学生临床技能训练为核心，不断改善实训基地的软硬件条件，完善管理制度，改革训练内容和方法，基本实现了教学、实训、培训三位一体的功能。

　　在护理实训基地的建设过程中，学校通过对用人单位的广泛考察和了解认识到，要使毕业生能留得住、用得上，就必须由培养学生单纯的职业技能向提高学生的综合素质转变。为此，学校把紧缺型护理人才培养培训基地建设的指导思想明确为：突出护理培训基地建设的理论性、基础性、示范性和未来性特点；坚持满足教育部对培训基地的规范要求与塑造特色相结合，专业教育、素质教育与能力教育相结合，教学与科研相结合，理论与实践相结合，教学科研与当地医学研究相结合，积极探索护理学教学研与人才培养的新模式，培养厚基础、宽口径、高素质、重创新、有特色的护理人才，坚持以培训基地建设为龙头，以护理专业建设为载体，以现代护理学理论为主导，形成具有竞争力的、多学科交叉发展的特色专业，体现我校护理学综合发展的特色。

　　在护理培训基地建设中坚持以打造精品课程、精品教师、精品人才、精品专业为目标，以素质教育为基础，以创新教育为核心，以教学建设与改革为手段，按照专业教育、素质教育、能力教育、管理模式四个模块构建新的人才培养方案，按照临床实践需要设计课程体系，突出创新精神与社会实践，把紧缺型护理人才培养与培训基地建设、示范性学校建设融为一体，提升学校的整体办学水平，为社会培养和输送优秀护理人才。围绕这一指导思想，争取再通过5至7年的建设，学校紧缺型护理人才培养培训基地达到下述目标：一是探讨以专业教育、素质教育与能力教育为特色的人才培养模式，把"培训基地"办成全国一流的护理人才培养基地，成为河北省护理人才的摇篮；二是建成一支科研与教学水平高、结构合理的教师梯队，提升学校护理学科的整体水平；三是完善护理学专业教学计划和课程体系及人才培养方案，教学内容新颖，课程体系合理，教学方法多样，教学成果突出；四是拥有培养现代护理学人才所需要的先进的教学、科研设施和其他条件；五是通过培训基地的示范效应，推动全校其他专业的教学改革和人才培养模式的转变，通过培训基地的品牌效应，推动学校整体办学水平的提高。

实践应用

2003 年，学校经教育部和卫生部批准，建立国家级护理专业紧缺人才培养培训基地，几年来，学校以实训基地建设为基础，不断加强骨干专业建设，加快实训基地建设步伐，根据经济社会的发展趋势、市场需求变化和医疗岗位的技能要求制订和落实了实训基地的规划方案和阶段实施计划，教学水平和质量不断提高。

一、护理实训基地建设实施高标准规划

实训基地建设必须以先进的职教理念为指导，以医疗行业和人民群众实际需要为标准，体现先进性，以较高的起点和标准科学规划建设方案。根据实际、实用、适当超前并留有可发展空间的总体要求，学校专门成立了护理实训基地建设领导小组，结合区域内医疗卫生机构的护理设备配置和河北医科大学、天津医科大学等高校的实验、实训情况，确定了学校护理实训基地建设的规模和水平。学校高度重视护理实训设备的配备，先后投入 800 多万元（其中包括国家、省、市项目资金 260 万元）进行护理实训基地的建设。实训基地项目所采购的全部设备，从选型到安装、使用，均参照二级甲等综合性医疗单位的标准，与当前护理行业实际工作保持一致。在设备配置方面，学校充分考虑设备性价比，合理分配通用设备与先进设备的比例，建成并配置了多媒体护理阶梯式示教室、护理多媒体教学室、形体训练室、护理模拟病房、护理综合实训室、ICU 监护室、内科护理实验室、外科护理实验室、妇科护理实验室和儿科护理实验室等 15 个实验室及相应的准备室，建筑面积 2500 多平方米，备有多媒体机及摄像放像设备、投影仪、各种型号的护理模拟人、心肺复苏模拟人、电子导尿灌肠模型、电动洗胃机、仿真输

液臂、多功能手术台、无影灯、呼吸机、麻醉机、肌肉注射模型、高级分娩机转模拟人、除颤仪、康复设备、新生儿保温箱、新生儿抢救台、新生儿头皮穿刺模型、躯干模型、监控设备、各种类型的护理床等。在设备布局模式上，借鉴国内护理实训基地的先进模式，按不同型号、不同等级、不同类别，分区域科学合理地进行功能定位和布局，积极推进护理、中医、检验、农村医学等学校其他专业实训基地的标准化建设，建立理论学习与技能实训一体化的培训教室，让学生充分感受到卫生医疗机构住院病房的基础设施及具体工作流程，切实达到护理实训技能的操作要求，保障互动教学模式的实现。

在确定所需设备时，学校进行周密论证和调研，确保采购设备的针对性和实用性，依据技能型人才培养和医疗技术服务的实际需要，力求选择那些技术先进、质量过硬、实用性强、便于维护保养的设备。为此学校专门组织专业骨干教师，聘请一部分医疗机构采购部门的专家，对省内外多家医疗实训设备生产和使用单位进行了全面的实地考察，考察后对基地建设方案和设备采购方案进行了缜密规划和严格论证，同时积极听取各方面的意见和建议，最大限度地减少了设备采购方案的盲目性，避免了浪费，确保了资金和设备发挥最大功效。

为了保证实训基地建设工程质量和基地建成后正常运行，学校护理实训基地建设领导小组制订了中长期建设规划方案，建立了完善的各项规章制度。学校有专项资金保证实训基地的正常运行，确保完成教学、实训和社会培训任务。

二、注重护理实训基地的内涵建设

（一）建设专兼结合的"双师型"教学团队

根据护理专业人才培养目标的要求，结合教学改革的实际需要，学校主要从以下途径加强"双师型"教学团队的建设。一是促使专业课教师尽快成长提高，加强教学基本培训和护理技能操作规范化培训，每学期有计划地安排教师到附属医院和省内外教学医院进修，参与临床一线工作。学习结束后，每位教师都要完成一篇高质量的学习报告，内容要包括学习内容、学习体会、学校护理教学中需注意的问题等方面，并在全校教师中做一次学习报告，达到一人学习，多人受益的效果，确保了教学内容与临床需要的一致性。同时，我校积极组织教师参加市级以上的优质课、公开课评选活动。截至目前，学校有80%的一线教师参加过市级以上优质课评选活动，有多名教师获得市级优质课评选一等奖，有5名教师获得省级优质课一等奖。二是选聘学校附属医院中学历、职称符合教学要求，具有教学能力，专业知识及素质较好的专业人员作为兼职教师，并定期对其进行教学基本功培训。三是聘请教学医院中教学能力强和实践经验丰富的业务骨干担任兼课教师，每学期都有20多名教学医院的专家教授为学生讲授临床护理知识。四是建立合理的"双师型"教师评价及激励机制，出台了《衡水卫生学校关于"双师型"教师的管理意见》，在职称评聘、评优评先、课时补贴等方面给予政策照顾，进一步调动了教师的积极性，到2010年，学校"双师型"教师达到67人。通过以

护理操作示教

上途径，学校逐步建立起一支相对稳定的高素质、高水平，专兼结合、结构合理的专业教学团队。

（二）坚持"整体育人"的教学模式

学校根据护理人才的市场需要，确定了"整体育人"的教育模式。实训基地创建了"专业＋人文＋特长"的护理人才培养特色，得到社会和用人单位的广泛称赞和欢迎。一是明确专业建设目标。构建了以"特色专业＋精品课程＋主干课程＋实训中心"为框架的多方向性、可持续性发展的专业格局，搭建了集护理专业教育（普通护理、涉外护理、社区护理、助产护理）、教研教改、科研和职业培训为一体的办学平台，使学校的护理专业在同类同层次学校中达到一流的水平。二是确立专业人才培养模式。逐步确立了以普通护理为基础，以专科方向、社区护理、涉外护理方向为特色，以学生知识、能力、素质综合协调发展为目标，使学生具备护理学"三基"（基本理论、基本知识和基本技能）、相关医学知识、人文知识以及能在护理领域内从事临床护理、预防保健、护理管理、社区护理、护理教学和护理科研的专业培养模式。三是进一步优化课程与专业结构。构建了体现"整体护理、专业方向和人文"的课程体系，设置了公共基础课程、人文课程、专业通用知识课程及专业方向课程四个模块，采取了"校院联合、定向培养"的模式，更好地为农村和社区服务。四是开展多项教学研究与改革活动。教师开展常规的"集体备课""课堂教学比武"等教学活动，在学生中开展"护理技能

操作比武"等学习活动，提高了师资水平和学生素质。2009年，护理专业毕业学生护士执业考试通过率达到98.6%，创历史新高，同年，护理专业被评为"衡水市骨干专业"。

全方位提高学生的综合素质。学校护理实训基地修订了教学计划，整合了护理美学、护理人际沟通、护理礼仪等教学内容，精选了公认较为重要的授课内容，包括人文科学、人文护理、人文关怀、护士的职业道德美、护士职业形象美、护士人际沟通、护理礼仪等。通过教学，实现了人文精神对学生的直接教育或间接影响；通过案例教学，培养了学生对真、善、美的感悟力和对人文价值的判断力。与此同时，为了凸显校园文化功能，营造浓郁的人文氛围，护理专业各班级还经常开展人文知识讲座、护理礼仪大赛、招聘会等形式多样的校园文化活动。这些活动内容新颖，形式活泼，感染力强，有助于医学生人文素质的提高，弥补医学生人文素养的欠缺，提高学生的人

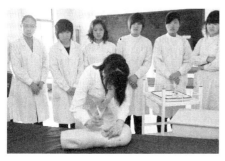

护理技能考试

文品味。近年来，护理实训基地以雕琢个性、培养能力、展示特长、学会创造为目标，结合护理专业学生的个人兴趣、爱好和特长，为他们营造了充分展示个人才艺的空间，并且以点带面，全面铺开。开展护理礼仪大赛、歌咏比赛、辩论赛、舞蹈大赛、朗诵比赛、读书活动、护理专业学生特长展示会等一

系列高品位的校园文化活动，为学生提供多个"菜单"，学生们可以根据自己的兴趣爱好"按键"选择。在活动中，广大学生从"被动接受"到"主动参与"，逐步改变了以往只重视专业发展、忽视素质拓展的观念，成为校园文化活动的创造者、参与者、组织者和传播者，并且在参与校园文化建设的过程中发展了智力和特长，拓宽了视野，提高了就业能力。

（三）积极探索学生自主管理的实践教学形式

为实现充分利用，实训基地对学生全日开放，采用医院临床护理的管理制度和工作程序，实验所用物品定位于各班、各组，技能演练的组织和日常管理工作均由学生负责。学生在课余时间可随时到实训基地演练，借助自助教学系统进行独立的训练。教师的角色是指导者和评鉴者。经过长期的教学实践检验，基地已形成一种以学生为主体的实验教学模式，实训教学实现了由教师看管型向学生自主型转变，教学内容实现了由单纯型向综合型转变，

对提高学生的职业素质和岗位工作能力有显著的成效，为探讨护理专业人才培养模式提供了先进的教育理念和成功的经验。

（四）严格考核制度，构建评价体系。

对于中等卫生职业教育来说，学生的实践技能掌握水平是人才培养质量的衡量标准。多年来，学校坚持实践训练考核的改革和探索，编制、出台了《衡水卫生学校护理专业核心技能考核手册》及评价标准，将核心技能项目分解到各门课程当中，要求课堂明确任务、课后强化训练、课程结束后对所有学生实行一对一的现场操作考核，通过技能考核后，方可下实习点实习，在学生毕业前，再进行技能强化培训，经考核合格者准予毕业（见下图）。学校在河北省卫生厅组织的中等卫生学校护理技能比赛中多次获得优秀成绩，得到卫生厅和兄弟院校的好评。

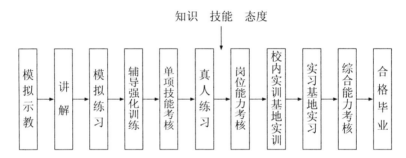

知识　技能　态度

模拟示教 → 讲解 → 模拟练习 → 辅导强化训练 → 单项技能考核 → 真人练习 → 岗位能力考核 → 校内实训基地实训 → 实习基地实习 → 综合能力考核 → 合格毕业

三、不断创新实训基地的教学模式

几年来，学校始终把实践教学贯穿于教学全过程，确立了"以就业为导向、以能力为本位"的职业教育教学理念。为了确保技能型人才培养目标的落实，学校逐步摸索出"一年基础课、一年专业课、九个月专业实习、三个月就业培训"的培养模式，并在课程内容上采取"基础课→专业课→临床实习"的三段式教学模式，在技能培养上采取"见习→实训→实习"渐进式模式，建立边讲授、边学习、边见习、边操作的工学结合的学习过程。学生通过校内实训基地的实训，能最大限度地熟悉未来工作环境，熟练掌握岗位技能，从"不会干"转变为"会干"，从"不愿干"转变为"积极主动地想干"。学生既能掌握一定的理论知识，又有较强的实际操作能力，能够快速胜任岗位工作，因此对口就业率很高。

（一）坚持面向市场需求，不断创新课程设置

根据岗位对护理专业所需知识、能力、素质的要求，学校以临床为依托，以实用为原则，以护士注册考试大纲为参考，构建"临床护理实践技能"课程。本课程分四部分：第一部分为基础护理技术，是护理基本功，是临床护理的基础。第二部分为专科护理技术，包含内科护理、外科护理、妇产科护理、儿科护理、急救及重症监护等常用护理技术。第三部分为病案分析，是在典型病例基础上对病人的病因、病理病机、治疗护理、转归等进行动态分析，是培养学生理论联系实际、开发临床思维的设计性实训项目。第四部分为模拟临床综合实训（病案情境剧），是学生在教师的指导下编写病案情景剧，然后进行排练和表演，有效培养临床思维能力、解决临床实际问题的能力、沟通能力、语言表达能力及团队合作精神。各部分之间既相互独立，又相互关联，层层递进，前面是后面模块的基础，后面又加强了前面的知识内容，使学生循序渐进地掌握"临床护理实践技能"的精髓，使专业理论知识、专业技能与临床应用能力有效对接，培养学生的应用能力、临床思维能力、交流沟通能力、解决临床实际问题的能力、自学能力，为学生的职业发展奠定良好的基础。

（二）强化技能训练

学校从 2005 年开始对即将参加实习的护理专业的全体学生进行为期两个月的技能强化训练，为学生的临床实习做准备。在这一过程中，学校主要采取规范强化训练的方法。

（1）规范强化训练的目标。规范强化训练是在以现代护理观为指导，以系统化、整体化护理为核心，将临床护理技能操作的各环节规范化，使护理学生在掌握理论知识的基础上，熟悉基本的护理技能操作，尽快适应临床护士的角色，顺利进入临床实习。

（2）规范强化训练的方法。示教演示时，先由教师按照规范的操作标准进行操作演示，学生提出问题，教师逐一进行解答，并进行统一规范。规范操作后教师再设置一些操作上容易出现错误的动作，与正确的操作标准进行对比，并联系临床进行启发教学。每项操作示教后，抽一名护理学生当场演示，先由大家指出错误所在，共同分析出现错误的原因，进行讨论，最后由教师总结归纳，针对重点、难点，进行分解动作演示，如铺无菌盘如何不跨越无菌区，静脉输液如何能一次排气成功等。教师针对这些情况反复演示，矫正学生操作中不规范的动作。

相关护理知识讲解。护理工作操作性较强，而护理学基础是从事护理工作的基本知识和基础理论，相关的专业知识可以为护士提供技术规则指导。在各项护理技术操作中，护士比其他人员更直接面对病人，因此，在掌握技能操作的同时，必须学会运用基础理论指导技能操作。在示教操作中，教师边演示边提出问题，并运用相关理论知识进行讲解分析，如特殊病人在实施大量不保留灌肠时应注意什么，静脉输液时，溶液不滴注的常见原因、如何处理等。设置问题要立足于多角度、多层次及实用，学生在回答问题时必须联系相关理论进行分析解答，将理论与技能操作有机地结合起来。

在各种护理技能操作演示后，将护理专业学生集中在示教室进行为期两周的强化训练，由学生自己掌握各项操作的训练次数。教师通过观察来强化操作手法、要领和注意事项，矫正学生操作中出现的错误，提高学生的实际操作应用能力，使他们由训练的模仿阶段逐步转入熟练阶段。为了更接近临床护理操作，训练一周后，学生在模拟病房进行护患模拟情景训练。学生分成两组，其中一组模拟病人，一组模拟护士，2人一组，进行人际沟通和护理操作项目的模拟训练。训练时，操作前物品准备、操作中及操作后语言沟通、护理操作过程及操作后的物品处理都由学生自己独立完成，教师按照《河北省医学院校护理专业技能操作标准及评分方法》模拟操作的项目，设定模拟环境，设置适当问题进行提问。学生要根据当时模拟操作的环境状况对问题进行分析，并做出解答。对存在的共性问题，教师集中进行讲评，重新规范，强化训练。

护理技能强化训练计划

项　目	课次及训练方式	场　地	用　物
体温、脉搏、呼吸、血压测量	讲、示教	教室	血压计、体温计、听诊器各8个
	练习	教室	
体温单绘制	讲、练习	教室	单红蓝铅笔、尺子各50个，红碳素笔20个
无菌技术操作原则及常用操作方法	讲、示教	教室	无菌技术操作用物5套
	练习	实验室	
	练习	实验室	
注射原则、抽吸药液排气	讲、示教	教室	注射器、药液
	练习	教室	

续表

项　目		课次及训练方式	场　地	用　物
配皮试液、皮内注射		讲、示教	教室	注射用物 5 套、1ml 注射器 50 个
		练习	教室	
肌肉注射		讲、示教	实验室	注射用物 5 套
		练习	实验室	
静脉输液		讲、示教	教室	输液用物 5 套
		练习	实验室	
导尿		讲、示教	示教室	导尿用物 5 套
		练习	实验室	
		练习	实验室	
吸氧		讲、示教	示教室	吸氧用物
		练习	实验室	
灌肠		讲、示教	示教室	灌肠用物 5 套
		练习	实验室	
铺床	准备用物、铺大单、备用床、麻醉床	示教、练习	实验室	床上用物 5 套
		示教、练习	实验室	
		示教、练习	实验室	
口护		示教	实验室	口护用物 5 套
		练习	实验室	

训练结束后，以考试的方式检查训练效果。每位护理学生随机抽取一项操作，在规定的时间内完成操作内容。教师组成考核小组，按照《河北省医学院校护理专业技能操作标准及评分方法》为学生打分，并将评分累计平均后给出最后成绩，达标成绩为 70 分。

建立开放式、客观化考核体系。针对护理课程应注重实践性、创造性和实际技能培养的要求，本课程全面改革传统的考核方法，课程考核采用多站化考核和临床问题综合处理相结合的原则进行，即模拟临床考核，学生在模拟临床情境下，解决实际问题，完成实际操作，展现职业素质和能力。考核内容及方法：学生对基础护理技术操作技能进行全面训练，抽考 2 项，考试未达标的学生延长训练时间，直到达标为止。

护理专业学生强化技能考核成绩统计

序号	项目名称	人数	最高	最低	平均	优秀率（％）（90分以上）
1	铺麻醉床	8	92	84	89.00	62.5
2	口腔护理	4	93	88	90.75	75.0
3	吸痰法	5	89	84	86.40	0
4	无菌技术基本操作	5	94	67	83.00	20.0
5	鼻饲法	2	91	90	90.50	100
6	女病人导尿	4	96	91	94.25	100
7	肌肉注射	2	97	89	93.00	50.0
8	青霉素过敏试验法	6	95	91	92.83	100
9	密闭式静脉输液法	6	92	88	90.00	66.67
10	静脉留置针输液法	1	90	90	90.00	100
11	微量注射泵使用法	2	91	90	90.50	100
12	心肺复苏术	4	92	77	86.50	50.0
13	抢救配合（三到位）操作标准	2	95	93	94.00	100
14	瓶式氧气吸入法	5	98	90	94.40	100
15	电动吸引器洗胃	4	94	87	91.50	75.0
	合计	60	98	77	90.44	73.28

 反思拓展

几年来，学校紧紧围绕经济社会发展对医学技能人才的需求，不断深化教育教学改革，切实把实训基地建设作为学校基础能力建设的重中之重，多渠道、多形式筹措资金，加强规划，加大投入，得到了用人单位、学生家长及学生的好评，通过加强实训基地建设，有力地促进了学校的专业建设、课程改革、学生实践能力的培养和教师素质的提升。

（1）提升了专业建设水平。学校以加强实训基地建设为突破口，强化专业建设，着力提升专业建设水平。学校护理专业紧跟护理理念的发展，调整了护理专业现有课程设置和课程结构，增加了人文学科（如护士礼仪等）课程，增加了护理技能训练学时，有计划地开展护理基本素质训练和竞赛；深入研究课堂教学方法，探索多种教学方法在课堂教学中的应用；结合护理实训教学实际，探索课程评价体系，做到教考分开，研究护理技能训练考核新办法。通过广泛而深入的护理人才需求调研和岗位工作调研，了解医院对护理岗位人才知识和能力的要求，确定护理专业人才的知识、能力和素质结构；通过科学的分析和研究，构建人才的理论课程体系和实践教学体系，并使二者相互渗透，有机结合，将护士职业道德教育与职业素质教育内容融入课程教学中，加强护理专业学生职业能力与职业养成教育，充分体现职业素质和能力的有专业特点的教学研一体化的教学模式，有力地促进了专业的发展，提升了专业建设水平。

（2）促进了课程改革。学校以加强实训基地建设为抓手，依托实训基地平台，积极推进课程改革，特别是通过加强实训基地建设，大力改善了学校的实验、实习、实训条件，积极有效地推进了教学模式的改革，改变了传统的学科体系的教学模式和以教师为中心、课堂为中心、教材为中心的落后观念，使"教、学、做"融为一体，有效地培养了学生的综合素质、创新能力和实践能力。根据用人单位对人才的实际需求，实施"订单式"的教学培养模式，使职业技能考核内容与各专业实训项目结合，将职业技能资格证书内容嵌入实训课程中，实现"双证"融通。

（3）推进了"双师型"教师队伍建设。学校教师通过参与实训基地的规划、论证和建设工作，在与医院专家共同开展实验实训基地建设工作的过程中增强了实践动手能力，练就了过硬的本领；实训基地建设增添的先进医疗教学设备，在改善学生的实践条件的同时，也改善了教师科研的条件，使教师利用实训基地的教学仪器设备开展教学科研活动，有效地提高了教师的产学研结合能力。同时，实训基地的建设，也吸引了一批有临床实践经验的医护人员到学校任教，改善了学校的教师队伍结构，提高了我校"双师型"教师队伍的比例。

（4）促进了学生职业素质和专业实践能力的提高。实训基地为学生创造了一个真实仿真的职业实践环境，使学生通过实践动手操作与训练更加熟悉医护工作的规范与要求，夯实了专业基础，强化了专业技能，提升了综合应用能力和职业素质，激发了专业学习热情。近几年来，在全省护理、诊基技能大赛中，学校的学生均取得了很好的成绩，夺得了众多奖项，在全国护理资格考试中，学校学生的通过率均保持在 95％以上，毕业生对口就业率 96％以上。

护理实训基地建设中的几点体会：

一是要充分认识到加快推进实训基地建设工作的重要性和紧迫性。当前，各级各类职业教育发展的势头十分强劲，教育系统各专业竞争十分激烈，如何在竞争中取得主动，关键是靠实力、靠特色、靠质量、靠创新。实训基地建设是职业教育基础能力建设的关键，是支撑基础能力建设的基础。因此，要从提升职业教育基础能力，推动职业教育持续健康发展的战略高度，充分认识加强实训基地建设的重要性和紧迫性。职业教育的特色、优势是培养实用型医学技能人才的保证，建设实训基地是培养实用型医学技能人才的基础。实用型人才是不能够从课本中教出来的，必须经过在实践中不断锻炼成长，才能培养出来，只有我们加强了实验、实习、实训这三个最基本的实践性教学环节，才能促进学生职业能力的形成和发展，才能培养学生良好的职业理想、职业道德和职业素质。实训基地是学生开展实践教学的前提和基础，没有高质量、高水平、现代化的实训基地，也就不可能培养出高素质的人才。所以，必须从适应经济社会发展需求、培养高技能人才的战略高度出发，充分认识到加强实训基地建设的重要性和紧迫性。

二是要保证和加大实训基地建设的经费投入力度。实训基地建设运行中所面临的问题，一方面是旧设备由于资金的问题没能及时淘汰，个别设备仪器早就被医院淘汰多年，由于资金问题，却还在教学中应用，这些远远不能够满足培养高技能人才的需求；另一方面是新设备数量不足、容量不够。随着学校招生人数的不断增加，已经显现出生均实训设备少与需要实训内容多的矛盾，究其原因，主要还是经费投入不足的问题。因此，加大经费投入，才是保证实训基地可持续发展的根本。具体来说，应该从以下几个方面着手：首先，要积极争取中央财政和省级财政经费的支持。其次，要积极争取当地政府和有关部门对实训基地经费的投入，逐步建立实训基地建设经费投入的长效机制，形成实训基地建设经费稳定的来源渠道。再次，要多渠道筹集实训基地建设经费，学校宁可在其他方面节省一点，也应尽可能拿出更多的资金用于实训基地建设，不断提高生均教学仪器设备值。

三是实训基地建设水平要在拓展专业覆盖面上下工夫。以学校现在的情况看，护理专业的实训条件先进、充足，而其他一些专业或新建专业实训条件相对简陋。现代医学职业教育以培养技能型、实用型人才为目标，除课堂理论教学外，技能操作应当在实训基地进行，要突出实验、实习、实训等实践性教学环节，不局限于书本知识和课堂上的传授，不脱离职业岗位和工作任务、实际要求，只有这样，才能促进学生职业能力的形成与发展，否则，就不能培养出高素质的技能型专门人才。为此，学校要在做好护理实训基地建设工作的同时，注意各专业发展的均衡性，实现各专业实训设施建设的整体推进。在认真总结护理实训基地建设经验的基础上，积极谋划其他专业实训基地建设的投入力度，探讨护理专业与其他专业实训基地建设的相关性，如购买具有专业通用性的实训仪器，实训室尽可能设置成一室多用等，使实训基地发挥最大作用，保证各专业均衡发展。

四是要进一步加大校院、校企合作的深度。按照教育教学规律和市场竞争规律积极推进校院、校企共建实训基地是多渠道、多形式推进实训基地建设的重要途径。按照"资源共享、成本分摊"的原则，首先要大力推进校院、校企共建实训基地，积极探索学校与医院、企业合作创建实训基地的有效途径，采取学校提供场地和管理，医院企业提供设备、技术和师资支持，以医院企业为主组织实训的合作新模式，不断深化在人才培养、技术开发、学生就业等领域的合作，实行双方相互支持、相互渗透、优势互补、利益共享的运行机制。学校自 2008 年开始与北京全净通罐疗研究院合作开展罐疗专业上岗培训班，企业对培训班人员全部接收，与被培训人员签订就业协议，取得了较好的效果。其次，要扩大实训基地的社会开放度。实训基地不能仅仅成为师生实践训练的场所，要更多地承担对外技能培训、技术开发与推广等任务，通过为农村、社区、企业开展内容丰富、形式灵活多样的医疗技术和健康咨询等活动，争取社会对学校发展的更大支持。实践证明，实训基地面向社会开放，不仅能够扩大学校的影响力，而且可以吸引更多的社会资金支持，一举多得，事半功倍。再次，要加强校外实训基地建设。校外实训基地是学生直接参加医疗服务工作，进行现场顶岗实习的场所。不断拓展校外实训基地不仅可以弥补校内实训设备和场所的不足，还可以创设一种能够有效促进教与学双向互动的社会交往情境和职业情境，在浓厚的职业氛围中锻炼和培养学生从事医疗服务岗位的能力，使他们的理论知识在实践中升华、能力在实践中增长。

五是要进一步加强"双师型"教学团队建设。实训基地的设施、设备再先进、再现代化，如果没有高素质的"双师型"教学团队，是无法培养出高素质技能型人才的。所以，要以提高教师实践技能水平和师德建设为重点，把建设一支高素质的"双师型"教学团队作为一项重要工作，把专业教师定期到医院一线锻炼作为一项制度，有计划地安排专业教师到医疗机构进行研修、顶岗锻炼，提高教师从事临床实践和科技开发活动的能力。要注重从社会上引进或聘请有丰富实践工作经验、较高专业理论水平和精湛技艺的专家担任兼职教师，实行专兼结合，改善学校的教师队伍结构，不断适应医疗技术发展变化的新要求。加强对外聘教师的培训，特别是外聘教师的教学方法的培训，组织开展有关教研活动，提高兼职教师的授课技巧，最终形成素质优良、结构合理、教学能力强、教学特色突出、专业技能水平高的"双师型"教学团队。

总之，学校护理实训基地建设满足了社会对高素质劳动者和应用型人才的要求，服务于专业建设和教学改革，使学生所学的理论知识在实训中得到了理解、掌握和应用，促进了学生护理职业技能和综合职业素质的发展，也使教师的实践教学水平得以提高，达到了教学相长的目的。但随着我国医疗卫生事业的不断发展和进步，护理实训基地的建设也必须与时俱进，不断改革和创新，才能为社会培养更多的实用型、技能型医学技术人才。

专家点评

职业教育应该努力突出自身的特色，为学生的职业生涯注入能量与活力。但作为一种特殊的教育类型，作为面向一个个鲜活生命的教育，从本体意义上讲，职业教育还应该关注以下三个方面的问题：

首先是对生命的尊重。"只有知识，没有生命"的现象普遍存在于我们的教育领域，"只见物，不见人"的弊端更是突出表现在职业教育领域。我们在研究职业教育问题时，往往首先想到的是国家的需要、社会的需求，对"人"（学生）的关注严重欠缺。在探寻"职业教育为什么吸引力不足"的问题时，我们从不同的角度找出了许许多多的原因，但我们忽视了一个最根本的原因——学生的需要的满足程度。其实对人的忽视是所有问题产生的根源。

其次是对实践的升华。职业教育具有强烈的实践性特征已是毋庸置疑的共识，在管理部门的文件里、在职业院校的教学计划里、在研究者的报告中，无不充满了对实践的关注和期待。但我们走进职业院校，看看学校的实验实习条件、看看学生对操作的那份渴望，再回头按生均经费审视一下职业教育经费投入的水平，我们不得不承认，实践不足依然是职业教育存在的一个突出问题。

第三是对文化的承载。教育本身其实就是一种文化，文化的创新和发展期待着教育的自觉。职业教育决非冷冰冰的器具，决非干巴巴的操作，而是蕴涵了很深的文化内涵。如果我们深入挖掘一下技术文化的宝藏，必然会对职业教育产生一种深深的敬仰和敬畏。但是我们只看到了表象，甚至是表象外面的浮尘。所以职业教育一直没能"修成正果"进入"正途"，一直背负着"边缘化"的身份特征。

当然，职业教育应该关注的问题还有很多，但这三个方面是职业教育生存、发展的基础所在。而在这些方面，卫生职业教育应该而且可以大有作为。因为卫生职业教育更要求对生命的尊重，卫生职业教育的实践是生命的实践、是人文的实践，实践本身就蕴涵着强烈的生命特征。因此，卫生职业教育在强化实践教学环节时首先要想到人——既包括学生，又包括学生实践的对象。衡水卫生学校"专业＋人文＋特长"的护理人才培养特色，很好地体现了这一思想。

（点评：张社字）

 **实训基地建设卷**

名校／名校长简介

　　丽水市职业高级中学是目前丽水市规模最大的、市教育局直属的唯一一所公办的国家级重点职业高中，浙江省中职学校三十强，浙江省中等职业教育专业课程改革基地学校。学校现有 81 个班级，3631名学生，教职工 223 人。学校设有数控、电子、餐旅、汽修、综合五大类 15 个专业，其中电子与信息技术、数控技术应用、烹饪专业为省级示范专业，汽车运用与维修、学前教育、旅游服务与管理为市级骨干专业。

　　学校师资力量雄厚，已形成与教育教学工作相适应、结构合理、专兼职结合的高素质师资队伍。学校现有在职在编专任教师 183 人，其中"双师型"教师达 81.3%，中高级教师有 139 人，名校长 1 人，省级名师 2 人，市级学科带头人 6 人，研究生 18 人，高级技师、技师 26 人，浙江省专业技能鉴定考评员27 人。

　　学校建有现代化的实训基地。学校通过"山海协作工程"，在宁波、嘉兴两市的援助下，建成山海协作职业技能培训基地，下设数控、机械电子、汽车运用与维修、烹饪、电子信息五大实训中心。该

抓机遇共建基地　求创新做大做强

——浙江省丽水市职业高级中学

基地先后被列为中央财政职业教育专项资金扶持的实训基地、浙江省首批综合性公共实训基地，2007年、2010年均被列为国债扶持项目，目前设备总值已达3517万元，成为浙江省一流的现代化实训基地。同时，学校又与丽水市汽车运输集团合作，投资9880万元建一个全省一流的集生产、实训、培训、研发为一体的多功能现代化培训基地。目前该实训基地主体建筑已初步建成，即将投入使用。

学校办学模式先进。学生在校内的实训基地接受丰田教学模式的系统训练，这种模式非常强调技能教学，理论课与技能课的设置是1:1，实施"课题"教学，把实习分为若干个课题模块进行教学。该模式培养出来的学生，不仅基本功扎实，知识面宽，技术水平高而且具有很强的安全意识和文明生产习惯。近三年，学生中级等级证书考取率达92.73%，有近百人次在国家、省、市组织的技能竞赛中获奖。在丽水市中等职业学校师生技能竞赛中，学校总成绩连续四年稳居第一。

就业渠道通畅。学校与许多规模企业建立起了较稳定的校企合作关系，建立了43个校外生产实习基地，构建了稳定的就业网络。同时，学校还依托"山海协作工程"，不断拓宽学生就业渠道。学校每年为嘉兴、宁波输送1000名技工人才。近三年来，学校学生的就业率保持在98%以上。

核心管理思想

学校的实训基地从无到有，从弱小到强大，它的建成与壮大带动了整个学校的发展。实训基地在建设过程中凝聚了学校领导及普通教职员工的心血与智慧，如果要总结实训基地建设的管理思想，那可能没有比"创新"两个字更恰当的了。创新，蕴涵着了解过去、转变思维、突破传统、把握机遇、推进改革、完善提高、不断发展、追求更好等意思，它是一所学校取得办学成就的灵魂，是一所学校不断前进的车轮，是一所学校实现腾飞的翅膀，是一所学校永葆生机的不二法门！

2002年时，学校与许多职业学校一样，在职教与普教的十字路口徘徊。虽然是职业学校，但全校24个班级中有8个是普高班，招生困难，毕业生就业更是艰难。学校师资缺乏，设备没有，上课在黑板上"开"汽车、"开"机床，教师教得乏味，学生也学得厌烦。面对这样的办学局面，学校领导层焦急地思考这样一个问题：如何才能把学校带入一个健康发展的轨道上来？

通过深入用人企业调研、参观发达地区的职业学校、借智学术界专家、拜访上层教育行政官员后，学校领导层在思想上明确了以下几点：

一是职业教育区别于普通教育之处在于其职业性、技能性和实践性。实习与实训教学是职业教育的重要环节，而实训基地则是实习与实训工作的重要载体，是抓好实习与实训工作的关键所在。

二是中职的教育目标是培养与我国社会主义现代化建设相适应，德智体美等方面全面发展，具有综合职业能力，在生产、服务、技术和管理第一线工作的高素质劳动者和中初级专门人才。这一目标决定了必须着力培养学生的职业技能和职业素质，而实训基地建设正是实现这一培养目标的重要保证。没有高效的实训基地，专业技术应用能力训练将缺失重要的舞台，学生职业能力的培养和职业素质的养成也就无从抓起。

三是实训基地建设是职业学校形成办学特色、提升教学质量的重要途径。随着职业教育的发展，职业学校之间的竞争加剧，很多学校越来越关注自身的特色建设，注重提升学校的教学质量。对于职业学校而言，实践教学是形成自身特色、不断提高教学质量的重要途径。要形成学校自身的办学特色、提升办学质量，就必须注重学生实践能力的培养。而要培养学生的实践动手能力，离不开高标准的实训基地，让实训基地有效服务教学，保障教学质量。

基于以上认识，学校领导层提出了"归真归本"的思想，决定回归到职业教育的本原上来，走真正意义上的职教之路。我们要建设一个好的实训基地，把它作为实现我校"抓住机遇，特色立校，质量强校"发展战略的抓手，以此来推动我校走上健康发展之路。

走职业教育之路，困难就在于没有足够的资金建立实训基地。2003 年，我们抓住了浙江省实施"山海协作工程"这个机遇，得到了宁波、嘉兴两市的大力支持，投资 1500 万元，建立了山海协作职业技能实训基地。实训基地设备的配备基本与企业一致，部分设备还实现了"超前"配置，学生实训所用

新落成的实训大楼

的也是真材实料。实训基地的建成为我校办学与发展提供了强有力的保障。

有了现代化的实训基地，没有强大的实训师资队伍不行。我们也认识到学校在这方面存在着不足，在加强本校教师培养的同时，面向全国，打通人事关系障碍，从企业引进技术能手担任实训指导老师，并给予优厚的待遇。现在，我校已经有高级技师、技师 26 人，还有浙江省技术能手、市行业协会会长等。

良好的硬件和师资条件为学校的教育教学提供了有力的保障，接下来学校重点思考的问题就是进行教学改革，革除传统教学弊端，构建具有鲜明职业教育特色的教学模式。学校深入宁波等地的 30 多家大型企业进行调研，了解企业的用人需求。在不断探索的基础上，学校走出了职业技能教学的特色之路——丰田教学模式＋"7S"管理制度。通过丰田教学模式和"7S"管理制度培养出来的学生，具有很强的安全意识和文明生产习惯，而且基本功扎实，知识面宽，技术水平高。

最后，学校探寻科学高效的实训基地管理模式，以提高设备利用率，实现教学资源的优化配置，促进产教研的结合。在研究有关实训基地管理理论

的基础上，学校考察了发达地区几个职教强校，借鉴他们的管理经验，最终采用了"集中管理、分散使用"的管理模式，成立独立的实训中心。实训中心负责对实训基地人、财、物的管理，独立完成教务处下达的实训教学任务，将实践教学资源全部配备给相关专业的所有班级，负责实训过程中的学生管理，负责校外实训基地建设、协调、管理及学生校外实训实习联系组织工作，负责组织实施学校的其他培训任务及积极开展技术服务、合作交流等活动。

经过几年的努力，学校的实训基地被评为"浙江省先进制造业培训示范基地""浙江省中小企业职工培训示范基地""丽水市安全生产培训基地""丽水市专业教师培训基地"。2005 年被列为中央财政职业教育专项资金扶持的实训基地，2006 年被评为浙江省首批综合性公共实训基地，2007 年被列为国债扶持项目。通过实训基地的建设，学校实现了跨越式的发展，由一所市级重点职业学校成为国家级重点职业学校。

实践应用

丽水市职业高级中学位于有"浙江绿谷"之称的丽水市。近年来，学校发展非常迅速，由一所规模较小的职业学校，发展成为一所有 81 个班级、近 4000 名在校生、近 300 名教职工的大学校；由一所市级重点职高，发展成为国家级重点职高；由一所在职业教育路上艰难求生存的学校，发展成为毕业学生供不应求的学校。这种跨越式的发展，源于学校"抓住机遇，特色立校，质量强校"的发展战略，源于学校跨出的关键一步——率先建立一个现代化的实训基地。该实训基地从无到有，目前又建成了占地面积 2395 平方米的实训大楼，设有烹饪、汽修、数控、电子等实训中心，实训设备总值约 3500 万元，成为既能提供基本技能训练，又有实际生产能力的多功能综合实训基地。

一、创新思路，筹备实训基地建设

事情还要追溯到 2002 年以前。那时，丽水市职业高级中学也与许多职业学校一样，名义上是职业学校，但走的却是普高之路。全校共 24 个班级，有 8 个是普高班，其余班级虽然是职高班，但由于没有师资和设备，只能每天上理论课，在黑板上"开"汽车，在黑板上"开"机床。教师上得乏味，一进课堂就头痛；学生听得厌烦，一上课就想睡觉，在学校学不到专业技能。一次，一位学生在晚自修课上对管理的老师说："我很想学专业技术，可学校整天都是理论课，既单调枯燥，又晦涩难懂，我实在学不进去。能不能让我去看木工干活（当时食堂有木工在干活），多少还能学一点，我保证认真学，不乱走。"管理老师非常理解学生想学技术的迫切心情，但也爱莫能助，只能一再强调专业理论知识的重要性。

校领导听说这事后，深有感触。在此后一段时间，学校领导多次深入企业调研，了解企业用人需求，了解企业对职高生的要求等，然后，多次与教师、学生座谈，了解学生的想法、教师对教材的看法等。在2002年的教代会上，正当大部分职业高中还在职高与普高之间徘徊时，学校就明确了走真正意义上的职业教育之路，提出"归真归本"思想，回归到职业教育的本原。

如何才能回归职业教育的本原？职业学校是为社会培养培训高素质、技能型紧缺人才，必须突出培养学生的动手能力。而动手能力的培养，必须要有专门的实训场所来完成。实训基地有校外实训基地和校内实训基地两种。校外的实训基地要选一些和专业联系紧密的企业，通过校企合作来达到校外实习和技能鉴定的目的；而校内实训基地主要是依托一些专业实训室，通过工学结合来达到教学实训和对外服务实习的目的。

当时，有一种观点反对建设实训基地，认为学校是市财政定补单位，没有余钱建设专门的实训基地，学生实训只要送到企业去就行了，建设实训基地只能是劳民伤财，得不偿失。学校领导班子经讨论认为，单纯依靠学生到企业实训肯定是不行的。企业有自己的生产任务要完成，不可能全面提供技能培训。加之，企业的实习与教学方面的课题不可能对接，因此，职业学校必须要建设自己的校内实训教学基地。

经过认真分析，校领导认为，学校是丽水市直属的重点职业高中，且位于市政府所在地，相对于丽水各县市来说，具有区位条件的优势，可辐射全市职业学校，带动全市职业教育向纵深发展，使之走上良性循环轨道，从而更好地为本地经济建设服务。同时，省、市政府打造的丽水高速交通网也是以学校所在地莲都区为中心，从丽水市各县市到学校交通便利，可以学校为依托建立全市共享的先进制造业技能型人才培养培训示范基地。

同时，根据浙江省提出的建设先进制造业基地的战略决策和丽水市建设九大具有本地特色的制造业基地的战略部署，学校确定实训基地建设以数控、汽修、电子电工等工科类为主，培养和造就数以万计的中高级技术工人，为丽水市的特色制造业基地建设提供人才支撑。

实训基地建成后，一可以利用学校的学历教育，每年为丽水市乃至浙江省培养 1000 余名特色制造业企业的一线技术工人；二可以为丽水各县市兄弟职校学生的实训提供设备更为先进、管理更为科学的服务；三可以面向社会开展培训，对农村剩余劳动力、城镇下岗失业工人、失地农民等开展短、中、长相结合的多种形式的培训，提高他们的劳动技能，为特色制造业提供人力支撑。

正因为有了这样的发展思路，学校时刻等待着发展机遇。

二、"山海协作"，破解实训基地建设难题

2003 年，是实训基地建设的关键年。

这一年的教师节，市领导到学校走访慰问，在座谈会上，校领导提出了建设实训基地的设想。当时主管工业的副市长沈仁康正为水阁工业园区企业进驻后招不到合适的工人而发愁。听了学校的构想后，不觉眼前一亮，一方面，这是一个破解招工难题的长远办法，另一方面，还可以对农村剩余劳动力进行培训，进行劳动力转移，促进农民增收。雷厉风行的他当即表态，先补助部分资金，不足部分可与"山海协作工程"挂钩。

"山海协作工程"是浙江省省委、省政府为了推动省内以浙西南山区和舟山海岛为主的欠发达地区加快发展，实现全省区域协调发展而采取的一项重大战略举措。"山海协作工程"是一种形象化的提法，"山"主要指以浙西南山区和舟山海岛为主的欠发达地区，"海"主要指沿海发达地区和经济发达的县（市、区）。山海协作工程遵循的主要原则是"政府推动，企业主体，市场运作，互利双赢"，即通过政府的鼓励、引导和推动，促使发达地区的企业和欠发达地区开展优势互补的经济合作，促使省直有关部门和社会各界从科技、教育、卫生等方面帮扶支持欠发达地区。

在丽水市委、市政府及市经贸局的大力支持下，在丽水结对城市宁波、嘉兴的大力帮扶下，学校投资达 300 余万元，启动丽水市山海协作职业技能实训基地建设一期项目，在校园北面建造钢结构的教学实验实训厂房，建筑面积共 4100 平方米，可满足汽修、钳工、车工、烹饪、电工、电子信息技术等专业的实训用房需求。

短短三个月，实训厂房就落成了。随后，学校与嘉兴共建了数控实训中

心，与宁波共建了机械电子实训中心。丽水市山海协作职业技能培训基地累计投资 1500 万元，建筑总面积 2700 平方米，已建成宁波机械电子实训中心、嘉兴数控实训中心、汽车运用与维修实训中心、烹饪实训中心。各个实训中心的设备虽然数量有限，但都保证与企业"接轨"，基地的部分设备甚至实现了"超前"配置。

学生在数控实训室实操

2005 年 11 月 7 日，宁波市委副书记、市长毛光烈，副市长余红艺专程率宁波市代表团视察丽水市山海协作职业技能培训基地，毛市长针对实训基地的建设作了重要讲话，他指出："丽水市山海协作职业技能培训基地的建设意义非常重大。一方面，它给农村的孩子一个改变命运的机会。他们可以通过基地的培训获得技术，掌握了技术可以到城里工作，为家里提供经济保障，也为他们的下一代创造了更好的成才条件。另一方面，为社会的发展提供技术人才的支持。社会的经济发展依靠科技与人才的发展，科技的创新与人才发展依靠教育。"毛市长指出职高学生学技术，同样"可以成才，可以有作为，会有光明道路"。目前，宁波市已为技术工人提供各类培训，学生可以一边工作一边培训，先工作后提升，完全可以成为一名技术人才。毛市长还对实训基地提出了几点希望：要加强与企业的接轨；要深入宁波企业，了解宁波企业对人才的需求；培训基地与企业要建立相互沟通的机制与平台，如培训基地教师可以到企业学习，企业技术人员也可以到培训基地授课；积极探索中高级技术人才培养路径，可以考虑把人才培养与企业生产相结合，把就业、学习、培训、生产贯通，通过加强合作、深入研究，做出"样板企业"，做出"样板教育"，树立典型，全面推广。

随着建设进程的加快，各类实训设施也逐渐完善，山海职业技能实训基地的培训功效也得到初步体现：

一是为宁波市先进制造业建设提供技工人才支持。基地建成两年来，我校已为宁波镇海申乐电子有限公司、余姚西摩电器有限公司等多家企业输送了 500 多名技术工人。为进一步加强合作，在宁波市政府协作办、市就业管理服务局的安排下，在丽水市政府协作办、人事劳动和社会保障局、就业管理服务局、教育局的带领下，学校与宁波 20 多家企业举行了实时劳务对接仪式，双方就人才的供需情况作了交流，并与他们签订了劳务输出合同，每年为宁波市输送 1000 名技工人才。为了完成这份订单，培养宁波企业需要的高素质技工人才，副校长一行深入宁波柯力传感器制造有限公司、宁波向阳集团有限公司、宁波海太集团等 13 家企业进行调研和对接，进一步了解企业对人才培养的具体要求，并跟慈溪迅蕾轴承有限公司、慈溪康跃车业、宁波柯力传感器制造有限公司、宁波向阳集团有限公司、宁波海太集团等 5 家企业签订了定向培养合同。

二是为丽水市农村劳动力提供智慧与技术支撑。丽水市山海协作职业技能培训基地还承担着丽水市农村劳动力转移、失地农民、下岗失业工人的培训任务。从 2010 年到现在，该基地已为失业人员、失地农民、企业职工开展了多期短、中、长相结合的培训，培训人数累计达 5000 人次，推荐就业近 4500 人次。

三是具有多功能性，已实现"多赢"。该基地作为丽水市职业教育培训基地，在设备与教学上都辐射到其他县市的职业高中。同时，该基地也是丽水市安全生产的培训基地，还是丽水市中小企业管理者的培训基地。

三、"丰田模式"加强实训基地软件建设

丽水职高机电一体化（含数控技术）专业学生何俊青才 18 岁，却取得了数控高级证书，成为丽水市最年轻的高级工。他理论学习和实践操作两不误，多次参加市级、省级比赛，频频获奖，令现场评委刮目相看。两年前，他与众多的直升生一样选择了职高。其实，进入职高时，他的父母还非常希望他能考大学，但进校选专业时，何俊青对实训基地的数控、车床产生了浓厚的兴趣，虽然父母极力反对，他还是坚持选择机电一体化（含数控技校）专业，这一坚持让他找到了人生的坐标。和不少学生一样，何俊青对机械类的操作特别感兴趣，刚进丽水职业高中的第一个学期，老师这样评论他："何俊青的机械制图是可以打满分的。"是特别有天赋，还是有其他的方法，得到老师的如此肯定？何俊青笑着说："这也许是和我平时比较注重积累，能抓住重点有关吧！"他的回答显得异常轻松，他还把这一切都归功于学校的丰田教学模式。

何谓丰田教学模式？丰田教学模式是丽水职高引进的当前职业教育中最为先进的技能培训模式，它的理念是强化技能训练，理论课与实训课的时间比是 1：1，强调理论教学与实践教学一体化。其基本特点是：（1）实训教学

分三个阶段进行，即基础技能训练、技能提高训练和综合技能训练，并按此三阶段设计实训课题。（2）实训计划严密、细致，计划到每一天、每一小时。（3）实训教学贯彻一专多能的原则，培养出技术全面、适用能力强的专业技能人才，如机械维修专业的学生除学习钳工、检验技能外，还要学习电气、油压、气压、钣金等技能。（4）训练标准、规范，实习指导教师在教学过程中对每个基本动作进行分解，按分解步骤进行指导、示范。（5）坚持文明教学，整个过程始终贯彻"4S"制度（整理、整顿、清洁、清扫）。（6）坚持安全教学，真正树立安全第一的思想。

何俊青言语中不自觉地流露出他对这种模式的喜欢："这种方法跟我们初中时的学习完全不一样，在这里，我们一个星期学习理论，一个星期实践操作。我们特别喜欢实践操作周，一天要上机操作十来个小时，虽然累，但很高兴，特别是看到自己做的工件会很开心。我以前读书时一看到理论知识就特别头疼，现在不会了，感觉总是学不够……"何俊青说起丰田教学模式，说起实训基地，就有说不完的话。是的，在这种先进设备条件、科学的教学模式的培养下，他只经过两年的学习，就具备了较强的实践操作能力，电工、车工、CAD等课程的学习更加完备了他的专业能力。

在比赛中学习，在竞技中成长。通过技能强化训练，学生的技能水平大大提高。近三年，学生中级等级证书考取率达91.89%，有近百人次在国家、省、市组织的技能竞赛中获奖。在丽水市第四届中等职业学校师生技能竞赛中，我校学生在钳工、计算机、宾馆服务、中式烹饪、数控、旅游6个项目中夺得金

汽修专业的学生在实训中

牌，并且包揽了烹饪、钳工、数控、宾馆服务4个项目的前三名。"理论底子＋实践经验＝高技能"，我校的学生在丰田教学模式的培养下获得全面发展。

由于学生技能突出，毕业就可直接上岗工作，深受用人单位青睐，为学校赢得了很高的荣誉。就业渠道畅通，毕业生主要去向是本地经济开发区机械制造企业和宁波、嘉兴、温州等地的大型企业。2005年11月，宁波市政府与学校签订了每年1000名技术人才的合作协议，学校为宁波市各大企业进行"订单式"培养。迄今为止，学校仅为宁波与嘉兴两市就输送了1000多名毕业生。

四、多方筹措，做大做强实训基地

实训基地建设现已初见成效，证明学校当初确定的发展方向是正确的，但实训基地的建设目前仅仅还是起步，还存在很多问题，如硬件和软件都还不足，实训基地管理还有待于进一步改进等，必须抓住机遇，争取上级资金和政策支持，将实训基地进一步做大做强。

2005 年 9 月的一天，副市长刘秀兰到学校调研，学校经过了解得知，省联通公司要捐助一批电脑，正在要求市里帮助落实单位。校领导敏锐地意识到这是一个机会，经几番周折，找到了刚到丽水担任市长的刘希平。刘市长听说是支持职业教育，二话没说，立即与在省联通公司当老总的同学联系。经多方努力，省联通公司最终确定将该批电脑捐赠到学校。随后，省联通公司在学校举行了捐赠仪式，将 200 台崭新的电脑送到学校，学校组建了 4 个计算机房，为实训基础建设提供了硬件支持。

2005 年左右，国家对职业教育的支持力度明显加大，对实训基地的建设也相当重视，但不管中央还是地方，扶持的政策都是扶优扶强，培育骨干学校。从这点看，学校以前建设实训基地的路子是走在了政策的前面，为今后学校争取建设资金起到了不可估量的作用。

2006 年，学校成功申报中央财政支持奖励职业教育实训基地建设项目，被确定为 2006 年中央财政支持的电子电工类实训基地建设项目学校。中央财政为该项目投入 150 万元，市财政配套 150 万元，学校采购了实训急需的机床智能化实训考核台、维修电工实训装置、中央空调实训考核装置、制冷制热智能化实训考核设备等，同时采购了近 300 台电脑，更新了原来陈旧不堪的计算机房，使实训基地的硬件配置得到进一步加强。

这一年，浙江省大力贯彻全国职业教育工作会议精神和《国务院关于大力发展职业教育的决定》，决定在"十一五"期间，职业教育将重点实施职业院校助学奖学行动计划、中等职业学校实训基地建设行动计划、中等职业学校师资队伍建设行动计划、县级骨干职业学校建设行动计划、职业教育校企合作行动计划、提升劳动力素质行动计划等"六项行动计划"，其中中等职业学校实训基地建设行动计划的主要内容是：为切实改善中等职业学校的实训条件，提高职业学校的办学水平和服务能力，提高学生的职业技能，重点建设好一批为学生校内技能培训服务的职业教育实训基地。根据文件精神，我校决定申报浙江省首批综合性实训基地。

抓机遇共建基地 求创新做大做强

——浙江省丽水市职业高级中学

由于当时是行动计划实施第一年，上报浙江省综合性实训基地的学校非常多，而学校的实训基地建设规模在全省中职学校中属于中等，知名度和影响力并不是很大，但进入答辩阶段时，学校创造性地提出了建设三区域实训区：基础实训区、综合实训区、顶岗实训区，三个实训区既相互联系又相对独立。评审专家听了大为赞赏，一致同意学校通过。于是学校成为浙江省首批 10 所综合性实训基地之一。借此东风，学校再次获得了省级实训基地建设专项资金 100 万元，加上地方财政配套的 100 万元，购入铣床、磨床、数控车床等设备，充实了实训基地的设备配置。

此后，学校更是多方位筹措实训基地建设资金。2007 年，在丽水市发改委的大力支持下，学校实训基地建设项目被列为国债投资计划，共获得 528 万元建设资金，购入 36 台数控机床，实训设备紧张的局面大为改观，提高了技能教学课时在总课时中的比例。

让人欢欣鼓舞的是，2010 年，学校搬入了占地 200 多亩的新校区，建起了占地面积达 2395 平方米的实训大楼，这是学校发展史上的一个里程碑。与此同

学校全景图

时，学校被列入中等职业学校 2010 年中央预算内投资计划，获得了 1195 万元实训基地设备购置专项资金。

由于时间紧，设备量大而杂，采购程序多，为顺利完成采购任务，学校专门成立了国债项目资金设备采购工作小组负责本次采购工作。为将 1000 万元资金用到"刀刃"上，采购到急需的实训设备，采购小组多次召开协调会议，按轻重缓急对各专业的实训设备进行详细梳理，列出各专业所需实训设备清单，组织行业专家反复论证设备的技术参数，以期购置到合适的设备。采购工作人员也以高度的责任心，加班加点赶制采购资料，与专业教师探讨，加强与相关部门的沟通协调。

本项目共购置汽修类实训设备近 400 万元，数控类实训设备 300 余万元，餐饮旅游类实训设备 200 万元，电子电工类实训设备 200 万元，智能化校园实训设备 200 万元。这批设备到位后，学校实训基地的硬件建设基本上达到了全省一流的水准，近几年之内可完全满足学校现有专业实训教学的需要，实训基地的建设可以说是达到了一个阶段性的高点。

五、四大创新，建设高水平师资

实训基地设备再先进，实训大楼再宽敞，但没有一流的教师，实训基地就不能发挥作用，办好职业教育就是一句空话。因此，拥有一支高素质的实训基地技能教师队伍是关键要素。为此，学校始终把师资队伍建设作为各项工作的重中之重，认真贯彻落实以人为本的科学发展观和人才观，大力实施"人才强校"战略，多管齐下，千方百计地加强对教师的培养，着力提高教师的教育教学水平。

一是创新技能培训方式。学校高度重视师资队伍建设，积极创造条件鼓励专业教师参加各种培训及技能等级考试，或以干代培，让教师深入生产第一线，尽快成长为"双师型"教师。此外，还邀请高等院校及各企业的专家来校讲学，定期开展各种教学论坛及学术报告，促进教师之间的交流。如2009年，学校选派4位汽修专业教师外出培训，其中董志军、李丽飚两位老师到浙江经济职业技术学院汽修分院学习半年，主要是通过全程参与该院的教学过程，学习和借鉴实训教学上课的组织形式、教学方法等。程文杰和涂淼敏到丽水宝丰机关修理厂学习喷漆技术，为期半年。每年的暑期，学校都有大量的教师参加类似的培训。

二是创新校本培训方式。学校非常注重每一位教师的个体发展，创造性地提出了"案例教学＋行动研究"的校本培训模式。学校成立学科指导小组，开展教师课堂教学发展性评价，从教学思想、教学方法、教学技巧上为教师提出努力的方向，积极推进教师的专业发展。这种以反思为前提，以教育教学问题为对象，以平等对话为特征，融合了实践反思、同伴互助、专业引领的校本培训模式已引起各级领导与同行的强烈关注，产生了很大的反响。如蔡萍是学校的一名教师，2003年，她大学毕业到校后，学校让她与一名老教师结成师徒关系，跟着师傅"取经"。同时，她根据学校要求定期上公开课，让一些"师傅"听课，并指出存在的问题和改进方法。短短几年时间，蔡萍的上课水平突飞猛进，近两年参加市优质课评比，获得了几个一等奖。

三是创新人才引进机制。专业师资固然可以通过送出去学习和校本培训的方式加以培养，但需要一个过程，有时成长期较长，但从外地引进高素质的专业人才，在短暂的培养后，则可马上投入教学，可以作为师资队伍建设的必要补充。筑巢引凤，从外地引进人才，及时解决专业师资短缺的问题，为学校的可持续发展奠定基础。如孙大勇是一名具有技师等级的数控专业教师，是我校从东北重工业基地沈阳引进的专业师资。孙大勇到校后，充分发挥其专业特长，为学校的数控专业发展注入了活力。学校引进的还有数控专业的张善君、罗志武，汽修专业的何洋等，这些教师现均已成为学校专业教学的骨干力量。

四是创新人事制度。在加强专业师资培养与培训的同时，学校实行灵活的人事制度，为专业教师队伍建设注入了活力。学校的编制数是 264 名，学校现有在编人数是 200 多名。空编数用于外聘专业教师，尤其是实践能力强、具有技师以上等级证书的实训指导师的聘用。同时，财政按正式教师的 80% 的人头经费补给学校，这为学校"以强化技能教学为重点"的教学改革提供了强有力的支持。如麻旭东、饶小东、龚丽勇原是丽水油泵厂的下岗工人，拥有精湛的车工技术，2004 年被学校聘用为车工实习指导师。在他们的指导下，学生的技能水平提高很快，在近几年的丽水市中职师生技能大赛中，学校学生几乎包揽车工项目的前 6 名。2011 年，占力伟同学还获得了省中职校车工技能大赛二等奖的好成绩。

四大教师培养模式，给学校的师资队伍建设注入了不竭的动力。目前，学校"双师型"教师达 81.3%，高级技师、技师 26 人，浙江省专业技能鉴定考评员 27 人，是丽水市职教系统中拥有高级技师和高级人才最多的学校。近年来，学校有上百人次在国家、省、市组织的教育教学竞赛中获奖。课题成果获奖共 24 项，其中省级 6 项，市级 18 项。教师编写并出版教材 11 本，编写校本教材 32 本。有 50 多篇教育教学论文在国家、省级刊物发表，200 多篇论文在教育部门的各级各类评比活动中获奖。

六、推行"7S"，提升实训基地管理水平

电子信息工程技术专业的学生在机床电器故障演示仪上为模拟铣床电路排故，数控技术应用专业的学生在操作台上作钻孔攻丝综合练习，汽修专业的学生以小组为单位围着丰田车在观察气压管路连接……这就是丽水市职业高中学生的实训课。2005 年 5 月，省长吕祖善在副省长盛昌黎的陪同下，视察了丽水市山海协作职业技能培训基地，对实训基地的一流设备和技能培养能力赞不绝口。

为了提高学校的管理水平和提升实训基地形象，学校从贯彻"7S"管理入手规范师生行为，坚持贯彻"做中学、做中教"的教学理念，实施理实一

体化教学，取得了较明显的效果，毕业生深受社会欢迎，办学层次有所提升。

实训基地推行"7S"管理的具体做法和流程是：

（1）整顿、整理。预备铃响后，一名实训教师组织学生集队，由各小组组长整顿队伍，清点人数，实训教师对未到学生及有关情况在实训工场记录本上做相应的记载，对迟到学生，问明迟到原因，对未到学生，及时联系班主任。清点好人数后，仍然由各小组组长监督同学整理好各自的作训服，特别是衣领、袖口是否整洁，如发现作训服破损，及时做好记录，课后联系仓库保管员进行处理，以保持服装的整洁。另一名实训教师则提前5分钟候课，准备好实训所需的材料、工具等，检查设备运转是否正常，发现情况立即报管理员处理。

（2）安全。整理、整顿工作完毕后，学生在实训教师的指导下学习《实践操作安全卡》，安全卡上明确不同项目教学的操作安全须知，教师在黑板上再次书写相关操作安全须知。课间休息时，实训教师要关注场地的安全情况，教育学生不要擅自使用机油等物品及相关设备，以免造成安全事故，在上课过程中，如出现异常、紧急情况，教师应作妥善处理，并及时向相关部门报告。

同时，每学年的开始，班主任及实训教师利用始业教育的时间引导全体学生进行实训课安全生产规章制度的学习，让老生复习，为新生详细讲解。学习后进行安全细则考试，不允许不合格学生进入实训室。通过不断的强化教育，安全生产的观念深入学生的思想意识，对实践操作课的日常管理和教学起了很大的帮助。

（3）清扫、清洁。在实际实践教学过程中，学生要做到变速器油、零件、工具三不落。实训结束后各班都有相应的清扫、整理环节。

（4）节约。教师要在实训教学中想方设法节约原材料，做到材料循环利用和废弃材料再利用，在数控专业的数车和普车教学中，尽量让学生循环使用产品，普车的成品可以当数车的原材料，数车的成品也可以作为普车的原材料，既提高了学生的积极性，又大大节约了实训教学的成本。

（5）素养。提升学生素养，营造学生爱专业的文化氛围。在各个专业的实训场地里悬挂安全生产的标语和"7S"管理的标语，帮助学生更好、更安全地开展生产学习。而后，利用黑板报和美化教室的时机，在教室里进一步宣传"7S"管理的相关标语，如汽修学部的实训室墙上刻有"细节决定成败，态度决定一切""修车修身、修心修人"等宣传标语。规章制度、操作流程悬挂在墙上，走廊张贴着名汽车企业、汽车企业名人以及历届优秀毕业生介绍，让学生时刻受到汽车文化的熏陶。

自从实行了"7S"管理，实训基地的软件建设取得了卓著的成效：

（1）教学秩序井然。学校各学部各项教育教学活动有章可循，无论是长假还是短假后，教育教学工作都能在最短时间内步入正轨，教学秩序井然有序。

（2）课堂效率提高。实行"7S"管理以来，实训课课堂教学的有效性得到了比较明显的提高，提升了学生和教师的积极性。各学部根据专业的特点规范实训服装，使师生着装更加规范。

（3）实训教学更安全高效。通过推行"7S"管理制度，上实训课的学生每天坚持课中管理、课后小结等，已经养成良好的实训习惯，多年来学校没有发生一起教学安全事故。

（4）教学成绩提高明显。通过"7S"管理，学生在课堂上有非常明确的目的（特别是实训课堂），学习的积极性和主动性加强了，专业学习和理论学习的成绩也有了比较大的提高。在近年的省市级技能比赛中，数控、汽修、电子信息专业的师生都有很好的成绩。在2010年浙江省学生技能大赛中，学校数控学部的占力伟同学获得普车项目二等奖，较之前有所突破。

在提高专业成绩和理论学习成绩的同时，汽修、数控、电子信息等学部的学生在行为规范方面也有了比较大的改观，个人素养也有一定的提升。

七、三区建设打造一流实训基地

在2006年的浙江省综合性实训基地评审会上，我校提出了打造三区域实训基地的概念，三个区域既相互联系又相对独立：区域一是基础实训区，致力于实训技能的初步养成；区域二是综合实训区，致力于实训技能的进一步提高；区域三是顶岗实训区，致力于与企业的接轨。经过近几年的建设，三区域实训基地的建设已取得显著成效。

（一）大力建设基础实训区

基础实训区其实就是校内的多功能实训基地，主要用途是保障全日制学生的实训教学，用于初级工、中级工前期的学生训练，是一个消耗性实训区。校内实训区最早建成于2003年，经过历年来的努力，借新校区迁建的机遇，建成总概算近千万元的专业实训大楼，设备总值目前已达 3500 万元，内含电子电工实训中心、数控技术实训中心、汽车运用与维修实训中心、烹饪实训中心。同时，校内还另建有配置 12 个机房、600 台全新电脑的电子信息实训中心。

为提升学生的技能水平，学校在基础实训区采用丰田教学模式，强化技能教学，凸显特色。这种模式非常强调技能教学，理论课与技能课的设置是 1∶1，实施"课题"教学，把实习分为若干个课程模块进行教学，稳扎稳打，严格而规范。

（二）积极建设综合实训区

综合实训区是为进一步提高学生的技能而建设的，是技能教学的延伸，也是学生从纯技能教学走向市场化生产的过渡区域，用于中级工后期、高级工和社会各类培训。

该区域毗邻新校区，占地 95 亩，建筑面积达 21970 平方米，由学校与丽水汽车运输集团共同投资 9880 万元兴建。该区域实行产、教、研及社会培训相结合，生产学校与企业共同开发的具有自主知识产权的产品，引入现代企业管理制度，成立"丽水市职业教育实训基地有限公司"，独立核算，滚动发展，以基地养基地。

在该区域，可对学生进行技能提高训练，又可以引进对学生技能训练有益的产品，进行社会化生产，达到生产与教学的和谐统一。而学生在技能提高的同时，又能适当参与社会化生产，了解生产过程，实现了从课题教学到生产的过渡，还可有一定的收入。

（三）努力建设顶岗实训区

学生经过校内基础实训区、综合实训区的系统培训之后，就进入校外实训车间进行顶岗实训。

学校在丽水经济开发区与丽水市信毅单向器有限公司、丽水市微科轴承有限公司合资建设顶岗实训区。该实训区的主要功能有：一是在纯企业环境下，学生以企业"准员工"身份参加岗前培训，实现学校教学与企业生产的"零"接轨。二是学校与公司合作共同开发产品，共同开发校本课程。

这三个区域共同支撑着学校实训基地健康、有序、协调发展，有力地解决了生产、实训、研发、教学之间的矛盾，而且能够解决短期培训与日常班教学的矛盾，确保日常班的正常教学秩序和质量。同时，学校坚定地以"创造适合学生的教育"为指导，不断改革，不断创新，强化技能教学，把学校办成中高级技工的摇篮，为丽水市的经济建设和社会发展服务。

通过全面建设实训基地，强化了技能训练，使学生的技能水平大大提高。如何俊青同学在高二时就获得了高级技能证书，成为丽水市最年轻的高级工。近三年，学生中级等级证书考取率达91.89%，有近百人次在国家、省、市组织的技能竞赛中获奖。

"当前我国职业教育有着良好的发展机遇，我们坚信，职业教育的未来将会越来越好，我们将继续抓住机遇，大力建设实训基地，进一步提升办学品位，创出自己的品牌。"这是校长杨官校的豪言壮语。他坚定地表示，将通过努力，让学校

烹饪专业学生的实训课

成功跻身全国1000所高水平示范性中等职业教育学校，把丽水市职业高级中学真正建设成中高级技工的摇篮、企业家的摇篮、学生实现梦想的摇篮。

一、充分利用社会力量，合作办学

2003年，学校抓住了浙江省实施"山海协作工程"的机遇，争取到了宁波、嘉兴两市的大力支持，投资1500万元，在校内建立了山海协作职业技能实训基地。基地建筑总面积2700平方米，到目前为止，累计投资3500多万元，共设四大实训中心。各实训中心的设备都保证与企业接轨，有些设备甚至实现了超前配置，如电子电工排故设备、加工中心、部分数控机床等。

在建设校内实训基地的同时，学校积极拓展校企合作的内容和方式，2005年与丽水市信毅单向器有限公司合作，在该公司内建立了校外实训基地。学生在纯企业环境下，以企业"准员工"的身份参加岗前培训，公司采用"师徒制"的形式对学生进行帮、带、教，使学生熟练掌握各个岗位技能，从而实现了教学与企业生产的"零接轨"。同时，学校与公司合作开发产品，开发校本课程。

2007年与丽水市微科轴承有限公司共同筹建了丽水市职业高级中学校外

顶岗实训基地，建立了集实习、研发、生产于一体的校外实习车间，学校主要负责设备投入和部分管理，企业负责技术、生产和销售，同时为学校提供学生见习岗位和第三年顶岗实习岗位。在学生见习、实习过程中，学校派专业教师和班主任全程参与管理，同时，丽水市微科轴承有限公司派专门人员对学生进行生产作业指导，学校实习处、实训中心和企业共同对学生的见习、实习过程进行考核。这样，就保证了学生在企业的真实生产经营过程中提高专业技能、实践动手能力和职业素质。同时，学校成立研发中心，与公司合作开发产品及校本课程，实现双赢。如带有密封装置的启动机、带有缓速装置的减速器、棘轮式启动机单向离合器、CK－35型机床等，就是学校与信毅单向器有限公司共同开发的具有自主知识产权的产品。

由于学校规模的扩大和丽水市经济社会发展的需要，学校吸引社会力量，又建设了一个新的丽水市职业教育实训基地，该基地建设于2006年下半年全面启动，建设资金采用学校、企业合作投资，政府资助等方式多方筹措，基地由基础实训区、综合实训区、顶岗实训区三个既相互联系又相对独立的区域组成，三个区域共同支撑着学校实训基地健康、有序、协调地发展，有效解决了生产、实训、研发、教学之间的矛盾，而且也解决了学校内部教学需要与社会培训需要之间的矛盾。

二、实训基地的软件建设不容忽视

有了现代化的实训基地，没有强大的实训师资队伍不行。学校领导也认识到学校在这方面存在的不足，在加强本校教师培养的同时，面向全国，打通人事关系障碍，从企业引进技术能手担任实训指导教师，并给予优厚的待遇。现在，学校已经有高级技师、技师26人，还有浙江省技术能手，市行业协会会长等。

良好的硬件和师资条件为学校的教育教学提供了坚实的保障，之后，学校工作的重点就是进行教学改革，革除传统教学的弊端，构建具有鲜明职业教育特色的教学模式。学校深入宁波等地的30多家大型企业进行调研，了解企业用人需求。在不断探索的基础上，学校走出了职业技能教学的特色之路——丰田教学模式＋"7S"管理制度。

为提高实训基地设备利用率，实现实践教学资源的优化配置，促进产教研的结合，学校采用了"集中管理、分散使用"的管理模式，成立独立的实训中心。

专家点评

　　丽水市职业高级中学提出了"归真归本"的思想，回归到职业教育的本源上来，走真正意义上的职教之路，对此，我异常兴奋。因为从事职业教育研究这么多年，职业教育的本源到底是什么，一直是一个困扰于心、挥之不去、难以释怀的复杂问题。当我迫不及待地一口气看完此文时，似乎对这个问题有了一个来自实践层面的归纳性的认识。

　　职业教育是满足人的"需要"的教育。人的生命的需要、人的基本生存的需要、人的发展需要、人的自我实现的需要、人的个性需要以及人的劳动的需要，是职业教育最原始的起点。于是，那个"想学木工的学生"的期待，成为丽水市职业高级中学办学的基本出发点；于是，学校培养出了18岁就取得数控高级证书的丽水市最年轻的高级工何俊青。

　　职业教育是实践的教育。人的需要是多方面的，每种教育类型在满足人的需要方面的功能是有限的。职业教育的根本职责是满足人的实践的需要、劳动的需要，而要满足人的实践的需要，就必须建设一个好的实训基地，就必须引进"高级技师、技师、浙江省技术能手、市行业协会会长"，就必须"聘用拥有精湛车工技术的下岗工人为实习指导师"。这是职业教育生存的基础。

　　职业教育是实用的教育。一般而言，人们往往把"理论"与"实践"作为一个矛盾体，而把"实践"与"实用"作为一个统一体，应该说在认识论上具有一定的合理性。职业教育实践的目的或者说结果是实用，实用目标的达成又要求必须以实践为基础。但是什么是实用的呢？"有用性"显然是一个基本的判断标准。一个"没用"的东西，任何人都不会说它"实用"。就职业教育而言，不管它多么能够满足"人的需要"，不管它培养的人才技术水平多么高超，如果脱离了"有用性"，那么都不能说是好的职业教育。因此，满足经济社会发展的需要成为职业教育的题中之意。

（点评：张社字）

 **实训基地建设卷**

名校/名校长简介

王春秋同志，系广西柳州市第一职业技术学校书记、校长、柳州市职业教育研究所所长，中学高级、特级教师，先后荣获"全国优秀教育工作者""全国师德先进个人""全国学校文化管理示范校长""广西中小学德育工作标兵"等数十个市级以上荣誉称号。他求真务实，科研和管理能力强，善于提出一些新观点、新思路，并努力践行和开展科学研究。在他的带领下，柳州市职业教育研究所坚持教育科研服务于教育改革和教学实践的原则，研究适合柳州市经济发展的职业教育模式，开展柳州市产业与职业教育互动发展的研究，做政府的参谋，他本人也在职业教育"应用型"科研上取得了丰硕的成果。

王春秋同志任柳州市第一职业技术学校校长兼书记以来，大胆地将科研成果运用于管理之中，使学校发展不断迈上新台阶，使学校成为柳州市"中职"的龙头和品牌，享誉广西区内外。目前学校已设21个专业，205个班，在校学历生8515人，各类培训年培训量达10000人以上。

　　在王春秋校长的领导下，学校提出了"专业发展公司化、师资队伍建设一体化、课程设置实践化、学生考核行业标准化"的"四化"建设目标，以经营性实训基地为载体，走专业发展的道路，强化持续发展能力。

 核心管理思想

以优质、特色、可持续发展为学校的发展原则；以建设规模化、集团化、多元化，与国际接轨，具有学习型组织性质的现代学校为发展战略目标；以五年一贯制为主、中高职一体为办学发展方向；以组织学习化、管理民主化、专业公司化、师资复合化、教学实践化、科研生产化、评价多元化、校园数字化为现代化改革方向；以"心存高远，志在向善，精艺在身，忠心报国"为校园文化建设主题；以"教产融合、工学一体、德技并举、志善相彰"为人才培养模式，强化学校的核心竞争能力、社会贡献能力、持续发展能力。

为加快学校现代化进程，王春秋校长在学校的发展规划中提出"专业发展公司化、师资队伍建设一体化、课程设置实践化、学生考核行业（企业）标准化"的"四化"建设目标，学校以经营性实训基地（校办企业）为载体，走专业发展的道路（已建成柳州市益智软件科技有限责任公司、柳州市益智大酒店等8个经济实体），在教师队伍建设、教育教学改革和办学效益上取得了显著的成效。

1. 经营性实训基地要求文化课教师懂专业、专业课教师精操作、教学管理者会经营，学校实现了"教师队伍一体化"建设，即文化课教师与专业课教师一体化，专业理论课教师与专业实训指导教师一体化，教育工作者与经营工作者一体化，教师与师傅一体化。

2. 经营性实训基地创设了岗位学习教学环境，形成了校企一体化教学培养模式，实现了教学与生产、学习与生产、考核与生产的三个零距离，提高了教育教学质量，广西在2007、2008年全国技能大赛中的两个一等奖均为我校选手所获。

3. 经营性实训基地建设取得了良好的社会和经济效益。2010年，学校经营性实训基地实现产值1600万元，为学生创造劳务收入上百万元，为学校的可持续发展提供了强大的支撑，也为学校在"十一五"实现"六个一"

目标（即一万名在校学历生、一万名接受培训人员、一万名技能鉴定人员、一千万元校办企业产值、一千万元学生劳务收入、一百名高级人才）奠定了坚实的基础，使学校成为首批进入国家中等职业教育改革发展示范学校。

 实践应用

一、加强经营性实训基地建设，实现校企一体化教学

教育部副部长鲁昕多次在讲话中强调，职业教育要创新发展模式，实现跨越式发展，必须树立"教产合作、校企一体"的新理念。学校从 2000 年开始，探索以学校与企业一体化建设为载体的教学模式，通过创办校办企业（自主经营的实习实训基地），实现了专业发展公司化、师资队伍建设一体化、课程设置实践化、学生考核行业（企业）标准化的目标。目前，学校已有柳州市益智软件科技有限责任公司、柳州市益智大酒店等 8 个自主经营的实习实训基地，2009 年实现校企产值 1600 万元，每年为学校学生提供了近千个实习实训工位，为学生创造劳务收入上百万元，也为学校在 2010 年实现"六个一"目标奠定了坚实基础，使我校成为改革创新卓有成效的领军学校。

（一）学校实现校企一体化教学的做法

（1）通过走专业发展公司化道路，实现了教学、学习、考核与生产的三个零距离。学校要求每个专业部都必须努力打造 1 个以上的自办企业（经营性实训基地），各专业部自办的企业如下图所示：

计算机专业部的自办企业
——柳州益智软件科技有限责任公司

汽车工程专业部的自办企业
——柳州市益智驾驶培训学校

烹饪专业部的自办企业
——柳州市益智大酒店

旅游专业部的自办企业
——柳州市益龙旅游有限责任公司

电气自动化专业部的自办企业
——柳州市益智数控模具技术中心

环境技术专业部的自办企业
——惠农农业科普基地（生物科技园）

学校校办企业（自主经营的实习实训基地）实现了专业课程与职业岗位对接，创设了岗位学习教学环境，形成了一套行之有效的培养模式：实习（验）室学技能→实习基地学技巧→走上岗位有艺术。如柳州市益智大酒店是学校旅游和烹饪两个专业部联合实习实训基地，对外实行市场化经营。经理管理人员均由学校教师担任，员工由第三年需要顶岗实习的学生或者假期实习的学生担任。酒店分客房管理和餐饮服务两部分，每个月可提供 40 个实习岗位，年提供岗位实习工位近 500 个。

学生在学校实习室学技能

学生在学校经营性基地
柳州市益智大酒店学技巧

被选入人民大会堂
工作的毕业生与到京
开会的王春秋校长合影

正是凭借这种校企一体化教学培养模式，学校学生在校内实习（验）室学到了熟练技能，在校办企业（经营性实训基地）工作中学到了岗位技巧，毕业走上工作岗位后将这些技巧升华为工作艺术。同时，这种教学模式使学校文化课教师懂专业、专业课教师精操作、教学管理者会经营。

（2）通过"学校专业部＋校办企业（经营性实训基地）＋高校科研院所＋行业部门"的联合办学模式，实现教研产一体化。例如，学校的惠农农业科普基地设于园林环保专业，专业开设之初，该专业就与柳州市园林科学研究所联合办学，该所副所长和其他高级园艺师都是学校的长期教师，研究所的柳州市园林科技园、河西苗圃向学校学生开放，作为学生的校外实习实训基地。有时课堂就开设在研究所办公室内。实现了"专业部＋科研机构＋市属园林苗圃＋农户"产学研联合办学模式。

园林专业的校外实训基地

学生在上种苗培养实验课

该专业还与华东师范大学生命科学学院研究生实践基地一起开发研究香猪新品种，该项目已经被柳州市科协和创业领导部门定为社会公开推广项目，逐步形成了"学校专业部师生＋高校科研专家＋政府科技推广部门＋农户"的另一条产学研有机整合的教学生产之路。提高了学生的学习质量，缩短了技术向生产转化的时间，增强了惠民实力。

（3）通过开设"企业班"，实现校企直接对接。学校以优质的品牌和良好的社会声誉，应邀与知名企业共同培养学生，通过开设冠以企业名号的专业班级，将企业的管理理念和企业文化引进教学，实现了专业课程与职业岗位要求对接、企业文化与校园文化对接。目前，学校开设的"企业班"见下表。

专业部名称	企业班名称
汽车工程专业部	"五菱班""丰田班"
烹饪专业部	"葡京班"
旅游专业部	"柳州饭店班"
电气自动化专业部	"村田科技班"

在对"企业班"的教育教学中，特别是在实训中，学校特别注重按照企业的要求，加强对学生的岗位素养和职业道德的培养。如汽车工程专业部的教师就是按照丰田、上汽通用五菱等企业的工作标准和岗位要求组织学生学习和实习，大批学生第三年在上汽通用五菱顶岗实习，实质就是在接受用人单位的试用，他们的基本功扎实、团结合作意识强、接受新技术快、创新潜力大，令企业信任、满意，有的学生实习阶段就成了车间班长，免去了将来的面试试用期，直接获得了工作岗位。

校文化技能节上"五菱班"的参赛学生　　　**益腾汽车养护中心的"四轮定位仪"**

学校通过加强经营性实训基地建设，实现校企一体化教学，不仅极大地提高了教育教学质量，也因为贴近企业、洞悉区域产业，及时捕捉到了企业新的岗位需求，积极申报了厨政管理、汽车车身修复、工程机械维修、旅游策划与管理、民族茶艺、植物造景、现代商务等新专业，为学校的可持续发展增添了活力。

（二）成效与反响

首先，政府认可。各级主管部门对学校的努力给予了很高的荣誉和嘉奖：2006 年以来，学校共获得国家级奖项 8 项，自治区级奖项 19 项，已成为广西乃至全国职教品牌，成为国家级重点职业学校、国家重点建设示范性职业学校、全国青少年科技创新人才培养项目实验学校、全国科学教育实验基地、全国中等职业教育德育工作实验基地，先后荣获"全国职业教育先进集体"和"全国教育系统先进集体"荣誉称号，成为目前广西唯一设在中职学校的中等职业学校师资培养培训基地。

其次，职校追随。学校的品牌效应和行业引领作用进一步彰显，成为众多职业学校学习的对象，前来取经学习的络绎不绝。利用优质的职教资源优势，学校还进行集团化办学，先后与柳州市的鹿寨、融安、融水、三江等县实现联合办学，实现城乡职校联动，对加快少数民族地区普及高中阶段教育、实现农村劳动力转移起到了积极的促进作用。

学校与鹿寨县职业学校
联合办学分校挂牌仪式

学校向联合办学的三江职教中心
捐赠两部汽修实训汽车和一批图书

第三，企业信任。由于学校学生德艺双馨，技术过硬，毕业生深得用人单位青睐，实习生和毕业生供不应求，出现广东、上海、江浙、京津等地企业纷纷提前预约学校实习生和毕业生的火爆局面。同时，前来合作的行业企业也不断增加，目前已有数十家企业与学校建立起良好的合作或办学关系。

第四，社会满意。近年来，学校学生就业率平均保持在 98％以上，学校服务社会能力也不断增强，年均社会培训在 10000 人以上，职业技能鉴定人数连年攀升，2009 年达 7000 人。优质的教育教学质量及优良的社会服务能力，为学校赢得社会的一片赞誉和家长们的信任，"读中职到柳一职"，这是社会对学校的高度认可。在中职招生日益困难的情况下，学校 2009 年还招生 4033 人，超额完成了教育厅下达的 4000 人的招生任务。

自治区教育厅领导与学校 2007 年、2008 年全国技能大赛一等奖获得者合影

2009 年《厅市共建柳州市职业教育改革发展示范区协议》签订现场

二、师生学习工厂——经营性实训基地建设的探索与实践

在深化职业教育改革、大力加强职业教育实训基地建设、切实提高学生职业技能的今天，根据专业对口创建经营性实训基地——"师生学习工厂"是实现职业教育专业改革目标的一种创新型教学模式。为此，确立经营性实训基地建设观念和基本原则，探索经营性实训基地的建设模式，可以创造学生、教师、学校多赢的局面。

(一) 建设经营性实训基地应确立的三个观念

职业教育是"以就业为导向"的教育，在各种教育形态中，职业教育与市场经济有着更为密切的联系。因此，建设好不同于普通学校实验室的职业学校经营性教学实训基地，应率先更新职教理念。

首先，要固化"职业教育为经济服务"的观念。一是充分发挥职业教育的经济功能，为经济发展提供足够的人力资源和智力、技术支持；二是将职业教育融入经济之中，作为经济运行中的一个重要链接——积累丰富的人力资本投入经济市场。

其次，树立"职业教育经营"观念。由于职业教育与其他教育相比，有其不同的特征和规律，因此既不能简单地套用市场经营方法，又不能完全按一般教育的套路和方法，而是应该构建适应职业教育特点的经营模式。既要用经济视点看待职业教育问题，把市场经营理念引入职业教育中，又要把经济规律与教育规律加以有机整合，在这个思想的指导下，确立建设"经营性实训基地"的发展方向。

第三，建立"师生学习工厂"。"学习工厂"是一种教学模式，一种教学思想，就是把教学和工厂紧密结合起来，给予师生工厂式的教与学的环境，让师生在生产过程中学到实际知识和技能。职业教育的"就业导向"特性，决定职业学校必须思考和解决学生毕业后如何顺利就业，高起点就业等迫切问题。为此，学校每个专业均打造一到两个经营性实训基地，使之成为师生与生产、市场零距离的"学习工厂"，成为学校各专业部专业改革的共识。

（二）经营性实训基地建设应坚持的"五项基本原则"

一是坚持实训环境真实化原则。实训基地要和企业的生产、技术、管理、服务第一线的要求保持一致，使学生置身于现实工作场景中，建立模拟就业系统，让学生在一个真实的职业环境下按照未来专业岗位群对基本技术技能的要求得到实际操作训练和综合素质的培养，使基地成为学生的"学习工厂"，同时也成为教师素质提高的"学习工厂"。为此，打造一批经营性实训基地，为师生打造一个完全真实的实训场景，使他们在这里进行真枪真刀的演练，了解企业的要求，掌握工作的技能，培养独立工作能力，顺利实现由学生向技术工人的过渡。

二是坚持实训内容立体化原则。教学实训基地应是一个综合实训场所，它不仅训练学生的职业技能，还要训练他们的服务技巧、沟通能力、工作态度、合作精神等。经营性实训基地在安排学生实训时，不是简单安排一个工位就完事，而是要考虑多种能力的培养，如安排学生在不同的岗位实习，使学生得到不同的锻炼，提升综合素质，为就业打下坚实基础。

三是坚持实训基地功能社会化原则。实训基地不仅要为校内学生提供基本技能实训场所，而且还要能承担各级各类职业技能的培训任务，为社会提供多方位服务，成为对外交流的窗口和对外服务的基地，如开展企事业单位技术工人技能等级培训，开展社区和县城乡镇初中、小学的科学素养培训，开展家电维修、计算机应用、烹饪、汽车维修、汽车驾驶、餐厅服务、家政服务等工种的短期技能培训等。

四是坚持实训基地发展经营性原则。坚持实训基地生产经营化，既可以把前沿技术和市场信息及时传入课堂，弥补教材的不足，又能把生产问题反馈于课堂，调整人才培养的知识结构。教学和生产结合，也可以使我们全面、系统、实用地把企业的创办、管理、经营、法规等创业知识传授给学生。

五是坚持实训基地运营效益化原则。职业学校培养目标是以就业为导向，其实也就是培养学生的谋生手段。如果实训基地自身不能赢利并自主发展，如何教会学生生存与发展？学校每年对各实训基地提出具体的利润指标，要求相关专业部必须将其纳入本部门工作计划中，并对其实施进行视导、督促、指导他们完成任务。这个过程既能创造效益，发挥实训基地的自身造血功能，还能引导学生努力学习谋"职业"的技能。

（三）经营性实训基地建设的模式

（1）承接来料加工模式。依托实训基地，向企业开放，承接地方企业来料加工，师生在校参与企业生产，是一种经济便捷的经营性实训基地建设模式。这种模式的优点是学校利用已有的专业设备开展生产加工，不需要设备和资金的投入，生产周期短，见效快，经营管理简捷，体现出"经济便捷"的特色，变"消耗型"教学为"产出型"教学，既提高了学生的实践技能，又获得了较高的经济收益。但这种模式由于没有经营市场的压力，也无创业的动力，对学生创业、管理能力的培养比较欠缺。

（2）承包租赁模式。承包或租赁经济实体，是一种快速发展的经营性实训基地建设模式。这种模式具有建设周期短、投入少、可根据专业发展及时建设和调整等优势。采用这种模式，学校既可充分利用原有的设备资源，又可结合学校文化、专业技能实训和专业建设需要进行必要的改造，利于节约学校有限的建设资金。根据需要重新进行策划、包装和布置的这类实训基地，成为集教学、培训、鉴定、服务、生产功能"五位一体"的经营性实训基地。这对于资金不足的学校不失为一种较好的选择。但在市场上寻找适合学校专业发展需要且愿意出租的经济实体比较困难。

（3）实体经营模式。学校依托专业师资和设备优势，注册具有独立法人资格的市场化运作的公司（企业），是一种自主创造型经营性实训基地建设模式。这是学校建设经营性实训基地的最主要和最普遍的模式。采用这种模式建成的基地由于独立运作，可以根据需要引入企业管理模式进行产品研发和生产，实现实训教学和企业生产一体化，实训教学就是企业生产，学生即是员工。实体经营模式的实训基地在引入企业的经营机制后，既是教学单位，又是生产经营单位，教学与生产结合愈加紧密，相互促进，相得益彰，职业教育潜在的活力得到充分激发。

（四）发展经营性实训基地的实践意义

发展经营性实训基地能实现学生、教师、学校、企业多赢，对于实现职业教育发展目标具有重大的现实意义。

（1）促进学生全面发展。发展经营性实训基地是以全面提高学生的综合素质为目的，具有非常丰富的内涵。它并不是和企业联系、将企业作为学校的定点实习工厂，而是每个专业根据专业方向创设不同的公司（企业），把学校教学与企业环境紧密结合起来，给学生一个真实的工厂生产环境，并将教学环境和企业环境融合在一起，让学生参与企业生产的各个环节，从中学到实际知识和技能，它是企业实习、企业项目与学校教学的有机结合，能促进学生全面发展。

（2）提升教师的综合素质。

一是提升教师的专业技能。教师在经营性实训基地要及时了解企业的用人要求，了解行业最新发展动态和技能要求变化，以使学生适应生产要求。这也迫使教师勤学习、勤思考、勤动手，避免了过去"一招吃一辈子"的现象，提升了专业技能。

二是提升教师经营管理的综合素质。在经营性实训基地里，教师既要担负指导学生实习的重任，还要完成学校规定的经济指标，是一个经营者，即要懂成本核算，懂推销、策划，懂怎样实现利益最大化……自身综合素质不断得到提高。

三是提升教师的教改、科研能力，教师在实训基地指导学生学习时，肯定会遇到一些实际问题，这些问题的解决，会引起教师反思，也会促使他们在今后的教学中深入钻研，加大教改力度，将与实践相脱离的专业教学进行修正，大胆进行教学改革。

（3）促进学校全面快速地发展。

一是探索"工学结合"培养模式，凸显"八合一"的办学特色。建设经营性实训基地，把企业经营和职校教学紧密地结合起来，使师生在完成企业的工作任务同时也完成了教学任务。如学校的经营性实训基地益智大酒店为酒店管理和烹饪专业学生创造了一个真实的实践训练环境，学生通过实际动手操作和训练，了解企业的生产、经营、管理流程，熟悉行业的主要设备和基本工具，掌握企业生产工艺、基本技能和专业技术，养成良好的职业意识和职业道德，培养了适应能力和市场竞争意识。这两个专业的教学实现了"八合一"办学特色。

二是不断优化"双师型"团队。利用经营性实训基地的平台，可以不断加大"双师型""多师型"教师队伍的培养力度，实现教师与公司经营者一体化，与公司（工厂）师傅一体化，使教师成为"一门专业精，多门技能通"的现代化复合型人才。

三是更新学校办学理念。职业教育培养怎样的人和怎样培养人，必须首先征求产业界的意见，并按照与工作过程要求一致的原则来组织教学。同时，这也要求学校必须高度关注生产一线的技术变革、组织结构和人才需求，以保证实训基地的设施同步于企业、标准接轨于企业、技能适配于企业，实现实训基地的良性发展。在这个过程中，学校不再是关起门来办教育了，全新的办学理念带给了学校新的发展空间。

四是促进课程改革。职业学校应根据市场需求适当调整专业模块，增设新专业，开发适合学生的校本教材。学校围绕职业能力形成组织课程内容，以工作任务为中心整合相应的知识、技能和态度，构建了"学做一体"的教学模式，建立以工作任务为引领的课程体系，开发了不少深受学生喜爱的实践导向的项目式课程，使学校教学水平进一步提升。

五是给学校带来社会及经济效益。师生在完成教学任务的同时也完成了企业的工作任务，既解决了学生的部分实际困难，也降低了企业的运营成本，给学校带来了较好的社会及经济效益。如学校的校办企业经过几年的摸爬滚打，经济效益和社会效益均不断提高，实现总产值达 1000 万元、利润 100 万元以上。在学校提高自我发展能力的同时，师生优良的职业风范也为学校带来了良好的口碑，获得了较高的社会认可度。

教育部在《中等职业教育改革创新行动计划（2010—2012 年）》中指出，职业教育要以教产合作、校企一体和工学结合为改革方向，着力推进职业教育与产业、学校与企业、专业设置与职业岗位、教材内容与职业标准的深度对接，不断增强服务经济社会发展、经济结构调整、产业升级、城乡统筹和现代农业发展的针对性和实效性。这就要求职业教育不仅能让学生获得行业资格和经验，而且能帮助他们快速适应未来的工作岗位，使所学技能直接派上用场。在学生没有顶岗能力之前，在现行的政策背景和社会环境下，不能奢求企业允许学生在生产岗位上有太多的实训时间。而对学生通用技能、专业素养等综合职业能力的培养，需要职业学校深化实训基地的建设，加速"双师型"师资培养，深入推进课程改革。近年来，学校认真领会、落实这一精神，在原有校办企业的基地上，以学校为主，联合 IT、科普、广告、汽车制造、汽车维修、机械制造、农业技术服务、酒店服务等行业企业的资源优势，利用学校的计算机、汽车运用与维修、数控模具技术、环境技术、旅游、酒店服务、烹饪等专业以及相关合作企业的实训场地和资源成立了信息技术实训中心、汽车技术实训中心、商贸物流服务实训中心、数控技术实训中心、农业技术服务中心等五大经营性实训中心，经营性实训中心集生产经营、教育教学、培训、科研等功能于一体，在面向市场经营、为当地经济社会服务的同时，给学生和教师提供了一个真实的实训平台。学校拟在"十二五"期间，加大经营性实训基地的建设力度，使之成为推动教育教学改革发展的主要载体。在本次国家中等职业教育改革发展示范学校建设中，学校以经营性实训基地建设为特色项目，从经营性实训基地的组织管理制度、管理队伍、教产研融合模式等三个方面进行改革，探索"教产融合，工学一体，德技并举，志善相彰"的人才培养模式。

（一）需求论证

（1）政策环境。《广西壮族自治区人民政府关于印发广西教育发展重点工程和体制改革试点总体方案（2010—2012年）的通知》明确指出，将在柳州市开展"职业学校创建经营性实训基地"试点，学校作为教育部批准立项建设的广西首批"国家中等职业教育改革发展示范学校建设计划"项目学校，作为柳州市的一所国家级重点学校，对承担该项目有义不容辞的责任。学校在"十二五"规划中将经营性实训基地建设作为今后五年推动教育教学改革发展的重点项目之一，因此将经营性实训基地项目列为学校在国家中等职业教育改革发展示范学校建设中的特色项目时机成熟，将会得到各级政府和学校的大力支持。

（2）发展优质职业教育和突破当前职业教育发展中校企深度合作难点的需求。经营性实训基地集生产经营、教育教学、培训、科研于一体的功能定位，决定了其市场性、公益性（即提高教育教学为终极目标，非以追求商业利益最大化为目的），职业学校校内经营性实训基地在学校发展中起着非常重要的作用。

①校内经营性实训基地是课程体系改革和建设的依托。融入市场一线中的校内经营性实训基地，在实际工作中与市场同步发展，了解市场变化和行业发展情况。它不仅能给学生构建真实的职业环境和训练情境，而且能为课程改革的深入创造条件。只有依托实训基地，才能深入进行课程开发和教学模式改革，才能广泛采用理实一体教学法、模拟教学法、项目教学法等，才

能根据实际的工作要求开展教学活动，也可以将企业文化引入专业教学和德育教育当中。

②校内经营性实训基地建设是"复合型"师资培养的重要途径之一。经营性实训基地建设的过程，也是锤炼"复合型"师资队伍的过程。在基地建设的过程中，通过组织教师走入市场、制订建设方案、确定功能设置、研制和选配设备、安装和调试设备等，可使专业教师拓宽专业知识面、强化专业实践能力，满足教师更新知识的需要，提高教师指导学生开展技术推广和应用、解决技术难题的综合能力，实现打造一批善教学、能科研、精管理、懂经营、会生产的"复合型"教师的目标。

③校内经营性实训基地是培养学生顶岗技能的重要载体。有了功能完善的校内实训基地，才能营造全真的实训环境，将"工厂"建到学校；才能使学生在大量"做"的过程中学习，充分激发学生的学习兴趣和热情；才能使学生在校内就能参与真实产品的加工或技术革新和技术改造项目。在经营性实训平台上，不断灌输和具体落实"7S"理念，渗透德育教育，使学生在潜移默化中养成良好的职业素养。

④校内经营性实训基地是吸引企业参与职业教育、深化校企合作的基础。职业学校经营性实训基地只有配备先进的生产设备，具有生产性功能和技术培训等服务内涵，企业才有信心让学校加工产品、培训员工、参与共同研发，职前学生的培养才能紧密结合企业的实际需求，职后员工的培训才能针对企业新工艺、新设备、新产品和薄弱环节开展。职业学校体现出为企业服务的本质，有能力为企业解决实质性的人才、技术问题，校企合作才能形成互惠双赢的长效机制，向纵深发展，实现对地域经济社会的服务和推动功能。

学校一直重视校内经营性实训基地的发展，从最初的 1 家校办企业发展到如今的拥有五大经营性实训中心的校内经营性实训基地。校内经营性实训基地的发展之路也就是学校探索"教产融合，工学一体，德技并举，志善相彰"的人才培养模式的过程。经过多年的发展，各经营性实训中心已初具规模，在学校教育教学工作中发挥着日益重要的作用，引领着学校教育教学改革的方向。2010 年，基地总产值 2210 万元，为相关专业学生和教师提供 16 种实训岗位，实训人数 4534 人次，其中学生人数 1138 人。然而，经营性实训基地的发展也面临着经营与教学的矛盾、教师角色的定位与转变、人才队伍建设、从传统教学模式到经营性实训环境下新型教学模式的转变等方面的挑战。学校将在经营性实训基地特色项目建设中重点对经营性实训基地的组织管理制度、管理队伍、教产研融合模式等三个方面进行改革，着力探索解决"经营性实训基地管理机制""队伍建设""教产研融合"等三大方面的问题。

（二）建设目标

学校经营性实训基地特色建设项目计划利用两年的时间，围绕"改革、创新、发展"的建设主题，本着"着眼全局，思考宏观，立足教育，研究举措，务求实效"的原则，拓宽现有各经营性实训中心的实训和服务平台，建立现代企业管理制度，以项目为引领深化与外部企业的合作，发挥校企合作的桥梁和纽带作用，推动校内相关专业开展"多方共建、合作育人、项目引领、利益共赢"的校企合作新局面，创新性地形成"管理科学；拥有'善教学、能科研、精管理、懂经营、会生产'的复合型管理队伍；实现'教产研融合，工学一体，德技并举'的人才培养模式"的职业教育特色。

从 2011 年到 2012 年，学校拟实现以下具体目标：

（1）管理制度改革目标。采取项目管理和科研课题研究等方式，重点围绕校企合作、实训教学包开发、实训教学与德育教育的融合、实训教学与专业基础教学的融合、业绩评价机制与教学评价的融合、各经营性实训中心之间的"无界化"管理等方面开展机构和管理制度改革，成立校企合作工作站，建立健全一套相对完善、可行的现代职业教育经营性实训基地管理制度。

（2）管理队伍建设目标。通过内培外引等形式，培养一支善教学、能科研、精管理、懂经营、会生产的经营性实训基地管理团队，为学校教师深入市场、提高和更新技能提供平台。

（3）教产研融合目标。将经营性实训教学纳入专业教学体系中，制订可行、有效的专业教学方案，为学生的专业技能学习提供优质的实训平台，促进教育教学质量的稳步提高；通过校企合作工作站，以项目为引领开展校企合作，以引进企业文化、共建实训基地、完成生产订单、共同开发课程、编写教材、改革课堂教学、产品研发等形式实现人员双向互动、设备设施共享、技术资源共享。

（三）建设思路

根据学校"理论实践合一、教室车间合一、教师师傅合一、学生徒弟合一、实习生产合一、教学科研合一、作品产品合一、育人与创收合一"的实习实训工作思路，充分整合、优化和利用校内外资源，开展形式多样的实训教学。

（1）对内理顺、整合和优化。经营性实训基地对内将健全实习实训工作委员会及其下设各经营性实训中心的机构设置，完善设备设施和人员配备；引入现代企业管理模式完善各项管理制度；外引内培，凡新进校教师均要求到经营性实训中心挂职工作 2 年左右，同时搭建经营性实训基地经理人培训平台，针对现有教师进行培训，安排现有教师适时到经营性实训中心挂职轮训；整合学校各专业的资源，提高管理的科学性和资源调配的合理性，利用学校设备管理、后勤服务等公共服务性需求开发经营性实训基地业务，拓展学生和教师的实训空间；创设企业环境，为学生和教师提供良好的实训和锻炼平台。

（2）对外开展企业服务与项目合作。在经营性实训基地建立各专业校企合作工作站；在学校校企合作工作办公室的统筹管理下，具体负责相关专业的校企合作项目运作和事务处理；继续开展计算机销售与维护、软件开发、广告装潢、动漫制作、汽车驾驶培训、叉车培训、汽车美容与养护、汽车钣金喷漆、机械加工、农业技术服务、餐饮客房、技能培训考证等服务；利用自身资源与行业企业开展广泛的项目合作，形成"多方共建、合作育人、项目引领、利益共赢"的校企合作局面，实现校企优势互补，为社会产业服务。

（四）建设内容

（1）机构和管理制度建设。建立健全符合职业教育特点、有效的现代职业教育经营性实训基地管理制度。借鉴现代企业管理经验，以科研课题研究的形式，重点围绕技育与德育工作的融合、经营与教学的融合、经营性实训环境下的评价机制开展研究，主要完成以下工作。

①完善经营性实训基地各层级管理架构的设置。参照现代企业管理机构岗位设置，结合经营性实训中心教学功能的特性和强化校企合作的要求，完善经营性实训基地各层级管理架构，成立校企合作工作站。保证各实训中心内部分工明确、管理规范；保证各实训中心的生产经营活动与实训教学活动相辅相成；保证各实训中心之间资源共享、互相促进；保证各实训中心与相关专业部系之间工作步调一致、共同发展；做好相关专业校企合作项目运作和事务处理，发挥桥梁和纽带作用。主要制订和实施经营性实训基地机构设置及岗位职责、各实训中心机构设置及岗位职责。

②建立健全并实施有效的经营性实训基地管理制度。借鉴国内外先进现代企业管理理念，不断完善各经营性实训中心的制度，除制订常规企业的规章制度外，针对实训基地教学的特殊性，制订实习生管理、实习生业绩考评、教师挂职绩效考核等特色制度，主要完成经营性实训基地管理制度的创建工作。

③完善学生层级培训制度。在实习实训工作委员会的指导下，建立经营性实训基地、各实训中心内部各层级完善的培训制度。结合实际工作，以例会、专题培训等多种形式开展逐层分级培训，逐渐形成各层级的培训教学包，主要完成并实施层级培训制度、专业教师技术支援和轮值轮训制度。

④健全评价考核制度。加强实习实训工作委员会对各实训中心的服务、指导和监督功能，建立健全对各实训中心的评价考核制度，主要完成并实施经营性实训中心评价考核制度。

（2）职业化管理团队建设。打造一支善教学、能科研、精管理、懂经营、会生产的经营性实训基地职业化管理团队。利用经营性实训基地的生产、科研等实战优势，通过内培外引，与企业合作建立人才库，引进行业企业优秀技术人员和专家，与相关高校合作建立大学生生产实践实习基地，利用经营性实训基地经理人培训平台，落实教师的挂职轮训工作，为经营性实训基地和学校培养职业化的管理团队和师资队伍。

①面向社会，广纳贤才，与企业合作，人员双向互动。通过与相关企业协商制订《企业人员交流管理办法》和《企业兼职人员聘用和绩效考核办法》，从行业、企业中聘请资深专家、管理骨干担当实训基地顾问或技术指导，同时根据企业需要向企业提供人力和技术支援，形成双方人员双向互动的工作机制；与相关高校合作建立大学生生产实践实习基地，从大专院校、企业招聘优秀毕业生和能工巧匠，充实各实训中心的管理团队和技术力量。2011—2012 年，分阶段完成 20 名大学生的毕业生产实践实习工作，引进优秀大学毕业生 10 名，引进或聘请行业、企业专家 10 名。

②团队建设。搭建经营性实训基地经理人培训平台，通过校内培训、外派学习、合作企业挂职锻炼等形式提高团队专业技能、管理水平、营销能力、科研能力和教学能力；通过开展形式多样的管理能力拓展活动，打造积极上进、稳定、团结而富有活力的实训基地管理团队。2011—2012 年，利用经营性实训基地经理人培训平台培养"善教学、能科研、精管理、懂经营、会生产"的复合型师资 60 名以上。

③专业部、系教师对各经营性实训中心生产经营的技术支援。依托相关专业部系教师的技术力量，在科研、产品开发、新工艺应用等项目活动中谋求教师对各实训中心生产经营活动的技术支援。在确保实训基地服务质量的前提下，适时适量地安排在职专任教师全时到实训中心承担 2—4 个月的教学生产任务或项目，实现教师理论和实践技能水平、创新能力、项目开发能

力以及市场意识等方面的逐年提升。将进入经营性实训基地参与实训教学和经营管理活动作为教师年度下厂下店实践的考核评价指标之一，并纳入教师年度考核和职称晋级评价体系中。

经营性实训基地到 2012 年，每年可接纳教师开展挂职锻炼共计 200 人月以上（以 2 个月为一个挂职周期），具体目标分解见下表。

经营性实训基地教师挂职轮训目标分解表

经营性实训中心名称	教师挂职数量（人月）	
	2011 年	2012 年
信息技术实训中心	41	60
汽车技术实训中心	20	30
商贸物流服务实训中心	21	40
数控技术实训中心	30	46
农业技术服务中心	18	24
合计	130	200

④培养学生"小老师"，实现各技术层级学生间的传帮带。通过合理安排学生的实训周期，用以老带新的形式，实现各技术层级学生间的传帮带，缓解师资紧张的压力。

（3）教产研融合建设。以提高教学质量为根本出发点，构建校企合作教学改革平台和校企合作社会服务平台，促进教产研融合。经营性实训基地教产研融合建设将紧紧围绕"提高教学质量"这一根本出发点，在经营策略中充分考虑教学培训工作的合理安排，既保证生产经营的正常开展，又保证教学的顺利实施。将经营中的赢利反哺教学活动，实现经营性实训基地的造血功能，降低实训教学成本，创造良好的社会效益和经济效益。与校外企业开展企业文化交流、共建实训基地、完成生产订单、共同开发课程、编写教材、改革课堂教学、产品研发、设备设施共享、技术资源共享等方面的合作。因此，我校计划在教产研融合建设方面构建校企合作教学改革和社会服务两个平台。

①构建校企合作教学改革平台。

第一，创新校企合作模式。在学校校企合作工作（管理）委员会统筹管理下，各经营性实训中心成立校企合作工作站，设立相应岗位，形成常态化的校企对话机制（如下图 1 所示）。在校企合作工作（管理）委员会指导下制订相关专业的教学方案，开发本实训中心各层级和类型实训教学包（含技育和德育），形成涵盖专业课程和实训基地教学包的教学方案、教材和相应规范文件。同时，将学生在经营性实训基地的学习考核评价结果纳入学生的考核评价体系中，形成涵盖技育和德育的新型培养考核评价体系（如下图2所示）；通过开展师资培训，提高教师的业务能力和专业水平；通过以项目开发、项目合作为载体，以经营性实训基地与校外企业的业务合作为纽带，改变目前普遍存在的以实习或用工为主的校企合作形式，让企业、学生、教师共同参与经营性实训基地的经营和教学活动。

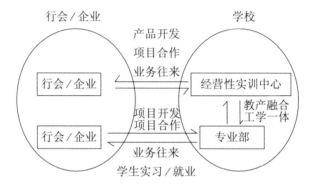

图1 校企对话机制示意图

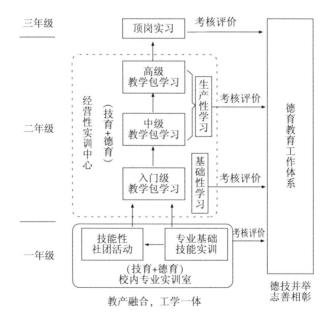

图2 学生的培养考核评价体系

第二，创建实训教学品牌。各实训中心通过与企业合作，借鉴先进企业的员工培训体系和学校丰田班、通用班、葡京班的教学经验，创建学生专业技能性社团、集训队等活动组织，开展团队拓展训练、军训、技能比赛、技能展示等活动，创建实训教学品牌。各经营性实训中心到2012年各完成1个以上实训教学品牌打造。

到2012年，经营性实训基地每年可为相关专业学生提供实训总量达2000人月（以1个月为一个实训周期）以上，具体目标分解见下表。

经营性实训基地教学培训目标分解表

经营性实训中心名称	学生实习实训数（人次）	
	2011 年	2012 年
信息技术实训中心	400	600
汽车技术实训中心	100	250
商贸物流服务实训中心	240	400
数控技术实训中心	360	600
农业技术服务中心	100	150
合计	1200	2000

②构建校企合作社会服务平台。校企合作社会服务平台通过对外提供服务、完成订单生产、校企联合开展教学培训项目、为企业或个人提供技术支持、产品研发等多种形式，创造一定的产值。同时，通过实训基地与企业合作，创新校企合作对话机制，实现校企一体化发展，为当地经济社会提供优质服务，贡献力量。

第一，通过多种渠道、多种合作方式吸引社会资金投入，联系柳州华力机器制造有限责任公司、柳州市速利汽车维修有限公司等相关企业，利用他们各自在场地、设备、人力资源等方面的优势，以"校中厂""厂中校"企业工作站、项目工作室等多种灵活有效的合作形式共建实训基地。扩大经营性实训基地的规模。

第二，拓展经营和实训空间。通过校内实训室建设及管理外包、后勤服务外包，构筑或拓宽实训基地在机加工、IT、汽车养护、食堂管理、超市、农业技术、酒店客房服务等领域的业务，挖掘和拓展可利用的经营和实训空间。信息技术实训中心拟与柳州铁二中、柳州市教育局、柳州市广告协会等企事业单位重点开展以管理系统开发、动漫制作、广告等为主要内容的合作；汽车技术实训中心重点开展对外汽车美容养护、钣金、喷漆等项目服务；商贸物流服务实训中心重点开展商务酒店、餐馆等项目；数控技术实训中心重点与柳州华力机器制造有限责任公司等企业开展汽车、工程机械配套件加工，与上海厚载科技有限公司开展一体化教学项目开发；农业技术服务中心重点以航天植物种植研究、蓝莓组培苗、香猪等项目与中国航天育种中心、柳州市科学技术协会开展合作。

第三，与企业合作建立技术资源共享机制。经营性实训基地根据自身发展和客户、企业需要，开展横向技术合作与技术攻关项目合作，特别加强技术含量较高的研发应用型项目。在保密许可范围内，企业和经营性实训基地之间相互开放相关技术资源，通过培训资源共享提升教师、学生和企业员工的技能水平。

第四，利用学校的校企人才交流平台和实习就业服务网，为双方的项目开展提供人力资源，为双方技术人员储备和项目开展提供有力保障。经营性实训基地 2011 年产值计划达到 3000 万元，2012 年实现年产值 4400 万元以上，合作企业达 17 家以上，完成校企合作项目 10 个以上，精品项目 2 个以上。具体产值目标和合作企业见下表。

经营性实训基地产值目标和合作企业表

实训基地名称	产值目标（万元）		合作企业（家）	
	2011 年	2012 年	2011 年	2012 年
信息技术实训中心	1000	1500	3	4
汽车技术实训中心	600	700	3	3
商贸物流服务实训中心	500	800	3	4
数控技术实训中心	700	1000	3	4
农业技术服务中心	200	400	2	2
合　计	3000	4400	14	17

专家点评

校企合作、工学结合不仅是职业教育特色化建设的改革方向，而且是企业提升科技水平、增强活力和市场竞争力的现实要求，但长期以来一直存在着学校热、企业冷的尴尬。诚然，合作需要以热情为基础，以友谊为纽带，以信任作保证，但只有热情、友谊、信任是不够的，双赢是合作最持久、最强劲的动力。对学校而言，最终目的是培养高素质的技能型和技术应用型人才；对企业而言，追求利润的最大化是恒久的目标。校企合作的关键就是通过"优势互补、资源共享、互惠互利"实现共同发展的双赢。显然，建立经营性实训基地则是实现这两个目标最有效的载体之一。

柳州市第一职业技术学校不仅敢于率先建立经营性实训基地，而且提出了完整的发展思路，实属难能可贵。该校在"专业发展公司化、师资队伍建设一体化、课程设置实践化、学生考核行业（企业）标准化"的"四化"建设目标下，提出了"建立健全符合职业教育特点的、有效的现代职业教育经营性实训基地管理制度""打造一支善教学、能科研、精管理、懂经营、会生产的经营性实训基地职业化管理团队""构建以提高教学质量为根本出发点的校企合作教学改革平台和校企合作社会服务平台""创建实训教学品牌"等，都抓住了经营性实训基地建设的要害，所以取得了"政府认可，职校追随，企业信任，社会满意"的效果。因此，该校"2009 年创造了校企产值1600 万元，为学生提供了近千个实习实训工位，为学生创造劳务收入上百万元"也就不足为怪了。

经营性实训基地建设是一个十分复杂的新生事物，它不仅要实现职业教育的公益属性、产业属性的内部融合，而且要实现人才效益与经济效益的外在统一，需要解决的理论问题、实践难题还有很多。要使校企合作步入健康、持续发展的道路，不仅需要学校、企业的积极参与和支持，更需要国家制度甚至法律的保证和推动。

（点评：张社字）

校企『四融通』，有效推进实训基地建设
——浙江省宁波市职业技术教育中心学校

名校／名校长简介

首批国家级重点职业学校——宁波市职业技术教育中心学校以"激发潜能，成就卓越"为学校精神，以"精致校园、精细管理、精品学校"为内涵建设目标，实现"让每一位学生都成为受社会尊重的人"的美好愿景。

学校始创于1957年，占地面积4.2万平方米，教职工175名，曾先后6次被评为全国教育系统先进集体和勤工俭学先进单位，是浙江省首批中等职业教育专业课程改革基地学校。近年来，学校被评为宁波市模范集体、宁波市示范性文明学校、宁波市"平安校园"、宁波市德育先进集体等。

校园环境雅致，文化内涵丰厚，计算机应用实训基地和数控技术实训基地是中央财政支持的国家级职业教育实训基地；学校凭借"文化建设融通、课程设置融通、实训场域融通、校企评价融通"的"四融通"合作办学，实现校企双赢；探索"工学交替"的有效教学模式，深化以就业为导向的职业文化情境，实施"7S"管理，培养学生做好"学校人""企业人"和"社会人"。

学校致力于科研引领，强化技能，服务于人的全面发展。学校实施技能抽测，注重学生专业技能"面"的提高，加强梯队建设，不断创造"点"的突破，全国技能大赛成绩不断提高，共摘得7金6银2铜，多次获得宁波市参加全国职业院校技能大赛特别贡献奖，连续两年获宁波市中小学校德育成果一等奖，《职校教师"三格"培养模式研究》获浙江省第三届职业教育教学成果一等奖，学校被评为浙江省教育科研"百强学校"。

张国方，男，1963年10月出生，中共党员。1983年大学毕业分配至海军东海舰队子弟学校任教，曾任团委书记、教导主任，1995年被任命为校长。2001年9月，调任宁波四中副校长。2003年9月至今，任宁波职业技术教育中心学校校长，兼任中国职业技术教育学会教学工作委员会语文教学研究会委员、宁波市中等职业教育语文学科教学研究会会长和宁波经济理事会理事。2005年6月，被宁波市委教育工委授予"优秀共产党员"称号；2006年10月，被宁波市人民政府授予"宁波市职业教育先进个人"荣誉称号；同年，被中国职业技术教育学会职业高中教育专业委员会授予"功勋校长"杯。主编《激发潜能成就卓越——城市中等职业学校有效发展研究》，十余篇作品在国家、省级刊物发表。

学校把"激发潜能，成就卓越"作为治校理念，以"精致校园、精细管理、精品学校"为内涵建设目标，现在，这一理念逐渐融入学校的教育、教学、管理、服务等工作中，正逐渐成为师生共同的精神财富。

世界著名企业在学校建立教学点

优秀校园文化是提升学校的核心竞争力的有力砝码，学校着力于文化创新，提出"提炼精神文化，打造命运共同体；创新制度文化，完善管理机制；倡导行为文化，弘扬高尚师德；构建物质文化，创建和谐校园"的文化建设目标。

根据职业学校发展的外部环境和学校传统及特点，学校提出学校发展目标：发展内涵，提升层次，打造品牌，争创全国1000所中等职业教育改革创新示范学校或1000所优质特色学校。为达到目标，学校致力于"四个坚持"。

第一，坚持以就业为向导，也为学生的多元发展、持续发展打下基础。

第二，坚持专业设置上的适当综合和课程建设中的实用原则。

第三，坚持服务原则，强调职业学校的地方特色和世界眼光。

第四，坚持技能优先，让职业教育成为扬长教育。

培养学生成为"受社会尊重的人"是学校的目标。学校高度重视德育工作，德育工作的队伍不断壮大，班主任队伍建设取得明显成效。1名学生被评为"中小学生身边的榜样"，1位教师被评为宁波市首批"模范班主任"，1个班级被评为2009年全国优秀班集体，学校被评为宁波市德育先进集体。

学校还从实训基地建设、校企合作、卓越课程建设、师生的技能培训和社会实践活动等方面着手，把教育学生学做人与培养学生学技能有机结合起来。

以就业创业能力训练中心为核心，加快实训基地建设，计算机应用实训基地和数控技术实训基地分别成为中央财政支持的国家级职业教育实训基地。学校积极探索融教学、培训、技能鉴定、生产于一体的实训基地运行机制，联合国际机床行业巨头 DMG 公司建设优质实训基地，拓展基地的社会服务功能，建设 DMG 专业培训平台，并把德马吉和西门子、海德汉联合认证的行业资格证书引入我校。

学校开展名师工程，为了形成教师"自我超越"的发展机制，推出《自我发展规划目标书》推动教师成长；为了培养学贯中西的优秀师资队伍，派教师赴德国、英国、澳大利亚、美国、日本进修；为了推动教师队伍建设的可持续发展进程，建立了学校层面的首个教学督导团。

一、建造三座"桥梁"，铺就校企合作的通途

1. 成立校企合作联盟。2004 年 2 月 24 日，由宁波市重点工程办公室和宁波市教育局牵头，学校与宁波市 20 多家重点工程单位举办校企合作座谈会，共话人才培养合作，签订合作协议。

2007 年 11 月 18 日，学校举行庆祝建校 50 周年暨校企合作联盟成立大会，使校企深度合作平台得以进一步巩固。以下是 12 家与学校合作的市知名企业的名单。

序　号	合作企业名称
1	宁波韵升集团股份有限公司
2	宁波中策动力机电集团有限公司
3	宁波轿辰集团有限公司
4	浙江广博集团股份有限公司
5	宁波永新光学股份有限公司
6	北京阿博泰克北大青鸟信息技术有限公司

续表

序　号	合作企业名称
7	宁波东港喜来登酒店
8	武汉华中数控股份有限公司
9	东睦新材料集团股份有限公司
10	中国联通有限公司宁波分公司
11	宁波迈新科技有限公司
12	宁波金田铜业集团股份有限公司

2. 成立专业顾问委员会。2004 年，学校与企业合作，成立了专业顾问委员会，成员由企业、行业协会、学校专业骨干组成，主要职责是研究确定专业设置、人才培养目标、职业岗位能力和制订教学计划，提出教师能力要求，协助安排学生实习等。目前，全校四大专业共成立了 5 个委员会，共聘请 15 位校外专家担任专业顾问委员会委员。学校以专业顾问委员会为纽带，积极开展交流研讨活动，从中获得了大量的办学信息。企业也从中了解到学校技能型人才的培养状况，使校企之间的联系得到加强，促进了双方的进一步合作。

3. 建立校企合作联络员队伍。校企合作是一项重要工作，意义重大，任务艰巨。为此，学校在各专业系配备一名兼职联络员，加强与合作企业的沟通、协调，拓展合作领域，确保校企合作工作顺利进行。

在校企合作的平台上，学校积极开展校内合作试点，在培养紧缺型行业人才的数控机电专业选取 06 华中数控班、06 轿辰汽修班作为试点班，2011 年学校又成功地与宁波韵升集团股份有限公司合作开办了机电一体化技术专业的"韵升班"。这些措施均受到学生和企业的欢迎。学校以点带面，将合作办学的经验逐步推广到各专业，积极谋求合作，深化教学改革。

校企合作联盟成立

二、构建"四融通"模式，实现校企深度合作

学校紧密联系企业，拓展办学思路，探索"校企深度交融、工学有机结合"的人才培养机制，形成了校企"文化建设融通、课程设置融通、实训场域融通、校企评价融通"的合作办学"四融通"模式，为区域经济的发展提供强有力的人才支撑。

（一）文化引领——专业文化建设与企业文化融通

学校在专业文化建设上积极与企业文化融通，不定期地征求企业对专业文化建设的意见，依据企业的具体情况，校企共同规划专业文化框架，将课堂设在教室、车间、厂房，使专业文化建设的内容与视野不断拓展。

（1）学校环境建设体现企业文化特色。学校于 2005 年重新设计校园文化环境，根据校企文化融通的原则，在设计中充分体现了职业文化特色。学校的文化设计分为励志品格、名师风采、班级特色、专业文化、制度管理、企业文化六个部分，将职业人生需要的品格要素、名师在专业发展中的成功体验、班级特色文化、相关专业文化发展轨迹、企业管理制度、企业文化精神都制作成相关展板，展示于学校连廊、教室周围，使学生长期浸润在浓郁的企业文化和学校文化融合的氛围中，充分感受到优秀职业文化的内涵。

（2）借鉴企业"5S"制度进行班级管理。世界著名企业广为采用"5S"制度，即整理、整顿、清洁、清扫、素养。学校将其引入特色班级建设中，规定班级每日必须做到一日三扫，学生在校着校服，规范佩带校园卡，在实训车间着工作服，行为有序，举止文明，在实训基地学习时，要使工件及工卡、量具摆放整齐、位置固定，工作环境始终保持整洁，通过整理、整顿、清洁、清扫来形成良好的职业素养。

（3）企业参与班级文化建设规划。部分试点班级广泛开展"班企合作"，聘请企业人士深入班级，为班级管理出谋划策，与班级共同举办文化活动，企业进班级，班级进企业，使学生在实践中深刻体验企业文化，"班企合作"，共同打造文化特色班级。

链接一：

"轿辰汽修班"创建专业文化特色班级的主要措施：

1. 更新"十个一工程"教室专业文化环境（汽车报道、学习园地、团角），新增"每周一品牌，每日一新车"板块。

2. 配合轿辰集团参与由宁波市交通局主办的"和谐 315 私家车维修服务

进社区”服务咨询活动。

3. 参与3月27—31日举办的第九届宁波国际汽车博览会“宁波欣通雪佛兰汽车4S店”服务咨询工作。

4. 开展“个人SHOW”专业文化学生自主讲座竞赛。

5. 创建汽车专业职业情境教育模式，实施班级公司化管理。

6. 结合校园文化周开展模拟“汽车4S店的一天日常工作”场景活动。

7. “爱车卫士”继续在值周期间为教师提供汽车养护服务。

8. “爱车卫士”利用双休日进汽车企业开展实践活动。

9. 创办《汽修文化班刊》。

10. 创作特色班级“多媒体宣传演示”光盘。

(4) 企业文化丰富班级建设内涵。部分企业还介入班级建设，将企业文化理念植入班级，开展丰富的企业文化展示活动，建立班级奖学金，系列活动让学生从踏进校门的那一刻起，就浸润在浓郁的企业文化氛围里，体验“学生”和“员工”的双重身份，在企业文化氛围中形成适应职业生涯发展的能力、创新精神与创业意识，完善职业道德。

链接二：

宁波职教中心华中数控维修班从建班伊始就以建设“技能创新”特色班级为目标，以“规格、严格、功夫到家”为班训。学校在数控实训基地设立华中企业文化陈列室，学生自任讲解员，宣讲华中企业文化理念；公司董事长陈吉红教授和多位公司高层领导来班级与学生座谈，介绍华中数控的文化理念；学生参观中国国际机电工业博览会，参观宁波华中数控公司，和前沿科技“亲密接触”。企业出资为学生定制了2套“班服”，并设立“华中奖学金”，每学期奖励该班的前6名学生，并评出“华中之星”一名，“华中英才奖”2名，“华中技能特色奖”3名。

摘自《中国教育报》2008年4月4日8版“职成教育”

(二) 能力为本——课程开发与岗位需求融通

学校与企业合作，根据企业对人才能力的要求，联合进行课程的研制开发。

(1) 由专业顾问委员会负责制（修）订人才培养计划和职业岗位能力标准，并全程参与课程开发和课程大纲的实施，在课程开发过程中，通过广泛的社会调查，了解行业企业的人才需求，将满足工作岗位要求的能力的培养作为课程开发的出发点。如华中数控公司根据数控维修工的职业岗位需求，为学生量身订制了"30周塑造技能型人才"的教学计划，为课程运作提供支撑。该班学生前21周在学校完成中职教学计划中理论教学及实际操作部分，后9周在武汉华中数控公司完成公司特殊需求的培训并顶岗实习，由公司工程技术人员进行教学与指导。

（2）根据企业意见，学校在学分制课程管理的基础上，将课程分为公共模块课程（基础课程和专业课程）、专业方向必修课程、专业综合实践课程及专业选修课程四大部分。

①基础课程职业化。在公共模块课程建设中，以够用为原则，结合专业需求整合文化课程，如开设《数控数学》《数控英语》《汽修英语》等与专业结合的理实一体化课程，形成有职业特色的文化课体系。

②专业课程能力化。如华中数控班在专业必修课程建设中，明确华中数控维修工的专业方向，强化华中数控系统机械原理、技术的学习内容，使学生更符合华中公司具体职业岗位（群）工作的要求。从下表所示的数控维修专业的必修课可以对此有所了解。

数控维修专业方向专业必修课程

课程性质	课程名称	教学进度安排						学分
		一	二	三	四	五	六	
专业方向模块	液压与气动		2			综合实训	顶岗实习	2
	数控机床电气控制技术基础			4				4
	数控机床组成及原理			4				4
	PLC基础与应用			2				2
	数控机床故障诊断与维修技术				6			6
	华中数控系统原理、结构及应用				4			4
	数控机床				2			2
	市场营销				2			2

③实践课程情境化。学校加大技能操作课程比重，安排学生在与实际工作场景相关的实训环境中进行操作，以便使学生的操作训练与工作岗位实现"零距离"。如学校投资近百万引进华中公司先进的数控维修设备，建设实训工厂。数控专业的综合实践课程见下表。

数控维修专业综合实践课程

课程性质	课程名称	教学进度安排						学分
		一	二	三	四	五	六	
综合实践模块	电工基础实验	2				综合实训	顶岗实习	2
	电子技术实验		2					2
	CAD/CAM 软件实训			2	2			4
	数控机床操作实习			3	6			9
	数控机床电气控制实习			4				4
	数控维修实习				6			6
	小计	2	2	9	14			27

④拓展课程立体化。学校在专业课程拓展领域开出 92 门选修课程，分为"专业拓展类""技能提高类""文化提高类""素质提高类""个性特长类""工具类""社团类"七大类，学生可根据自身职业的定位来选择相应的专业能力拓展课程进行学习，提高职业适应性和继续学习能力。同时，学校将职业资格证书考试内容纳入选修课程，将有效拓展学生的职业发展空间。

（三）资源共享——校企实训场域融通

合作企业与我校共建校内外实训基地，实现资源共享。

（1）合作建设校内实训操作基地。校企双方共同确定实训基地的建设内容，共同开发实训基地的建设项目。如学校与华中数控公司联合办学，根据合作培养需要，按企业车间形式建造实训基地，耗资百万从华中数控公司购置 10 台数控维修平台和华中数控铣床，合作设计了集理论教学、小组工作、实验操作、实习技能之大成的"多功能"实验室，按华中数控的企业标准管理。按照轿辰集团的意见改建汽修实验室，完善设施设备，使实验室具备"4S"店的特质，可在此实施项目教学、案例教学、订单培养的"一体化"教学。

（2）共享稳定的企业实习基地。如华中数控总公司是国内最大的数控人才培训基地，根据协议，学校合作班学生将到公司进行两个月的现场见习和顶岗实习培训，公司各职能部门分别对学生进行指导培训。宁波轿辰集团和韵升集团也都和学校签约，达成共享实习基地、安排学生见习和实习的协议。

（四）"三位一体"——学校、企业、行业评价融通

"四融通"模式下，学校对学生学业评价采取"学校评价＋企业评价＋行业协会评价"的三位一体评价模式。

（1）评价主体多元化。企业评定。企业对学校的教学过程进行督导，学生在校学习期间，企业的人力资源管理人员经常来校了解学生的学习情况，对学校、学生专业的考核内容予以审核。并通过观察学生在企业见习、顶岗实习期间的表现，对学生的职业操守、工作任务完成情况、工作创新程度、团队意识等方面进行管理和打分，对学生进行综合评价。

行业评定。所有学生参加相应行业组织的等级证书考试，获得行业中级工等级证书，并将其作为专业实践的评价内容。

班主任评定。班主任、见习（顶岗实习）班主任在学生实习过程中，对学生的考勤、纪律、岗位适应情况、学习态度进行管理和打分。

学生干部评定。学生干部对学生的自我管理状况进行打分。

（2）评价内容多元化。学校不再仅仅通过一张试卷评价学生，而是多种内容相结合，使学生的各项潜能得到充分展示，评价也更为职业情境化。例如，华中数控班学生每月有项特殊的活动——专业主题活动，如 2008 年 3 月的主题是学生将自己对课程的理解制作成 PPT，并上台演示，企业主管和优秀技术高工亲自点评，当场颁奖。第四学期开设的数控电气实训课的考核，除了理论考试外，还要求每个学生在数控维修平台现场操作，其成绩由四部分组成："世纪星"联接调试占 40％、机电联调占 20％、日常表现10％、理论考试 30％。多种考核评价学生的方式极大地激发了学生的学习主动性和积极性。

（3）评价方式的多元化。专业学习是一个多元的结构体系。由于学生的情感态度与价值观、方法能力及行为习惯等具有个体性、程度差异性以及内隐于心的特点，很难简单地用一种评价反映出评价对象的不同特点。

我们认为，职高生职业能力＝专业知识＋操作技能＋职业情感，据此，我们修订了专业学习的评价方式，根据学业的特点进行差异性的阶段评价（见下表）。

职高生学业多元评价渐进模式

阶段	学习内容	评价模式	评价侧重点
一年级	基础理论学习	"5＋4＋1"评价模式	学习情感、习惯
二年级	专业技能操作	综合评价表——"资源存折"	专业技能掌握
三年级	职业能力培养	实习评价模式	人际交往、适应

根据评价结果，企业择优录用成绩优秀的学生为企业员工。

三、创新课改理念，规划课程实施方案

（一）"四融通"模式下的课程理念

在这种模式下，学校深化教学改革，努力实践有效教学，实现"以职业能力为主线，以岗位需求为依据，以工作过程为基础，以工作结构为框架，以工作情境为支撑"的职高课程改革目标。

①以职业能力为主线。在校企合作制订人才培养方案时，坚持以岗位职业能力为主线；在教学实施的过程中，突出职业能力的培养。

②以岗位需求为依据。在培养目标确定、课程设置、教学内容和教学方法的取舍方面，以企业岗位需求为基本依据。

③以工作过程为基础。在实施课程教学时，充分考虑工作过程特点、教学过程特点及两者的有机结合，以工作过程为基础组织教学过程，突出"任务中心"和"情境中心"。

④以工作结构为框架。在课程开发时，根据企业工作结构确定课程体系结构和课程内容结构，划分课程门类，排列课程顺序，实现课程体系结构从学科结构向工作结构的转变。

⑤以工作情境为支撑。在建设教学设施时，充分考虑工作情境对教学过程、教学结果的支撑作用，利用企业优势让学生深入真实情境进行实践训练。

（二）根据岗位需求，设计课改流程

为了确保改革的顺利进行，学校在校企"四融通"模式下，设计了课程改革的流程图（见下表），明确了课程开发的主体、过程和目标。课程开发的主体包括企业、课程专家、专业教师。过程包括六个主要环节：需求分

校企『四融通』，有效推进实训基地建设

——浙江省宁波市职业技术教育中心学校

析、工作任务分析、课程结构分析、课程内容分析、教材开发分析、教学过程分析。教学实施方案的成效最终反馈到需求分析这一环节，从而使整个开发过程形成了一个有序的回路。

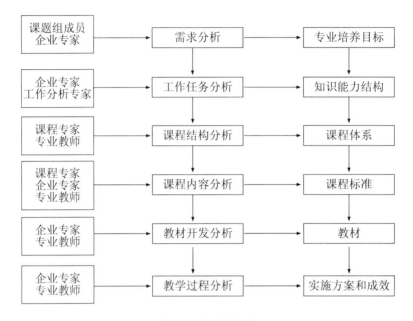

课程改革实施流程

根据岗位需求来确定培养目标。为了准确定位专业培养目标，课题组成员深入相关行业、企业，开展岗位需求情况调研，获得了大量的原始资料。在调查研究的基础上，学校又邀请行业专家、课程专家、教学专家进行专题研讨，进一步明确数控技术应用专业的专业定位、培养目标和知识能力素质结构。

四、推进"以项目为主体"的校本教材开发，实现由学科体系到工作体系的转变

专业教师在课程专家和企业专家指导下，深入企业进行调查分析，根据企业需求，结合专业教学，重新设定以"项目课程为主体"的校本教材。

通过研究分析，学校确定了教材开发的指导思想是：

（1）项目课程应该是以工作任务为中心。（2）项目课程内部的项目应当由易到难、循序递进。（3）项目来自于岗位工作任务分析。（4）要充分考虑项目的典型性、真实性、完整性和覆盖面。

小班化教学

因此，学校在教材建设中，首先剔除了那些几乎不需要专业知识和特别训练的模块，挑选出知识含量高的模块，独立设置课程。而对于那些知识含量比较少的模块，学校则根据模块之间的关系，对其进行合并，形成一门课程。在合并时，学校遵循相关性原则和同级性原则。相关性原则是指工作内容相关程度比较高的任务模块才能合并；同级性原则是指处于同一级任务的模块才能合并。根据这两个原则，可以把同一个任务领域的几个单项任务模块合并在一起，也可以把几个不同任务领域的模块合并在一起。

通过上述转换工作，学校形成了全新的数控技术应用专业课程体系，包括《实体设计 2007 软件的操作与实训》《数控机床手工编程》《数控机床编程及加工》。其他专业合作完成《office 基础与应用技术》《出口贸易模拟操作》等教材，从而打破了传统的"三段式"课程体系结构，实现了课程体系的创新。另外，学校还和企业合作，联合开发了试题库，服务教学与培训，实现了"教、学、做"的合一。

校本教材链接：

五、以工作情境为支撑，推进项目教学

（一）完善教学管理

（1）教学管理方面。学校成立了项目工作室，设置专业负责人、课程教师两个职位。其中，专业负责人负责本专业的全面建设，包括项目课程的教学开发和管理工作；课程教师负责本课程的教学实施工作。

（2）教学组织方面。学校采用分组教学和集中教学相结合、教师主导教学和学生自主学习相结合、规定项目训练和自选项目训练相结合的教学组织形式。为了达到教学场所应有的实践理论一体化教学环境，学校设置了项目课程教学实验教室。在空间划分上，实验教室划分为理论教学区、训练区；在环境布置上，实验教室采用企业化的环境布局；在管理上，实验教室采用开放式管理。

（3）教学过程方面。首先，项目课程指导教师在教学实施过程中提前给每组发放项目任务书。在任务书中明确课堂教学间、教师讲解演示内容及时间安排，学生应准备的知识、讨论的内容及时间、完成的训练内容等。其次，指导教师将工作任务以不同的形式呈现给学生，并且让学生以分组的形式对工作任务进行讨论，提高学生的积极性和主动性。再次，指导教师围绕项目或模块的工作任务需要来安排理论教学，并且进行知识的拓展。此外，学校还保证学生有充分的课堂时间和课外时间来完成工作任务。

学校改变过去以课时为单位的零散实训模式，实行集中实训。每天下午三节课安排学生到实训车间进行实训操作，加大了实训容量，收到了较好的效果。同时，制订明确的技能阶段目标考核细则，每次集中实训一个课题，每个课题均有明确的目标，每个目标都要进行集中考核，目标不达成，不能进入下一个课题实训。由于目标具体、训练到位，学生的实际动手能力有了普遍提高。学生在真实情境中进行实训，从而使课程实施从以理论课程为主的文本模式过渡到以专业实训为主的实践模式。

（4）教学评价方面。以工作任务为中心的项目课程决定了其教学评价的多样性，为此学校建立了"五结合"的评价体系，即教师评价和学生互评相结合、过程评价和结果评价相结合、课内评价和课外评价相结合、理论评价和实践评价相结合、校内评价和校外评价相结合。

（二）打破学科课程的影响，推进了以情境为中心的教学环境的创设

教师在教学实施中尽量贴近生产、贴近技术、贴近工艺，建立了"情境

学生在企业见习

耦合式"的教学模式，即学生在与生产实际接轨的工作情境中（实训车间）充分感受工作场景氛围，根据岗位需求，以工作过程为基础，以项目教学为主体完成教学实践。

例如，中数控维修试点班学生在学校数控车间接触华中数控设备，在教师指导下完成淘汰的数控设备的技术改造项目、华中"世纪星"数控系统的调试实践和数控机床机电联调与检验项目等，车间即课堂，学生们在完成项目后，即能对数控设备的构造、特性及华中数控机械的选型、设计特征了然于胸。

六、安排工学交替，实现做学一体

学校在教学中与企业合作，将企业培训计划与学校教学计划相互衔接，强化实训环节，实现校企实训有机过渡，做学一体，"工学交替"，培养学生的职业能力。

第一步的"工学交替"安排在第二学期，学生由学校统一组织到相关企业进行两个星期的见习，了解专业工作流程、企业设备特征，对专业学习有了切实的感性认识。

第二步是深入相关企业长期见习，安排在第四学期，为期两个月。如华中数控维修班到武汉华中数控总部见习。学校专业教师带队，企业师傅指导，企业精心设计见习日程表，细化见习内容（见下表）。

华中班见习培训计划

时间	培训内容	课程目的	授课教师
一、集中培训			
2天	1. 摸底测试		国培部
5天	2. 法拉克、西门子机床操作编程培训（EMCO设备应用）		
4天	3. 数控机床机电联调补充介绍及答疑		
二、生产实训			

续表

	7台旧机床（2车/4铣/1加工铣床）的设计、装配、调试改造过程	
3天	1. 数控机床电气控制设计	
3天	2. 数控系统的连接、调试	
2天	3. 典型故障现场排除	
	三、轮岗实习	
22天	1. 机械部	
	（1）工作台装配调试、精度检测	
	（2）湖北机床厂的机床调试	
	2. 生产部	
	（1）驱动调试环节	
	（2）系统调试环节	
	3. 生产车间	
	（1）数控系统生产线	
	（2）驱动生产线	
	4. 质量部	
	（1）系统考机环节	
	（2）系统出厂检验环节	
	5. 国培部	
	（1）生产加工	
	（2）培训辅导	

第三步是顶岗实习。为了使学生尽快融入企业，缩短由"学生"转化为"企业人"的适应期，企业为学生提供实际工作岗位，让他们在真实的实践环境中学习过硬的职业技能，接受企业文化的熏陶。同时，公司根据工作实绩付给学生适当报酬，及时进行工作评估并将结果反馈给学校。

反思拓展

学校通过实施"四融通"式的人才培养模式，实现了学校与企业的深度合作，改善了学生的心智模式，有效推进了实训基地建设，提升了学生的实践技能和整体竞争力，实现了学生、学校和企业的共赢。

一、找到了校企双方利益的平衡点，实现了人才培养从传统的"订单式"培养向"需求导向型"模式转变

通过合作培养，企业与学校共同成为办学主体。企业优先获得适用的中职毕业生，开发和储备了人力资源，变被动找专业人才为主动按需培养人才；课程设置、实训场域的融通，使企业能有效利用学校的设备、师资、场地，提前介入教学、培养过程，可以按照本单位的实际需要设计教学内容，提高了人才培养的有效性；企业在职校推广新产品（新设备），培养了潜在的客户。学校在与企业的合作中，能有效把握市场脉搏，推进课程改革，调整教材教法，实现改革创新。通过有针对性的教学和实习，学生有效利用企业提供的实习基地进行实习、实践，深刻领悟企业文化，提高实践能力和工作能力，缩短了由学校人向职业人、社会人转变的过程，一毕业就能很快适应岗位，也由此实现了对口就业。这种利益的平衡，实现了三方的共赢，是校企双方实现深度合作的基础。

这种合作，已经超越了传统的"订单式"培养概念，是"需求导向型"的校企合作模式。这种模式下，企业和学校共同制订培养目标，注重企业对学校教学过程的参与，从而使技能培训与岗位要求相衔接，培养目标与用人标准相吻合，提高了人才培养的针对性，呈现深入合作、利益分享、风险共担的局面。在这种模式下，校企统筹安排理论教学、实践教学、毕业实习和学生的就业，使培养方案的各环节设计更趋合理，衔接更加有序，提高了学生培养的有效性，有利于从较长的阶段来改变学校的课程体系与教学体系，有利于学生整体素质的提高，有利于实现职业教育的转型。

二、实现了职校课程模式的较大突破，丰富了校企合作的理论和实践体系

（一）理论创新

学校探索出了校企有效合作的四种方式，即文化建设融通、课程设置融通、实训场域融通、校企评价融通；提出了在校企"四融通"模式下职校课程模式建设的核心理念：以职业能力为中心，以岗位需求为依据，以工作过程为基础，以工作结构为框架，以工作情境为支撑；创新了"四融通"模式

下专业教学改革的四步行动策略：规划课程方案，开发校本教材，推进项目教学，安排工学交替。

（二）实践创新

在这种模式下，学校建立了教学改革的组织平台，企业参与教学计划的设置，对合作班的课程改革和教学质量进行全程监控，使教学质量得到保证。在这种模式下，学校的教学改革得到有效推进，形成了富有特色的工学交替模式，对原有职高课程模式的学科架构进行了改造，较好地解决了理论与实践整合的难题，找到了一条连接岗位职业能力和职高课程之间的纽带，初步实现了培养目标与社会需求、培养过程与培养目标、培养结果与培养目标的统一。

（1）理清思路，明确了校本课程开发的六大环节，加强了校本课程的开发。学校开设"课程超市"，学生根据专业发展需要自主选课，这些选修课程的大纲和教材都是教师自主编著，再由校教育委员会审核通过。现在，学校教师可开设选修课 92 门，近 80％的教师具备了开发选修课程的能力。

校本教材的开发提升了教师的能力，造就了一批在省市颇具影响的教师，实现了教师的自我超越。现在，一批教师已参与省编教材的开发，主持完成了《机械制图》《金属材料热处理》《数控机床手工编程》《数控机床编程及加工》等专业教材的编写，参与人民教育出版社的中等职业学校语文教材、计算机教材的编写和各种市教研室组织的配套练习册的开发。

（2）创新了职高专业课程体系。实践了基于职业能力发展的专业课程建设新理念，通过"四融通"模式学校实现了紧密型校企合作。教师通过对行业及基地中职业岗位的全面系统调查研究与科学分析，整合出专业建设所包含的知识、能力、技能及素质模块，分解出各模块的要素，据此建立专业课程大纲，开发了新的课程体系，实现了基础课程职业化、专业课程能力化、实践课程情境化、拓展课程立体化。

在此基础上，充分利用基地资源，重新设置了"2＋1"课程体系，即学生在校学习两年，第三年直接到企业中进行顶岗实习。教学过程遵循理论基础实验（课堂）→专业见习（校办实训工厂、校企合作基地）→课程专项实践训练（校内专业实训基地）→岗位技能顶岗实训（校企合作基地）的程序与阶梯式提高机制。

构建相对独立的模块式、开放式专业教学体系，通过课程改革，将各专业文化基础课与专业课之比由 6：4 调整至 3：7，加大学生实训课容量。以教育部《中等职业学校重点专业建设教学指导方案》为依据，以学生为本位、以能力为中心，突出职业道德培养和职业技能训练。

（3）加强实训基地建设，搭建成才新平台。学校教师在"专业实训基地的建设"项目的指导下，创建"四阶梯结构"实训基地，包括校内专业实训基地（虚拟实验室＋专业实训车间）、学生实训实体、校办实训工厂、校外合作基地，通过梯级训练，使学生达到进入职业岗位的基本要求，提高对企业的适应能力。

改变过去以课时为单位的零散实训模式，实行集中实训，每天下午三节课安排学生到校内实训基地进行实训操作，加大了实训容量，收到了较好效果。创新工学交替模式，即将学校教学与学生到企业实习交替进行，一般安排学生在第二学年到企业固定实习二周和随课程设置到企业见习。学校在酒店管理、外贸、数控、计算机等专业都开展了相应的校外实训基地实习和见习，学生经历了"学校——企业——学校——企业"的培养过程后，职业技能和职业素养明显提高。

德马吉班学生制作的作品

三、良好的文化氛围激发了学生自我超越的信心

"四融通"模式从塑造学生良好的心智开始，搭建促进学生职业素养提高的平台。

（1）企业文化先行。校企合作班级的始业教育就以联办企业的文化为核心内容，学生在介入学习的初期，就与企业文化有共同的愿景、价值观、目的和使命，看到企业的发展前途，并愿意为之努力。

（2）就业定位明确。企业为合作班级的学生树立了明确的就业目标，如华中数控班的主要就业岗位有数控机床维修与调试，次要就业岗位有数控机床操作与程序编制，其他就业岗位有车间生产组织与技术管理、市场销售。明确的就业目标使学生发展有目标，职业规划清晰。

（3）体验职业情境。校企合作班级通过参加企业现场教学、专题讲座、岗位实习等社会实践活动，提升团队意识、合作意识、质量意识、安全文明生产意识、职业道德。

（4）感受技能文化。学校举办技能节，营造崇尚技能的良好氛围。班级积极参加各种技能展示活动，展示、检验技能教学成果，发现、选拔技能尖子，其间，邀请企业参与学生竞赛，聘请企业专家担任评委、现场指导。系列活动使学生的职业成长与企业需求相协调，实现了个体发展与企业发展的有机结合。本模式使学生实现了心智体验──分享──交流──提升的过程。将企业文化全程渗润在学生的学习过程之中，从根本上解决了传统的教育模式无法完成的职业生涯教育的社会化过程。

专家点评

　　校企合作作为一种应用型人才培养的有效模式，需要以认识为前提，以动力做支撑，以机制促运行，以利益去维系，以平台作保证，以课程来落实。从目前我国职业学校校企合作的实际来看，多数还处在提高认识、增强动力、健全机制、平衡利益、建设平台等环节，也就是还在解决校企合作的"形式"等"宏观层面"和"外围问题"，还没有深入校企合作的"微观领域"和"核心内容"──课程。不少合作还只是"形式"上的合作，没有实现"实质"上的合作。宁波市职业技术教育中心学校可谓先行一步，建立了"校企深度交融、工学有机结合"的人才培养机制，形成了"文化引领──专业文化建设与企业文化融通，能力为本──课程开发与岗位需求融通，资源共享──校企实训场域融通，'三位一体'──学校、企业、行业评价融通"的"四融通"校企合作模式，设计了课程改革的流程图，明确了课程开发的主体、过程和目标，使整个课程开发过程形成了一个有序的回路：首先是在制订人才培养方案时，坚持以岗位职业能力为主线，在教学实施的过程中，突出职业能力的培养；其次是在培养目标确定、课程设置、教学内容和教学方法的取舍方面，以企业岗位需求为基本依据；第三是在课程教学实施时，以工作过程为基础组织教学过程，突出"任务中心"和"情境中心"；第四是在课程开发时，根据企业工作结构确定课程体系结构和课程内容结构，划分课程门类，排列课程顺序，实现课程体系结构从学科结构向工作结构的转变；第五是在教学设施建设时，充分考虑工作情境对教学过程、教学结果的影响，利用企业优势让学生深入真实情境进行实践训练，实现了"基础课程职业化、专业课程能力化、实践课程情境化、拓展课程立体化"，真正凸显了技能型人才培养的特点和规律。

（点评：张社字）

名校／名校长简介

乌鲁木齐为准噶尔蒙古语，意为"优美的牧场"。新疆电力学校就坐落于这个优美牧场的北部——迎宾路220号。学校始建于1957年，重建于1983年。经多年来不断的开拓、创新，学校已成为环境优美、师资力量雄厚、专业设置合理的国家级重点中等职业学校。2005年，学校成为国家示范性电工电子与自动化技术职业教育实训基地，2010年，学校被评为新疆维吾尔自治区示范性中等职业学校和国家中等职业教育改革发展示范学校。学校设置专业26个，其中电厂及变电站电气运行、电厂热力设备运行、火电厂集控运行、供用电技术4个专业已成为学校的特色和品牌专业，前两个专业成为自治区重点专业。

在办学方式上，学校以培养高素质的技能人才为主线，优化理论教学体系，强化实践教学体系，内化素质教学体系；在专业设置方面，学校把教育和培训工作的针对性和实用性放在首位，着眼于新疆人才市场的新形势，打造骨干专业和特色专业，加强校企合作，实施"订单"式教育；在实践教学方面，学校不断提高软、硬件技术水平，依托行业，坚持打造高技术培训品牌；在教学管理方面，加强标准化、制度化、规范化建设，制订安全管理保障办法等，保证学校的各项工作有序开展。

校长阎铁军以严谨的作风、严格的管理带领一支理论与实践能力兼备、敬业与创新精神并举的坚强团队，紧紧抓住政企共建的有利时机，以社会需求为导向，优化专业结构，多渠道筹措资金打造实训基地。学校现已建成电工、电子、PLC、电能计量、继电保护等实验实训室 37 个，多媒体教室 42 间，建成国家部级认证一级焊接技术培训中心、200MW 和 300MW 火电机组仿真机、750／220／110KV 多模变电站仿真机，建成校内实训基地 4 个。

经过近 30 年来的辛勤耕耘，学校为天山南北输送了 8000 余名毕业生，毕业生"多证书"比例为 100%，就业率 98%。毕业生提前半年被企业预订，供不应求，深受用人单位欢迎，为新疆电力事业的蓬勃发展做出了贡献。

核心管理思想

新疆电力学校坚决贯彻党的教育方针，始终坚持中职教育培养目标，以质量求发展，以特色创品牌，坚持依托行业办专业，面向市场育人才，通过重点专业、精品专业和实训基地的建设，全面提升了学校的教育教学质量和办学水平。

（一）办学方略及特色

学校持续推进职业教育的改革与发展，提高劳动者素质，加快人力资源开发，适应产业结构的调整步伐，拓宽就业渠道，促进劳动就业和再就业。在我国加入世界贸易组织和经济全球化的新形势下，学校狠抓职业教育，贯彻科教兴国战略，促进经济和社会可持续发展，在实践中提出以"需求为目标、能力为核心、素质为本位"的"135"办学模式，即以培养高素质的技能人才为主线，优化理论教学体系，强化实践教学体系，内化素质教学体系，实施"五段循环"（人才需求剖析→岗位能力对接→课程体系优化→职业能力培养→顶岗实习跟踪）。在人才培养模式上，求新、求变；在教学过程中，始终将实践教学作为教学改革的核心内容，以技能实际训练为主轴，加大实践教学的比重，构建涵盖实践教学的内容体系、过程体系、环境体系、管理与评价体系的综合实践教学机制；在教学方法上，实现了教室、实验实训室、现场"三结合"，知识传授和技能训练并举。

（二）专业设置和教育模式特色

学校紧紧抓住新疆大发展、大建设、大开放的战略机遇期，用好《新疆维吾尔自治区煤炭煤电煤化工人才发展规划（2009—2015 年)》政策，把教育和培训工作的针对性和实用性放在首位，着眼于新疆人才市场的新形势，以"发电厂及变电站电气设备"

火电厂模型室

和"电厂热力设备运行与检修"等骨干专业为核心,以"火电厂集控运行"专业为特色专业,勇于开拓,加强校企合作,大力实施"订单"式教育,将教育培训的触角延伸到现场,真正做到服务社会。

(三)实践教学特色

实践教学秉承"服务无限,追求卓越,塑造精品,奉献电力"的理念,依托行业,坚持打造高技术培训品牌,树立电力培训的核心特色,形成竞争优势,争创全国一流。多年来,学校不断提高自身的软、硬件技术水平,以专业实训基地建设为龙头,着力打造七大实训基地,大力开展电力行业主要工种的操作技能培训,取得了长足的发展。

电工电子与自动化技术实训基地建成9个实训室,可以满足电工、电子、电能计量、PLC、热力自动化、电气自动化等课程的实训。热动专业实训基地8个实训室,可满足集控专业、热动专业、热自专业相关课程的实训。营业用电实训基地建成6个实训室和1个营销系统培训机房,可承担对口专业在校生岗前实习和8个工种的培训。通信专业实训基地可以承担电力系统通信设备调试、维护、信息技术等方面的岗位技能操作培训。变电站继电保护及自动化实训基地可以承担共12个工种的培训。输配电运行与检修实训基地可以承担10个工种的培训,室外已建成220KV、110KV、10KV实训线路,配置了完备的输配电的实训工器具,可以满足在校学生实训和在岗职工实训。仿真培训基地在实践教学中极具特色,在主干专业实践教学环节上均采用"全仿真培训",已建成国内一流的大型仿真系统,包括750KV、220KV、110KV变电站仿真机6套以及继电保护系统仿真机、200MW火电机组仿真机、300MW火电机组仿真机等,同时,乌鲁木齐电业局退役的110KV八户梁变电站经改造后交付学校使用,可用于学生的现场实训。

(四)教学管理特色

积极引进科学先进的教学管理制度、运行机制。学校加强标准化、制度化、规范化建设,采用完善的闭环反馈式管理,全面提升办学质量。建立了有效的质量管理体制和机制——ISO9001:2008国际质量管理体系和ISO10015培训管理体系,进一步完善了教学质量评价机制,优化了教师资源配置,教学管理再上新台阶,办学实力进一步提升。学校实行"三校二中心一站"的管理模式,同时在原有基础上又成立安全生产技术部、技能培训部、市场部等与行业密切相关的部门,既进行安全生产与教学管理,又针对公司每年拨付的近千万技术改造与教学研究资金进行管理，实现了建设资金的可控性。同时，制订了安全管理保障办法、应急管理预案、实训基地管理办法，保证了学校各项安全管理、技术管理、职业培训工作的有序开展。

实践应用

新疆电力学校在教育部、自治区政府的亲切关怀下，在新疆教育厅和新疆电力公司的直接领导和支持下，牢牢抓住自治区能源大开发的战略，依托电力行业跨越式发展的战略机遇期，积极探索新型技能型人才培养机制。实训基地建设倡导"把学校搬到企业，建设企业校区；把车间设在教室，打造没有围墙的校园"；实训基地具体规划本着"人无我有，人有我精"的理念，不断创新机制，建立了一套符合新疆区域实际、科学有效的实训基地建设和运行管理模式，推动实训基地稳步、健康、持续地发展。

一、围绕经济发展大局，多措并举，加快实训基地发展

（一）实训基地建设基本方略

"十一五"期间，新疆电力学校坚持政企共建办学模式，大力筹措资金进行实训基地建设，累计获得实训基地专项建设资金 2852 万元，获得实训基地建设用地 15278 平方米，为开创"十二五"大发展的新局面打下了坚实的基础。

在政府支持方面，2006 年，学校获得中央财政专项资金 160 万元，自筹20 万元，用于建设电工电子及自动化实训基地；2008 年，获得中央新增投资中等职业教育实训设备购置专项资金300 万元，其中投资近 150 万元新建泵与风机实训室、300MW 火电机组仿真实训室，扩建了热工实验室、流体实验

电工实训室

室等实训室、实验室，进一步满足学校火电厂热力设备运行与检修等相关专业学生的实训与实习。2009 年，学校获得自治区中等职业教育新增中央预算内投资 400 万元，用于 5000 平方米的实训楼专项建设，同年，学校申报了

10000 平方米的实验楼建设项目。为综合利用校园宝贵的土地，将二者合并为实验实训楼（15000 平方米）进行统一设计、建设。

在实训基地建设用土地方面，学校得到新疆电力公司的大力支持。2007年，新疆电力公司领导在多次考察校园后，从长远发展的大局出发，依据《中华人民共和国土地管理法》《中华人民共和国合同法》及其他法律、法规的相关规定，通过公司内部协调，将新能房地产开发有限责任公司约 23 亩（15278 平方米）商用房开发用地无偿划转给新疆电力学校，专门用于实训基地建设，大大增强了学校发展的后劲，使得学校用地面积从 80501.2 平方米（120.75 亩）增加到 95779.2 平方米（143.75 亩），保证了实训楼和基地配套服务用房的建设空间。为充分利用好新增土地，我中心请专业设计院进行了校园整体规划设计，规划在新增土地上建设实验实训楼（15000 平方米）、配餐中心（4595 平方米）、浴室（605 平方米）三栋建筑，在原来自有土地上拆旧食堂，建新体能训练中心（3000 平方米）。目标达成之后，整个校园将焕然一新。

在企业支持方面，2007—2010 年，学校陆续获得新疆电力公司技改资金 1972 万元，专门用于变电和调度运行仿真实训基地、变电站继电保护和自动化实训基地、通信专业实训基地、营业用电专业实训基地、变电检修实训基地、输配电线路专业实训基地等六大基地建设；2009 年新疆电力公司又将乌鲁木齐电业局退役的 110KV 八户梁变电站（20000 平方米）划拨给学校，作为新增实训基地，大大加强了校外实训基地的实力。与此同时，学校又陆续与国电红雁池发电有限责任公司、华电苇湖梁发电有限责任公司、乌鲁木齐电业局、巴州电力公司、塔城电力公司等企业共同建立了 10 个长期稳定的校外实训基地。

（二）实施专业标准化建设，规范和优化设备布局

新疆电力学校以发电厂及变电站电气设备和电厂热力设备运行与检修等骨干专业为核心，以就业为导向，突出实践技能教学，按专业实施实训基地标准化建设。2005 年，由政府重点支持建设的电工电子实训基地大大改善了学校电专业的实训设备。2008 年，学校依托中央新增实训设备项目购置大量热动专业实训设备，极大地提升了学校热专业学生的实训水平，现该实训基地（实训室）运行良好，每年接纳实训学生 2000 人以上，为自治区职业教育改革提供了丰富的实践教学经验，做出了突出贡献。2007 年至今，新疆电力公司投入技改资金，建设电力高技能人才实训基地，按专业岗位需求进行

方案设计，其中学生、员工技能培训与鉴定在变电运行、营业用电、输配电等实训基地进行，每年参加培训与鉴定的学生、员工达 4000 人次。

目前学校已建成 7 个专业化实训基地。

电工电子与自动化技术实训基地共投入实训设备 230 台（套），完成了 9 个实训室的分别是生产线自动控制模型室、单片机实训室、电子技术实训室、电气装配实训室、传感器及检测技术实训室、电工技术实训室、维修电工实训室、电机及拖动实训室、PLC 实训室，实验实训工位共计 260 个。可以满足在校学生关于电工、电子、电工测量、机电一体化系统、电能计量、PLC、微机原理、热力自动化、电气自动化、热工测量等课程的实验和实训要求，并且可以满足电工、维修电工等工种的培训和职业技能鉴定需求。

200MW 火电机组仿真实训室

热动专业（含热自专业）的实训基地利用新疆电力公司的拨付资金建成 200MW 火电机组全范围仿真机（硬仿真）。2008 年，利用中央新增投资中等职业教育实训设备购置专项资金建成泵与风机实训室、高压静电除尘实训室、烟气脱硫实训室、热能动力模型实训室、热能动力教具实训室、传感器及检测技术实训室、热装配实训室，并建成 300MW 火电机组仿真实训室，可满足集控专业、热动专业、热自专业相关课程的实验，还可以满足相关实训。

变电运行仿真实训基地建设极具特色。目前实训基地由仿真中心和退役的 110KV 八户梁变电站组成，是全区最大、门类最齐全的综合性电力仿真培训基地，同时，2008 年，仿真中心成为中国电力企业联合会会员单位，是全区唯一拥有仿真培训认证资格的培训实体，目前已建成国内一流的大型变电站仿真系统，即包含 750KV 乌北变电站仿真、220KV 三宫变电站仿真、220KV 八户梁变电站仿真、110KV 南湖变电站仿真、110KV 三汽配变电站仿真、110KV 芨芨槽子变电站仿真共 6 套，可同步构建为一个地区电网，并于 2011 年建成变电站监控中心仿真培训系统。变电站仿真培训系统工位数 28 个，软硬件共投入约 220 万元。变电运行仿真实训基地可以承担电力行业特种工种和通用工种共 11 个工种的培训，可以完成电力员工在岗培训及在校学生岗前实习。在"十二五"规划中，学校还筹划建设 ±800KV 和 ±

1100KV 直流输变电仿真系统。

110KV 八户梁变电站于 2008 年 4 月退役，根据新疆电力公司的工作安排，2009 年 12 月 8 日移交学校实训基地，该基地现可实现交接班，集控站管理，设备巡视（一次、二次设备的巡视、年检验收），记录的填写及管理，图纸、资料、规程的管理，上墙图、变电站主控室、值班室定置管理，钥匙及备品备件的管理，绝缘工具及一般工具的管理，地线、标示牌、安全帽的管理，变电站设备标志标准，业务联系，检查防止小动物措施，电容器故障的查找及处理，设备验收，班组建设文明生产和培训工作，事故处理训练等项目实训。

营业用电实训基地从 2008 年开始进行建设，目前已建成的实训室有抄核收实训室、用电检查实训室、模拟客户服务中心、95598 系统实训室、装表接电实训室、电能表安装训练实训室等 6 个实训室和 1 个营销系统培训机房。营业用电实训基地主要承担电力行业特种及通用工种共 8 个工种的培训，可以完成电力员工在岗培训及在校学生岗前实习。

通信专业实训基地根据目前新疆电力通信的状况以及今后发展的需要来建设，可以承担电力系统通信设备调试、维护、信息技术等方面的岗位技能操作培训。基地建设遵循先进性原则和逐步推进原则，将模拟公司通信系统设备状况，尽可能全面配置设备功能及接口，使培训人员熟悉电力系统的主要通信运行方式及通信系统配置要求，掌握各类通信设备运行维护、检修、测试原则等。基地建设分两期完成，2009 年开工建设，2010 年 4 月已完成第一期建设，建成了光传输实训室，购置了中兴和华为的 SDH 设备、高科的 PCM 设备，－48V 通信电源是扬州中凌的产品，可满足光传输（SDH）设备、PCM 设备、通信电源设备的安装与调试培训。

变电站继电保护及自动化实训基地可以承担电力行业特种工种和通用工种共 12 个工种的培训。该基地从 2007 年开始建设，目前已建成 220KV 继电保护及测控实训室，该实训室建设按一个典型的 220KV 变电站配置二次部分，购置了 220KV 线路光纤纵差保护两套（许继和南瑞继保各一套）、220KV 线路高频距离保护两套（许继和南瑞继保各一套）、220 主变 3 卷变主变保护两套（许继和深圳南瑞各一套）、母线保护两套（许继和深圳南瑞各一套）、综合自动化系统一套（许继）、220V 直流电源一套（许继），总价值约 280 万，可以满足电力在岗员工实训和在校学生岗前训练，也可以满足继电保护及自动化专业技能竞赛的需要。

输配电运行与检修实训基地可以承担电力行业特种工种和通用工种共 10 个工种的培训。室外已建成 220KV4 基铁塔 200 米线路、10－0.4KV3 基电杆 130 米线路，安装了一个双杆变台及低压进户线、110KV3 基电杆（15 米双杆）180 米实训线路，配置了完备的输配电实训工器具，满足电力在岗职工实训、职业技能鉴定的需要，也可以满足在校学生实训的需要。

110KV 变电站实训基地

新疆电力特种设备作业技术培训中心（下称特训中心）隶属新疆电力学校，成立于 1988 年。1995 年取得省级焊接教育培训资质，是新疆首家经过国家部级认证的焊接培训考核机构；2003 年取得电力行业 I 级焊工考核中心资质。为了适应新疆电力生产和培训市场的变化，经自治区质量技术监督局和新疆电力公司的许可，在焊工考核中心的基础上，特训中心调整技术力量组建了新疆电力特种设备作业技术培训中心，主要负责发电企业的生产和检修人员的培训考核工作。在原有的焊工培训考核的基础上增加了电力锅炉运行人员、锅炉水处理作业人员等特种设备作业人员以及电工的培训考核取证服务业务。特训中心占地面积约 4000 平方米，建筑面积 1200 余平方米，现有 36 个宽大、明亮的多功能标准焊位，全部配备了逆变式直流弧焊焊机及氩弧焊工具，采用安全合理的排烟方式将烟尘导出。焊机种类有交流弧焊机、IGBT 逆变焊机、晶闸管逆变焊机、交直流两用方波脉冲弧焊机、CO_2 气保护半自动焊机、埋弧自动焊焊机、药芯自保护半自动焊机等，共计 50 台，备有车床、刨床、铣床、半自动切割机等试件加工设备。各焊位均配备了监测摄像头，方便实践指导教师进行全方位实时监控。焊接检验设备齐全，并拥有能容纳 30—60 人以上的培训教室多间，配备了较齐全的多媒体教学设施。特训中心还安装了宽带和局域网，便于中心内外的资源共享和信息传递。

二、开拓思维，科学定位，以机制创新推动实训基地的科学发展

为更好发挥实训基地在加强高技能人才培养方面的作用，近几年，学校始终坚持"解放思想无止境，科学发展上水平"的理念，进一步解放思想，积极探索实训基地在培训市场竞争中的建设定位、生存基础和可持续发展的

途径。学校将实训基地定位于新疆煤电煤化工基地上，确立市场化培训理念，引进市场运作机制，加大在建设思路、运行模式、培训方式、专业设置和师资管理等方面的创新力度，着力构建"多头并举、项目运作、协调发展"的实训基地建设运行机制，使实训基地更好地适应和融入市场经济，实现技能人才培养与企业用工需求及经济发展需求的有效结合，有效盘活国有资产，确保实训基地的稳步、持续、健康发展。

（一）创新办学理念，校企同步，教培共举

长期以来，学校紧紧依托电力行业，坚持校企合作，借力于国有特大型企业的雄厚经济实力和良好的社会效益，获得了长足的发展。

（1）企业财力支持学校发展。自 2007 年以来，新疆电力公司加大对学校实训基地建设的投入。2007 年，公司投入技改资金 150 万元，建成了装表接电实训室、用电检查实训室、继电器特性实验实训室，购置了抄核收实训室的电脑；2008 年，公司投入 500 多万元，购置了 100 多块包含各种型号的电能表，建成了抄核收实训室、模拟营业厅、95598 系统实训室、220KV 继电保护及测控实训室、营销系统实训机房、200 米 4 基铁塔 220KV 实训线路；2009 年，公司将乌鲁木齐电业局所属的一座退役的 110KV 变电站交付学校使用，使学校新增实训面积 10000 平方米，投入技改资金 430 万元，建成了光传输通信实训室、变电仿真系统实训室（涵盖 1 个 750KV 变电软仿真、2 个 220KV 变电软仿真、3 个 110KV 变电软仿真）；2010 年，公司投入技改资金 330 万元，对 110KV 八户梁变电站进行物理仿真改造，更新变电站的防误闭锁系统，对校园供电线路进行了改造，新建了 180 米 110KV 输电线路（15 米双杆）；2011 年，公司计划投入资金 700 多万元进行实训基地的建设。企业资金的大量投入，实训基地的逐步完善，为学校示范建设创造了良好条件。

（2）企业物力支持学校发展。学校发展得到了区内多个发、供电企业的支持，乌鲁木齐电业局、昌吉电业局、巴州电力有限责任公司、塔城电力有限责任公司、玛纳斯发电厂等多个企业是学校学生毕业实习的场所，也是教师提高实践技能的场所。自建校以来，学生的毕业实习大量安排在玛纳斯发电厂、红雁池第一发电厂、红雁池第二发电厂、苇湖梁发电厂、丰收电厂等。目前丰收电厂已退役，红雁池第一发电厂、红雁池第二发电厂、苇湖梁发电厂已属于发电行业，但是校企合作关系的建立不仅没有弱化实习实训的内容，反而在合作内容和手段上不断强化。这些企业不仅满足了在校学生的实习实训，而且也是学校教师特别是新员工进行实践锻炼的场地，在校企合作方面实现了资源共享和优势互补。

（3）企业智力支持学校发展。为加强学校教师队伍建设，新疆电力公司支持学校召集了50名具有实践经验和技术专长的高层经营管理人员、专业技术人员、高级技师人员组成内训师队伍，每个专业都有企业专家帮助进行专业建设。同时，学校常年安排学校教师到电力企业相关岗位进行实践锻炼，建立了《内训师管理制度》，内训师在实训基地建设、实训设备维护管理、培训项目设计开发、培训课程定位等方面为学校提供了大量的支持。电力企业内训师在用电检查岗位准入培训、变电运行岗位准入培训、输配电岗位准入培训、抄核收岗位准入培训以及管理能力提升培训班中多次承担实训指导任务及授课任务。

实训基地建设之初，学校教师由于工作经历的限制，对电力生产现场状况了解不透，特别是对电力职工的培训需求掌握不够，学校不能独立承担出台实训基地建设方案的任务。

为了能更好地把握实训基地的建设方向，将实训基地建成合格的学生实训场所、职工技能训练、比武竞赛场地，阎铁军校长亲自牵头，由新疆电力公司人力资源部、生产技术部、调度通信中心、安全监察部、营销部、发展策划部、科信部、新能信通公司等多个生产职能部室的专家领导对学校的实训基地建设方案进行审议，每个部门都提出了相应的建设意见。新疆电力公司总工程师每次都参加实训基地的方案评审会，公司相应部室的专工们也都不遗余力地提供智力支持。其中，变电检修实训基地和通信专业实训基地的建设方案就分别由新疆电力设计院变电设计室和新疆信能信通有限责任公司通信设计室设计。

（二）教育培训并举，优质服务企业

新疆电力学校十分重视职工的终生教育，全区电力职工23000多人，每个职工每隔几年就要进行一次培训，学校的教育培训工作既要有较高的质量，同时也要满足数量上的要求。

（1）职前教育支持企业发展。学校将毕业生质量放在重要位置，主要从如下几个方面着手：一是限制职前规模，将在校学生数量控制在2000人以内，保证生均拥有的资源。二是严把质量关，学校从2003年起对入校学生实行入学考试制度，择优录取，提高生源质量。三是建好核心要素，包括专业、课程、教材、师资、实训基地等影响教学质量的主要要素。四是严格控制教学过程，重视素质教育和技能培养，开展具有电力特色的素质教育，开放实训基地，积极参与全国性的技能竞赛，推动学生技能和素质的提高。努力增强学生的就业能力，特别是对南疆三地州的农村学生来说，增加一个就业机会，就有可能使一个家庭脱贫。近几年，毕业生一次性就业率均超过90％，学校为电力事业输送了大量高质量、高素质的技能人才。如热能动力专业在发电企业脱离新疆电力公司管辖、完全靠市场竞争的情况下，毕业生一次就业率保持在96％以上，毕业生遍布新疆10多个火电厂，对口就业率达到90％以上。

（2）职后培训保障企业发展。当今企业的竞争，说到底是人才的竞争。技能人才是企业人力资源的重要组成部分，是实现科技转化为生产力的重要资源。电力是技术密集型企业，在阎铁军校长看来，高技能人才有三个其他人才不可替代的重要作用：一是在技术实施方面，高技能人才始终站在生产操作一线，担当生产主力军，为公司战略目标的实现作出突出贡献；二是在攻关破难方面，高技能人才是技术工人中的佼佼者，他们大多工作多年，经验丰富、技艺精湛，在操作技术方面可以解决大量难题，同时，在技术攻关方面为工程技术及研发人员出谋划策，产生较好的经济效益；三是在技术传承方面，高技能人才是企业传帮带的主力军，特别是在引导年轻技能人才方面，起到了不可或缺的重要作用。

学校以提高公司职工技能和素质为己任，注重培训过程，做好针对性服务，提高培训实效。阎铁军校长经常说，学校是两个轮子走路，一个轮子是学生，进行的是职前教育，其特点是"取长补短"；另一个轮子是职工，进行的是职后教育，其特点是"扬长避短"，针对职工培训一定不能流于形式，要做好调查，设计出好的培训方案，不能像教授中专学生那样教学，一定要使职工在参加培训后有收获，在工作中能用到所学知识。学校涉足电力职工培训多年已经，赢得了培训市场，每年职工的非学历培训量达到50000多人天，职工鉴定达到2000多人次，成人教育在校生1400多人，使电力职工的技能和素质得到有效提高，对新疆电力的快速发展起到了人力保障作用。

（3）管理干部培训推动校企深度融合。新疆辖区内约有发、供、配、建、设计、中试、调度、设备生产等36家电力企业，学校为这些企业培养了大批技术骨干，这些企业的领导、中层干部、生产技术骨干，或是由学校培养或在学校进行过多次培训，通过这些人脉纽带关系，学校与企业形成了鱼水般的校企融合关系，在校企合作办学方面得到了更为有力的支持，同时为学生就业打开了更多的绿色通道。

（4）优质服务提升学校品牌。学校职业技能鉴定站（所）成立于 1995年，主要负责全疆维修电工、锅炉操作工、水质化验工的初、中、高级及技师、高级技师的鉴定工作以及全疆电力行业 112 个工种的初、中、高级及技师、高级技师的鉴定工作。在自治区人力资源和社会保障厅职业能力建设处、职业技能鉴定中心以及新疆电力公司人力资源部的领导下，学校建立了完整的符合国家规定的职业技能鉴定实施办法和配套规章制度，建设了一支与站（所）开展的鉴定工种相适应的、结构合理、数量充足、质量合格的考评员队伍。该站（所）设正、副站（所）长各 1 人，共有国家电工考评员 9人，国家司炉工考评员 5 人，电力行业各工种考评员 49 人，鉴定站（所）国家职业技能鉴定督导员 6 人，财务人员 3 人，专职工作人员 20 人。在鉴定过程中，学校严格执行职业资格证书考核和管理办法，建立了完善的职业技能鉴定监督机制，并制订了具体措施，三年共鉴定通用工种 6346 人，行业工种 387 人，取得了较好的社会效益。

学校电力仿真运行培训中心于 1992 年组建，通过近 20 年的参与开发仿真系统和大量的职工培训，形成了"研、培、教"结合的教培模式和具有全疆电力影响力的培训品牌，解决了变电站运行和火电厂运行两大核心专业的职工培训和中专学生专业技能培养及岗前实习，并在 2008 年通过中国电力企业联合会评审，被评为电力行业变电仿真培训基地，成为自治区唯一拥有仿真培训资质的机构。此外，学校技能鉴定站多次被评为全国优秀鉴定站，它同时也是新疆人力资源与社会保障厅职业鉴定的主要考场之一，培训鉴定的质量得到了广大企业单位的广泛认可。优质培训与鉴定产生了良好的社会效益，在新疆产生了影响力，体现了国有特大型企业的社会责任，提升了新疆电力公司的品牌。

三、校企共建实训基地

学校始终坚持把为电力行业提供高质量后备人才作为自己的重要任务。在总结学校历史、分析借鉴国内外职业教育成功经验的基础上，形成了以适应社会需要为目标、以培养技术应用能力为主线的培养方案；以"工学结合"为切入点，坚持"行业为先导、能力为本位、学生为中心、就业为目标"的原则，进一步完善校企合作长效机制；培养方案分三个阶段在学校和企业两地实施，实现学校、企业、学生三方互动，达到培养学生基本技能、专业技能、岗位技能的目的，为电力企业输送了大量优秀人才。

（一）专业设置紧跟电力企业发展

学校开设的专业涵盖电力生产、电力建设、电力管理、电力设备制造等，具有明显的行业特色。学校历经30年的发展，为电力企业和社会输送了大量优秀人才，他们在企业中敬业爱岗，专业素质好，综合素质过硬，大多已成为企业的技术骨干和中坚力量。但随着电力企业改革的不断深入和新技术、新设备的广泛使用，电力企业在人才需求方面发生了很大变化，学校存在着专业设置、课程开设、教学内容等不能很好满足现代电力企业的人才需求的问题。如何更好地提升职业教育为企业服务的能力，提升学校在企业中的"位置"，做到"有为而有位"，是学校"科学发展上水平"的重要课题。为此，学校专门成立了"开展深入学习实践科学发展观活动调研组"，深入基层供电企业进行调查研究，掌握企业的人才需求情况，查找学校教学工作中的不足，指导学校的专业建设。

根据自治区煤炭煤电煤化工产业发展规划和新疆电网"十二五发展规划"，及时调整专业结构，由原来多而杂的26个专业逐步稳定为7个主打专业，全部面向电源和电网，保证"专而精"，集中财力对企业急需的集控运行、输电线路专业加大投入，加紧建设，扩大招生规模，既发展了自我，又服务了社会，获得双赢。

（二）培养模式突出行业办学特色

在自治区、国家两级示范校创建过程中，学校始终坚持科学发展观，充分利用行业办学的优势，推进校企深度融合，根据专业特色创新人才培养模式，在提高专业教学质量的同时，实现专业教学与职业岗位需求的有效对接，缩短学生的岗位适应时间，降低企业用人成本。

例如，发电厂及电力系统专业走以新疆电力公司为主导、学校为主体、地市供电公司及培训中心为支撑的企业管理下的校企合作、订单培养之路，以企业支持的实训基地为优势，以企业管理下的职工技能培训和职业教育的有机融合及深度校企合作来推动实训基地建设，带动电力技术类专业的发展。

（三）订单培养促进校企深度融合

由于电力技术飞速发展，电力改革不断深入以及电网供电范围、供电量快速增长，服务质量和标准提升，基层供电企业技能人才大量缺乏，结构也

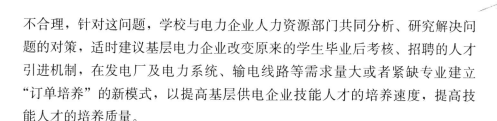

不合理，针对这问题，学校与电力企业人力资源部门共同分析、研究解决问题的对策，适时建议基层电力企业改变原来的学生毕业后考核、招聘的人才引进机制，在发电厂及电力系统、输电线路等需求量大或者紧缺专业建立"订单培养"的新模式，以提高基层供电企业技能人才的培养速度，提高技能人才的培养质量。

军转班培训是学校的特色之一。军队复转军人进入国家电网公司就业之前，必须经过两年的职业培训，其中一年进入新疆电力学校进行理论学习，随后一年进入企业实习。学校通过近十年来举办军转培训班，既培养了大批军地两用人才，同时为许多军人解决了后顾之忧，为稳定国防事业做出了一定的贡献。

作为自治区各电力企业的兄弟单位，新疆电力学校校外实训基地建设有着行业的便利条件。利用这一优势，学校在区内电力企业广泛建立校外实践教学基地，共建成 10 个校外实习实训基地。同时，学校立足长远发展，建立校企双方参与管理的长效运行机制，形成利益相关的稳固的校企合作关系，满足学生生产实习和顶岗实训要求。为加强实践教学的针对性和应用性，校外实训基地聘请有着丰富经验的现场专业技术人员、能工巧匠（兼职教师）为指导，以岗位职业技能实践为中心，实现课堂理论教学与岗位技能相对接。校外实训基地同时作为"双师型"教师实践锻炼的场所，提高了教师的实践能力。

实训基地运行正常，每年都能接收本专业学生的实习，使学生完成专业的认识实习、生产岗位实习及毕业顶岗实习环节，拓宽了学生的实习实训空间，使学生毕业后工作上手快、易适应环境。学生在实训基地顶岗培训，执行规范的职业标准，实训的项目就是毕业后所从事的职业及工作岗位。学生在真实的工作环境中真刀真枪地进行职业规范化训练，不仅能培养解决实际问题的能力和管理能力，而且还能陶冶情操，树立爱岗敬业的精神，从思想上热爱本职工作，树立为事业和企业献身的精神。各类实习也有助于学生真正去领悟电力企业技术人员应具备的质量意识、安全意识、管理意识、竞争意识和创新意识等职业素质要求和团结协作的群体精神。

在"订单培养"模式下，人才培养方案根据企业岗位的要求，由学校和企业共同制订，培养目标的针对性更强，不仅可以将岗位要求的知识、能力和技能目标纳入教学计划，而且可以使学生在校期间就能接触到供电企业的文化、理念，接受供电企业职工特有的身心素质的培养和训练；教学内容可以更接近企业现场实际，更接近当今电力技术的发展，技能培养的针对性更强，效果更加明显。根据学生将来任职的岗位对其进行专项技能培训，也可以让学生直接到企业，在实际的工作环境中由企业技术人员和学校教师共同进行现场指导，实现技能培训项目、操作规范与岗位工作的"零距离"，学生毕业就能上岗，就能胜任工作，加快基层供电企业技能人才补充的速度，解决毕业生到企业后需要很长时间的适应和培训才能胜任工作的问题。提前下"订单"，企业对学生的选择余地大，保证了毕业生的质量。

四、打造"双师型"师资队伍，加强实训基地的人才队伍建设

根据学校与企业的共同需要，通过人才引进、进修和培训、顶岗实践，特别是新疆电力公司的科技项目开发、技术改造等途径，培养出一批在电力行业具有影响力、能解决企业技术难题的技术能手；通过企业培训工作，培养既能胜任职业教育的"双师"，又能胜任电力企业技能培训的"培训师"；充分利用新疆电力公司内训师及地市电力公司的高技能人才建立一支高质量的、稳定的兼职教师队伍。

通过科技项目开发、培训、技能鉴定、职工竞赛指导等促进教师"双师"素质的提高，是最有效的办法之一。一是项目开发需要教师到企业进行大量调研，熟悉岗位业务，开发培训教材，在这个过程中，大大提高了教师的专业能力，使教师的双师素质得到全面提升。二是技师和高级技师的培训鉴定工种多，要求高，涉及的教师多，新疆电力公司要求严，为了完成鉴定任务，教师经常到生产一线熟悉业务，学习操作规范、作业流程、检验标准，从而提高了教师的专业技能。

学习德国的"双元制"，积极探索现代学徒制度。利用新疆电力公司提供的职工费，开展"师带徒"人才培养战略，使学校青年教师尽快融入新的生产教学工作，与企业合作开展学徒制试点，建立企业和学校"双元"办学的衔接机制，为解决企业结构性缺员问题作出积极的贡献。

案例一

俯身调研　精确剖析　锤炼队伍

学校2010年组成"新疆电力公司班组长培训的可行性研究"课题组，到多个供电企业调研和学习，开发出一套班组长培训课程讲义（教案）。班组长是企业一线生产的直接指挥者和组织者，是公司战略和规章的落实者，他们的管理水平将最终影响电网与设备的安全运行，影响公司的经营效益，

影响公司的对外形象等，同时，班组长又是班组内直接"带兵打仗"的人，他们的管理理念和行为直接影响所辖班组成员，他们自身的管理水平决定了班组管理与班组建设的水平。因此，搞好班组建设，是加强管理、提高核心竞争力、更好实现"两个转变"的根本途径。而加强班组建设，关键是培养一支高素质的班组长队伍。

鉴于国资委、国家电网公司关于班组建设的要求及新疆电力公司目前所面临的形势，学校的 5 名专职教师不辞辛苦地奔赴天山南北 6 个地州，对目标单位采用定性、定量的调研分析，并以此为基础，形成班组长及后备人员三年培养规划。

教师通过在岗学习调研活动，经过"从实践到理论，再从理论到实践"的不断循环往复，持续提升了管理能力。企业通过班组管理案例库建设，用典型引路的方法加强了企业班组建设。

案例二

融入研发　全程参与　锻造品牌

电力仿真培训是我校 1992 年以来创建的极具特色的培训品牌。仿真中心在联合研发仿真系统时，要收集大量的资料，在这个过程中，参与研发的教师可以学到很多新技术、新设备、新工艺、新流程，在将这些新技术在仿真机中实现的同时，编写出适用本地区行业特点的培训讲义，大大提高了教师的理论水平和实践水平。目前，学校有 5 名教师获得中电联高级仿真指导教师证书，6 名教师获得中电联中级仿真指导教师证书。

在"双师型"队伍建设上，学校充分利用新疆电力公司"内训师"资源，请50 多名"内训师"参与学校的职前教学，成为学校兼职教师，为实践教学提供了强大的人力、物力支撑。

案例三

刻苦实践　创先争优　打造名师

新疆电力教育培训中心的特种设备作业技术培训中心是我校特色实训中心之一，中心形成了比、学、赶、帮、超的科研氛围，教师工作成绩突出，其中尤为突出的是培训组组长兼焊接实际指导教师祖平文。

祖平文从工作至今不断努力学习，除掌握常规焊接方法外，钻研合金钢、特种钢、有色金属、异种钢等多种材料的焊接技术和金属无损检测及焊接热处理技术，2002 年获得国际焊接技师证书，2003 年获得国家高级焊接技师证书。在工作之余，祖平文陆续为中心编写了 30 余项常用焊工实际操作培训教案，填补了中心在这方面的空白，解决了教学标准化问题。1997年，他在参加全国电力焊工比赛活动中获"全国优秀焊工"称号，2005年，在参加国家电网公司中央企业职工技能大赛中，被评为国家电网公司优秀选手。2009年，他所培养的学员在全疆焊接大赛中取得了第一名，在全国焊接大赛中又夺得西北第一，为学校争得了荣誉。1999年，祖老师被评为新疆电力公司青年岗位能手，2008年荣获"新疆电力公司十大杰出青年"称号。通过学校的悉心培养和个人的刻苦努力，祖老师已经成长为学校的名师代表。

反思拓展

在近年来实训基地的建设和运行管理实践中，新疆电力学校取得了可喜的成绩，积累了宝贵的经验。同时，我们也清醒地认识到，因东西部发展不平衡，我校处于经济相对落后的西部地区，地方配套措施力度远不能同内地发达地区院校相提并论，因而实训基地建设不能照抄照搬内地院校模式，必须自主创新。实训基地运行机制和保障措施需要进一步改进和完善，以逐步形成标准化管理模式；技能型师资培养力度需进一步加大，需同步建立更完备的企业专家储备库，通过外引内训，建设好实践型师资队伍。

回顾"十一五"，展望"十二五"，开好局、起好步的关键在于我们要保持清醒的头脑，对面临的形势进行准确的判断和认识，理清思路，把握关键，再上台阶。

教育部副部长鲁昕与实训学生交谈

学校的发展的优势是：中央层面，《国家中长期教育改革和发展规划纲要（2010—2020年）》及全国教育工作会议中均提出，把职业教育放到更加突出的位置。随着全国19省市对口支援推进新疆跨越式发展工作的全面展开，以服务为宗旨，以就业为导向的新疆中职教育事业也将迎来难得的发展机遇。教育部将新疆电力学校纳入首批国家中等职业教育改革发展示范学校建设项目，是学校实现跨越式发展的大好时机。自治区层面，中央新疆工作座谈会召开之后，新疆长治久安的外部环境将吸引更多的大型企业进驻，能源建设将进入大开发、大发展的黄金期，人才需求巨大。学校获批自治区示范性中

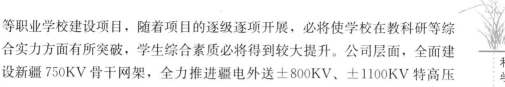

等职业学校建设项目，随着项目的逐级逐项开展，必将使学校在教科研等综合实力方面有所突破，学生综合素质必将得到较大提升。公司层面，全面建设新疆750KV骨干网架，全力推进疆电外送±800KV、±1100KV特高压智能电网建设。随着新疆坚强智能送端电网建设的全面展开和建成，更需要员工素质的提高。员工培训、培养投入将越来越大，培训中心将发挥更加重要的作用。学校层面，教职员工队伍稳定，师资力量逐年增强，实训设施设备换代升级，综合实力显著提高。

学校的反思：在国家电网全力推进特高压疆电外送、全面建设750KV骨干网架的大环境下，学校将承担更加重要的员工培训任务，与之对应的师资队伍结构性缺员、实训场所容量不足等问题将会凸显。技术、工艺在快速升级，材料、设备在快速更新，但人的观念与能力无法跟上和适应快速发展的现实。岗位标准在变化，岗位素质要求在提高，人员适应岗位的能力没有快速跟上，对公司核心业务的参与度不高，科技研发能力不够。学校与国家电网高技能人才培训基地的标准还有很大差距，与兄弟省电网公司培训中心的培训能力和水平相比，处于落后地位。中职教育学历层次已逐渐脱离主流就业市场的需求，就业前景略显后劲不足。

总结经验树信心，科学筹划促发展。面对未来发展之路，我们有以下思索：

（1）加强政府部门对实训基地建设规划的指导。明确地方政府在实训基地建设中的职责，落实专项资金的配套，保障基地建设的可持续发展。

（2）加强对实训基地建设过程的监控力度。坚持国家统一招标、集中采购和配套资金到位的建设管理制度。加强建设资金用途监管，保证专款专用。对已建成的实训基地进行项目评估，建立国家示范性实训基地的评审认定制度。

（3）加强地方政府对实训基地建设的管理协调作用。根据区域的支柱产业分布和职业教育发展的特点，地方政府做好实训基地的建设规划，合理布局，引导实训基地与行业、企业共建，推进企业与基地的联系与合作，促进学校与学校之间的实训基地联合与共享。

（4）加强实训基地运行管理，努力探索新的运行机制，真正做到产教结合，形成良性循环，建立服务于周边职业教育和社会培训的公共平台，真正发挥带动区域经济发展的示范性作用。

（5）设立用于专业课教师和实训指导教师培训的专项资金，专门用于教师的培养、培训工作。高素质、高水平、高质量的教师队伍是提高办学水平的关键，学校的教师队伍结构还不尽合理，理论型教师多，实践型教师少，教师大多来源于应届本科毕业生或硕士毕业生，出校门又进校门，缺少企业实际工作的经验，这样的教师队伍已远远不能满足职业教育的需要。

政府发挥主导作用，制定相关政策，为职业教育多渠道引进"双师型"教师，引进生产一线的专业技术人员、企业内部培训机构教师和管理人员作为学校的专职或兼职教师（签订用工合同）。通过引进新教师，逐步改善师资结构，提高师资的职业培训能力，但目前我国职业院校教师的待遇很难吸引"双师型"人才。因此，地方政府应在住房、科研经费、薪酬等方面出台相关政策，吸引优秀人才建设边疆，以保证新增教师的数量和质量能满足职业院校特色教学的需要。

加速培养现有师资，尽快增加"双师"队伍的数量。职业院校现有教师学历较高，学习能力、知识迁移能力较强，但缺少实际工作经验和职业素养。为此，学校将创造条件，有计划、有目的、有步骤地安排教师到基层一线挂职锻炼或实践，参加企业的专业技术工作，参与或承接企业的科研项目。这样，不但可以使教师获得前沿专业知识，而且可以了解企业的生产质量控制过程和管理规范，使专业教师的实践能力得以增强。现在实行的教师暑期生产实践将继续坚持，学校将鼓励能力突出的教师承接一些工程设计、安装、调试及检修项目，真正通过我们的努力为企业解决技术难题，这样才能使教师的实践能力提升得更快。

走产教相结合的发展道路，培养和造就"双师型"教师队伍。加强校企合作，实行产教结合，是培养"双师型"教师的最有效途径。通过开展科技服务与开发活动，既可加强与生产科研部门的联系与合作，也可为教师创造参与生产实践、提高技能水平的机会和条件。让学生参与研究项目，可以培养学生的创新能力。

（6）从提高学生就业率和就业能力的角度出发，加快教学改革的步伐，创新教学模式。在专业课的教学中，改变传统集中理论、集中实践的教学模式。将理论和实践适当分散、充分融合，即学中做、做中学、边学边做、边做边学，实现"教、学、做"一体化。在课堂教学改革上，可以试行"大课""辅导课""实验实训课"的组合形式。在实践课程中，鼓励学生主动学习。教师可以将学生分成小组，给每个小组一个任务或项目，使小组成员共同研究产品设计、操作单元、生产流程等并写出方案，激发学生的主动性，使学生学习与人交流合作的技巧。教师在确保安全可行的前提下，根据具体内容，可以让学生自己操作，也可以设计故障让学生通过排除故障来学习，最大限度地激发学生的学习兴趣，给学生更多思考的空间，培养学生的学习能力、团队精神，锻炼学生独立思考问题、分析问题和解决问题的能力。实践课程的开发应依据企业需求，与企业人员共同制订。

（7）我国一次能源分布情况决定了西电东送的基本格局，新疆作为西部的超级能源基地，有众多的发电、输电、供电项目。目前750KV骨干网架已基本建成运行，国家电网公司"十二五"将规划建设更大容量的±800KV、±1100KV特高压直流输电工程，实现"煤从空中走，电送全中国"的远期愿景。学校下一步急需培养电力行业的高技能人才，在发展实训基地的过程中建设高水准、高标准的行业培训基地就成了发展目标。

新疆大建设、大开放、大发展需要大批高技能型人才，进一步加强实训基地建设、完善实训基地运行管理机制对培养高技能型人才至关重要。在立足自我开拓、创新的同时，须知他山之石可以攻玉，借鉴其他实训基地的先进经验和做法可以使我们少走弯路，从而提高实训基地建设的前瞻性，真正推动实训基地的科学发展。

在新的历史机遇期里，新疆电力学校应当做到并且能够做到科学定位、创新机制推动基地建设；站在新的历史起点上，我们珍惜过去，展望未来，吹响前进的号角，踏上新的征程，在奉献中承担，在继承中创新，在追赶中超越，迎接更加美好的明天！

专 家 点 评

行业作为一种特殊的经济组织，既在本领域行使一定的管理职权，又掌握着市场的规律和企业的需求，最了解本领域的前沿技术、内在运作规律、人才需求、企业意愿等信息，能够很好地协调学校与市场、企业的关系，是实现产学合作、工学结合的最可靠的基础。因此，发挥行业作用是职业教育健康、持续发展的保障。2005年《国务院关于大力发展职业教育的决定》就曾经明确规定：行业主管部门和行业协会要在国家教育方针和政策指导下，开展本行业人才需求预测，制定教育培训规划，组织和指导行业职业教育与培训工作；参与制定本行业特有工种职业资格标准、职业技能鉴定和证书颁发工作；参与制定培训机构资质标准和从业人员资格标准；参与国家对职业院校的教育教学评估和相关管理工作。《国家中长期教育改革和发展规划纲要（2010—2020 年）》也明确提出了"建立健全政府主导、行业指导、企业参与的办学机制"，既强调了政府在职业教育发展规划、资源整合、政策制定、搭建校企合作建设平台等方面的作用，又强化了行业、企业的作用。

行业掌握的人才需求预测、行业工种职业资格标准、职业技能鉴定和证书颁发、培训机构资质标准、从业人员资格标准等，在一定意义上都是维系职业学校生存的重要元素。有了这些元素，职业教育才有生机和活力。离开这些元素，职业教育就不能称为真正的职业教育。举办职业教育，行业最有发言权。只有有效发挥行业的作用，架起职业学校与企业之间的"桥梁"，职业学校的人才培养目标和规格才有来源，职业学校的专业设置和建设标准才有依据，职业学校的实践教学才有依托，产学合作、工学结合才有基础。反过来说也一样有道理：职业教育的根本任务是为行业、企业提供人力资源支撑，因此，发展职业教育也应该成为行业的使命和责任。

电力行业作为我国国民经济的重要支柱领域，具有很强大的行业优势。新疆电力学校依托新疆电力行业办学，可谓找到了良好的发展平台。

（点评：张社字）

实训基地建设卷

结合学校特色建实训基地　持续创新走内涵发展之路

——云南省玉溪工业财贸学校

名校／名校长简介

云南省玉溪工业财贸学校成立于 1978 年，是玉溪市人民政府主办、玉溪市教育局主管的，以培养财经类和工科类高素质技能型人才为目标的中等职业教育改革发展示范校、国家级重点中等职业学校。学校曾被评为全国教育系统先进集体、中国师德建设示范单位、全国五四红旗团委创建单位、全国 100 所职业教育半工半读试点学校、全国职业院校就业质量 100 强学校、全国 100 所消防安全示范校、云南省首届黄炎培职业教育奖优秀学校、云南省德育工作先进集体等。

学校实行校系管理，下设财经系、机电技术系、数控技术系、计算机技术系、汽车技术系、建筑与环境技术系等 6 个系，共开设 40 多个专业。学校占地 320 亩，现有在校生 1 万余人，教职工近 600 人。

学校以制度治校、人才强校、科学治教、特色兴校、集团办学、质量立校，重视校园文化建设，走出了一条特色职业教育之路。

校长李华伦，男，汉族，1962 年 12 月生，中共党员，玉溪江川人，工程硕士、高级政工师、高级职业指导师。2006 年起担任玉溪工业财贸学校校长。

李华伦校长的主要业绩有：

（1）学校建设发展方面。在李校长的领导下，学校建筑面积从 5 万平方米拓展为现在的 14 万平方米，学制教育在校生从 3000 多人发展到目前的 10000 多人，年培训鉴定社会各类人员和企业技术工人从 3000 多人次发展到现在的 15000 余人次，开创了教师出国进修学习和学生出国就业的良好局面。五年来，学生就业率一直保持在 96%以上，学校成为苏州高新区高技能人才培养输出基地、云南省高技能人才培养基地。

（2）个人学术研究方面。他积极争取并主持了全国教育科学 5 个重点课题子课题的研究任务，担任全国教育科学规划重点课题《我国职业教育半工半读制度研究》课题组副组长，承担省市级教育研究课题 20 余项，发表学术论文 40 多篇并多次获奖，出版专著 3 部，组织全省 12 所职业学校编写"21 世纪中等职业学校实训教学系列教材"20 本并担任总主编。

（3）个人主要成绩。李校长先后被评为全国中职院校就业先进个人、全国学习科学学会尝试学习研究会先进工作者、中国职业技术教育学会科研工作委员会理事、云南省教育改革与发展优秀校长、云南省杰出校长、云南省名校长、云南省第二届黄炎培杰出校长。

（1）科学规范，走制度治校之路。李华伦校长坚信，要办好一所学校离不开科学规范的管理制度，他一直致力于建立科学、规范、高效的管理制度，向制度要质量，向制度要效率。近年来，在他的带领下，学校开展了卓有成效的探索，取得了显著成果。

（2）名师名校，走人才强校之路。李华伦在担任校长后，提出"治校以教师为本，治学以学生为本"的理念，将教师队伍建设视为学校的发展之基、竞争之本、提高之源。他认为，抓住师德就抓住了根本，抓住教师的业务能力就抓住了关键，因此，他狠抓教师师德修养和业务能力，培养了一支师德过硬、技能精湛、爱岗敬业、乐于奉献的能满足技能人才培养要求的教师队伍。

（3）德技双优，走科学治教之路。李华伦校长把"为学生成长成才服务、为学生就业创业服务"作为学校办学宗旨。多年来，他以"身心健康""德技双优"为标准，以培养高素质劳动者和技能人才为己任，探索了促进学生全面发展的教育教学模式。

（4）就业导向，走特色兴校之路。李华伦校长提出"围绕社会需求开课程，围绕产业结构调整专业，围绕学生就业办职校"的思想，他坚持开展顶岗实习、创业教育以促进学生就业，实施技能培训以促进农民工再就业，将就业导向、服务"三农"、服务社会落到实处。

（5）改革创新，走集团办学之路。李华伦校长提出，特色就是学校的竞争力，持续改革创新是培育办学特色的驱动力。作为云南省职教改革的试点校，学校于2005年便组建职教集团，开始探索集团化的职教发展模式。多年来，他勇于改革创新，以创新引领学校发展。

（6）内涵建设，走质量立校之路。李华伦校长坚持内涵发展、质量立校，多年来围绕基础设施建设、教科研项目、教育教学改革、校园文化建设等强化内涵建设，推动学校的科学发展。

（7）教师有协会，学生有社团，校园文化建设增强学校软实力。校园文化是职业院校的软实力，李华伦校长重视校园文化建设，提出建设有职业教育特征和学校特色的校园文化，让教师建有协会，学生拥有社团，大胆探索校园文化建设的新举措。

一、财经类专业的实训基地建设

（一）建设背景

近年来，财经类专业人才市场的结构性矛盾十分突出。首先，财经类专业课教学难以摆脱"以课堂知识传授为主，技能实训为辅"的传统模式，学生的实习与社会生产实际严重脱节，使得学生在就业时不能迅速适应岗位要求，从而制约了学校向社会输送实用型、技能型人才的培养目标的实现；其次，常年到校外实训基地实习实训，不仅影响挂牌单位的正常工作（况且他们对接待学生实习实训积极性不高），而且学校对学生在校外实训基地实习实训的管理、质量监控也存在一定的难度，在校外实训基地实习实训成本也较高。所以，建立校内实训基地能为学生提供良好的实训场所，降低实训成本，提高实训质量，对培养高素质的技能型人才具有重要的作用。

校内实训基地在当地企业专家的指导下及学校领导、教师的努力下建立并逐渐完善。该基地以真实企业环境为载体，以行业发展的先进水平为标准，以必需够用为度选取教学内容，通过以现场训练为核心，任务驱动，课堂与经营场所一体化，强化学生的能力训练，在全新的开放式课堂中培养学生的实际应用能力和岗位关键能力，培养服务意识、诚信品格和团队协作的职业素养。同时，基地还兼顾了科研、培训、职业技能鉴定及社会服务，最大限度地发挥职业教育为经济和社会服务的作用，实现了生产性实训，社会效益与经济效益的双丰收。

（二）实践性教学的感悟与收获

（1）实现学科课程的整合。实训基地改变了原有的单项、单课程的实训模式，营造了一个全真的业务环境，进行多课程、多工种的综合实训，一方面让学生在专业训练方面能够达到一个较高的层次，另一方面让学生充分体验业务的工作氛围，实现角色转换，获得适应职位、岗位要求的能力。

传统学科课程教学与工作实践课程教学比较

主题	涉及的学科数	教师数	学科备课数
传统学科课程教学	一个	一个	一个
工作实践课程教学	一个	多个	多个

课程打破学科界限，通过不同课程（工种）模块的一体化教学提高了实训效果，在使教师更新现有教学观念、循序渐进地树立适应市场发展要求的新理念、新思路的同时，也为职业院校专业建设提供第一手资料。

（2）实现了零距离上岗。为实现和企业的对接，学校首先调整了上课时间，上课时间即上班时间。教学按照"职业实践活动导向"课程活动模式的内涵，以真实的工作任务为教学内容，以现实的工作进程为教学程序，实现了理论和实践一体化教学。实践证明，这种新的课程体系，确实更具有科学性和实用性，更能培养学生的实际动手能力，更符合企业的岗位需求，真正实现了学生与就业岗位的零距离。

（3）工作过程即学习过程。课程由一系列的工作活动组成，侧重于让学生获取直接经验。学生通过在一个完整、综合的工作过程中思考和学习，获得经验，培养兴趣，解决问题，锻炼能力。学生通过工作活动，从"做"中获得经验或对已有的经验进行改造，培养解决问题的能力。

实训基地的实习是一种真实的经济活动，反映的是企业的实际运作过程，学生接触的是实实在在的顾客、商品、货币、账务等，强烈的责任意识是保证一切经济活动顺利进行的关键。因此，实习加强了学生的责任感、责任意识。曾经有这样一个学生，在实习中轮到他当收银员时，他不遵循工作纪律要求，将商品拿到收银机上，在销售状态下扫描（本应在练习状态下练习），指导教师要求该生自己买下该商品。通过这一事件，该班全体学生都

学校的工学一体化教室

明白了收银员的岗位职责。还有的收银员在收银期间，离岗而不锁收银机，导致其现金与收银应交款项不符，不足部分只能自己掏钱来弥补，这件事使实习班级明白了责任心对整个工作的重要性。

实践教学不仅培养了学生的责任感，也使教师间加强了合作与学习，不断地进行实践性教学反思：教学需要结合学生实际情况及就业市场的需要，增强教学的动态适应性，不断调整思路。在调整过程中，教师的实践教学水平得到了提高，教学充分体现了"教室就是车间，教师就是师傅，工作就是学习"的理念。

（二）我们的成功可以复制

1. 几点认识

①对实训基地的建设要有充分的认识。职业教育作为一种教育形式，肩负着培养面向生产、建设、服务和管理第一线的高技能人才的使命，建设教学做一体化的实训基地是办好职业教育的重要条件之一。通过在实训基地的学习，学生可以将理论与实践相结合，掌握一定的技能，培养动手能力，为今后就业及高质量地完成工作打下基础。实训基地的建设是一项系统、长期的工程，需要上级部门的大力支持和资金保障，需要建设人员耐心细致的工作。

②对实训基地的建设内容要详尽考察论证。根据市场需求和本校专业设置，科学地选择建设项目。比如，学校在建设财经专业实训基地前，考虑到由于本地的经济发展，超级市场逐步增多，对相关人才需求加大以及财经类专业学生的就业特点，结合学校实际情况，筹划建设与专业相配套的超市、会计模拟实训室、电子商务、橱窗设计实训室。

根据环境和参加实训人员的数量情况，科学论证实训基地的建设形式。建设形式包括实训场所的位置、大小、形状、颜色等内容。实训基地的大小要和实训人员的数量相协调，太大会造成浪费，太小满足不了教学的需求。实训基地在校园所处的位置要合理，同时兼顾实训的具体需要。实训基地的布局、形状、颜色要和周围建筑协调。

对实训场所内部各组成部分的分布、所需设备型号要充分考察，合理配置。实训场所的主要作用是满足教学实训、科研，同时也担负着对外交流、接待参观或适量生产加工经营的任务。为此，学校实习超市在建设前聘请了富有经验的企业领导、超市经理、设备供应商及相关专家参加项目论证，进行实地考察，提出合理化建议，不断完善建设方案。根据这一方案建设的实习超市既能进行教学、科研，也能进行实际经营，而且超市配备的收银系统等许多设备都属于国内先进水平，在今后几年内不会落伍。

实训基地的建设力求方便高效，突出特色。财经类专业是学校的特色专业之一。在财经专业实训基地的建设过程中，基于"一体化教学"的需要，学校在财经实训中心一楼设有实习超市及一体化教室，二楼除设有模拟办证大厅、收银员实训室、珠算点钞实训室、会计手工做账模拟实训室、橱窗设计实训室等多个财经类实训室外，还设有专门的学生作品展示区，既满足了教学的需要，又提高了学生的学习兴趣。

2. 实训基地建设中要注意的问题

①实训基地建设所需仪器、设备的采购要按规定公开招标，在投标的商家中根据考察论证的结果综合考虑，优中选优，和中标的商家签订购销合同。

②仪器、设备的购置合同内容力求详尽准确，对大型贵重设备要签订二年到三年或更长时间的培训维护期。

③大型贵重设备的验收要仔细，注意检查附件、说明书、合格证是否齐全。

④在确保质量的基础上，厉行节约。对用途相同的材料，尽可能选用价廉、耐用的材料，既节省资金，又可以避免以后频繁维修。

⑤设备的采购、安装、调试的进度要和整个实训基地建设进度相吻合，避免设备晚到不便搬运、设备早到无处存放的情况，一旦发现问题，及时和相关部门沟通。

二、机电专业的实训基地建设

（一）建设背景

机电专业现有 56 个教学班，共有 2778 名学生，其中在校班级 44 个，学生 2270 人，校外顶岗实习班 12 个。本专业现有专职任课教师 105 人，其中专业课任课教师 80 人（高级实习指导教师 7 人，一级实习指导教师 7 人，二级实习指导教师 1 人，三级实习指导教师 1 人，外聘教师 20 人），基础课教师 25 人；具有"双师"资格（职业资格证及毕业证）的教师 83 人，师生比 1：27。这样一支稳定实干的专兼职教师队伍，保证了学校机电技术应用专业的教学质量和教学水平的不断提高。

一体化教学对提高学生的学习兴趣和促进学生掌握知识技能有着较重要

的作用，但随着大学的扩招，职业学校的生源质量下降，部分学生在实训中怕苦怕累，有厌学的倾向。

进入"十二五"时期，为了适应社会经济发展的需要，拓展人才培养模式，学校邀请了亚龙科技集团的董事长陈继权专程到学校指导实训基地的建设，邀请天津职业技术师范大学的专家组专程到校制订了学校的"十二五"发展规划，解决了学生厌学的问题，在省市各级政府、上级主管部门的扶植下，建成了机电技术应用专业及相关专业共享的校内实训基地。该基地有钳工、焊工、电工基本技能、电工仪表、机床电气控制、可编程控制技术、变频调速、单片机、电机与拖动、光机电一体化等实训室，面积 8500 平方米，实习工位足，设备配置合理，集教学、培训技术服务、技能鉴定、生产于一体，并向兄弟院校和社会开放。校内实训自开率 100%，校内实训、实习开出率均达 100%，保证了项目式教学和理论实践一体化教学的顺利进行，全面完成了教学计划要求的实训、实习任务。

（二）实践性教学中的感悟与收获

1. 全面推行一体化教学

一体化教学是"动脑"与"动手"相结合的教学模式。我国伟大的教育家孔子曾说过：讲给我听，我会忘记；指给我看，我会记住；让我去做，我会理解。所以，只有更多地给学生做的机会，他们才能更好地理解。在一体化教室上课，可有效促进理论知识与实践教学融合，让学生在学中做、做中学，在学练中理解理论知识、掌握技能，激发学习兴趣，增强学习兴趣，在生动、活泼、有趣的学习氛围中学到知识技能，收到事半功倍的教学效果。

2. 注重培养学生的职业能力习惯及遵守作息制度的能力

在实训教学中，为了使学生能结合生产实际，各类职业技能课的教学实训要求模块化的内容与课堂理论教学同时进行，教、学、做一体化开展。实训教学采取分段制，教学实训时间跟理论作息时间不一样，执行工厂企业的作息时间，即每天早上 8：30 至 11：30，下午 2：30 至 4：00，期间没有休息时间。在实训教学中，除要求学生完成实训课题任务外，还注重培养学生的职业能力及遵守作息制度的习惯。有的实训场地环境模拟实际的工作环境，学生在实训中不像在教室那样有凳子坐，另外，每段时间的实训中，中途没有休息时间。所以，学生刚来实训时，就有些不适应，而且站着实训操作会觉得很累，有的学生只要觉得有点累，就要求休息，教师不给休息，就用谎称肚子痛要上厕所等手段要求休息，而且一休息就没有时间观念，很长时间也不能到实训岗位完成任务。针对学生的这些情况，教师在实训教学中引入了企业的管理模式来加强要求，实训成绩跟完成实训任务、遵守作息纪律等方面挂钩，同时对学生进行教育，告诉他们若现在不能适应，将来到企业后就更难适应。经过一段时间的教育和管理，多数学生都能按照实训要求操作，严格遵守实训作息时间，并能很好地完成实训任务，为将来到企业工作打下了基础。

3. 引入"5S"管理制度，营造真实的职业工作环境

扎实推进整理、整顿、清扫、清洁、素养工作，进一步推动基地规范化、制度化管理。向每个实训室添置部分实训辅助设备（如存放工、量具的台架、工具箱等），严格按企业工作规范要求进行实训各环节的管理（如统一着装、劳动保护、安全卫生等），营造真实的职业工作环境，促进学生良好职业素质的养成。

4. 面向企业员工及农民工，开展技能培训和鉴定

随着企业用工制度的不断改革，企业员工参加专业技能培训和技能鉴定的要求越来越迫切，同时，农村进城务工人员需要通过技能培训提高自己的技术水平。为满足上述人员的学习培训要求，我们将开办更多的电工、维修电工、钳工、焊工等技能培训班，在原有的工作基础上，加大培训及技能鉴定力度，为企业开展员工、农民工技能培训与鉴定服务。

机电专业的一体化教室

打破过去以课堂为中心、以教师为中心、以理论教学为中心的传统教学模式，使课堂与实训室（中心）一体，实现在真实情境下教、学、做。

教师在教学中，转变了观念，上课不像从前那样，"一支粉笔一本书，不管学生学不学，上完课后就走人"，而是在"教室就是车间，上课就是上班"理念的指导下，不但具有一定的专业理论知识，而且还掌握过硬的专业技能，课前认真准备实训教学内容，还像企业中的班组长那样对学生进行管理。这比上理论课要辛苦得多，但看到学生一个个都学到了一些技能，也有了一些职业素养，教师很有成就感，觉得再苦再累也值得。

学生在实训中，也深有感触地说："我们在学习中工作，在工作中学习。""比在教室里上课学到的多，实训也不想睡觉了。"同时，学生也体会到工作的艰辛、家长的辛苦，对父母也有了感恩之心。

2010年，学校机电专业学生代表云南省参加全国中职院校电工电子技能竞赛，荣获了机电一体化设备组装与调试团体三等奖，单片机控制设备安装与调试方向取得了个人两个三等奖的好成绩。

学生在做中学

（三）我们的成功可以复制

学校始终重视机电技术应用专业实训基地的建设和实践教学工作，根据职业能力培养要求，按照"资源高效、理实一体、做学合一"的思路，将教学环节按照"基本技能训练——简易模拟操作训练——实际操作训练——职业技能鉴定训练——岗前技能培训——顶岗实习"的顺序安排，密切衔接各个实践教学环节，系统地强化学生的岗位职业技能，使学生从入学到毕业整个阶段都能得到严格、良好的实践训练。机电专业逐步建成了集教学、培训、职业技能鉴定和科技服务等多种功能于一体的区域共享型校内实训基地和技术服务实体。

三、数控技术应用专业的实训基地建设

数控技术应用专业实训基地创办于2000年，经过十余年的发展，实训实习场所建筑总面积达2000多平方米，设有普通车削实训区（普通车床20台）、数控车削实训区（数控车床12台）、加工中心实训区、多媒体教学区、数控仿真实训室。实训基地设备设施配套齐全，设备总价值500多万元，有200个工位。与之相应，该专业还建立了玉溪佰锐富数控机床有限公司、玉溪机床厂、玉溪正成工数控机床有限公司、玉溪精诚机电公司、江川欣宇实业有限公司等5个校外实训（实习）基地。

（一）建设背景

1. 学校原有实训设施设备不能满足实践教学的需要

随着科学技术的发展，制造业发生了根本性变革，普通机床逐渐被高效率、高精度的数控机床所代替，社会对一线数控技术工人需求量大增，数控

技术应用专业的班级从 1 个增加到现在的 12 个，在校学生 600 余人，教学场地、教学设备等硬件设施严重不足。2005 年以来，国家加大对职业教育实训基地的投资建设力度，学校抓住这一有利时机，加强数控实训设备建设的投入，满足学生的实习实训要求，适应整个社会对数控人才的需求。

2. 改革传统教学方法的需要

数控专业传统的教学方法是教师以理论教学为主，最多增加多媒体、仿真软件加以辅助教学，专业课程体系不能很好地培养学生的实践能力，没有达到教学为生产实践服务的目的。由于实训条件所限，实践环节严重不足，学生无论在理论还是实践方面都不能达到生产实际的要求。学生到企业生产一线后，动手能力低下，不能马上"上手"，企业对学生的期望"过高"，教学与生产严重脱节。这种缺乏实训的教学方式导致学生上课没有积极性，睡觉、玩手机或干其他事情，最终厌学或根本不学。因此，要真正学到和掌握数控技术知识，只有在实践中体会，也只有这样，才能激发学习兴趣，提高学习数控技能的积极性，从而适应现代企业生产的需要。

3. 校外实训基地建设的迷茫与困惑

校外实训基地的建设最初主要表现为学校有热情，企业冷冰冰，大多数依靠个人关系建立起来的校外实训基地，得不到政府财政支持和税收优惠政策的倾斜。在实际合作过程中，校企双方对责、权、利的界定不明确，双方无法建立长期稳定、互惠互利的合作机制，对学生的实习、培训没有形成长远的人才培养目标和规范、严谨的培训计划以及长效的合作机制。

（二）实践性教学中的感悟与收获

1. 学生作息时间的调整与适应

传统的理论教学方法是学生每天要上一至三门课，课程的学习属于间断式学习，而实训车间的实训课程是不间断地训练 4 周至 6 周（包括晚自习），这就打破了学生原有的学习习惯。而数控实训采用实物一体化集中教学的方法，即实训课题——多媒体理论教学——数控仿真实训——数控加工实训，通过展示课题，激发学生的学习兴趣，再用多媒体进行加工工艺分析，讲解编程，之后，学生进入数控仿真实训室进行数控仿真加工，完成之后再到机床上加工出实物零件，这种一环扣一环的教学方法使学生完成作品后有一种成就感，产生学习数控知识的积极性，有的学生甚至非常愿意利用课余时间来完成自己的作品。

2. 学生责任心的有效培养

由于实训车间设备多，教师少，每位教师需要同时照看几台数控实训设备，因此我们就采用教师带学生、学生带学生的方法进行实训教学。

教师先集中给每台机床的组长（组长要由教师根据学生的好学程度以及责任心指定）进行示范操作，然后让组长按照教师的示范完成零件的加工，下一名学生必须看着组长操作，组长操作完之后再去教这名学生，这名学生操作完后又带另一名学生，组长必须在旁边监督和观察。这种学生"一带一"的做法，既减少了教师的劳动强度，又可培养学生的协作能力，更重要的是有效地培养了学生的责任心，减少了安全事故的发生。

3. 学生职业习惯的养成教育

数控实训车间属于安全生产重地，除了要求学生进入实训室之前必须先列队，将工作服、工作帽穿戴整齐之外，还要求指导教师进行安全教育，提出课堂要求。具体是按照"7S"标准进行，"7S"是整理（sort）、整顿（straighten）、清扫（sweep）、清洁（sanitary）、素养（sentiment）、节约（save）、安全（safety）的英文简称，其具体含义和实施重点如下：

整理：就是保持设备操作现场无杂物，工量具、刀具、材料分开摆放，保持行道通畅无阻。

整顿：就是将参加实训的学生按组分配到每台机床，不允许串岗，把需要的工量具、刀具、材料分配到每台机床并由组长负责保管。

清扫：就是彻底将自己使用的设备和工作环境打扫干净，设备异常时马上维修，使之恢复正常。

清洁：是指对整理、整顿、清扫之后的工作成果要认真维护。

素养：就是要求进入车间参加实训的学生都必须严格遵守实训室的各种规章制度和安全操作规程，不允许故意损坏实训室的设施和设备。

节约：就是能用的东西尽可能利用，以自己就是主人的心态对待学校的资源，切勿随意丢弃，丢弃前要思考其剩余的使用价值。

安全：就是要维护人身与财产不受侵害，以创造一个零故障、无意外事故发生的工作场所。

4. 教师的辛酸与快乐

作为一名数控实训课的专业教师，辛酸与快乐时刻相伴着他们。由于中职学生素质参差不齐，有的学生非常好动，同时又对设备非常好奇，经常在教师讲的时候不听，或不按教师说的去做，而自己做时马上就出问题，甚至损坏设施设备，有时老师批评一下还顶撞老师。对这种损坏设施设备、既影响正常教学又无礼貌的学生，教师是非常痛心的。最快乐的时刻是通过学生和教师共同努力，解决了实训中遇到的难题或成功完成一件学生自己设计的作品的加工。

5. 对实训课的认同——上课即上班

学校除了基本的教学之外，还和企业（玉溪佰锐富数控机床有限公司、玉溪正成工数控机床有限公司等）合作进行"订单式"人才培养，联合企业技术专家和课程专家，制订课程教学目标，精选专业技能课程，将企业设备引入车间，将企业专家请到学校授课，实现了学生和企业的零距离对接。

学校还与机械加工企业（玉溪机床厂、玉溪精诚机电公司）进行校企合作，将企业机械零件的加工引进数控实训车间，聘请企业专家到校指导，不仅使学生和教师的动手能力、解决实际问题的能力都得到了较大提高，更重要的是使消耗性实训课变成了生产性实训课，既节约了实训课成本，又使学校有了一定的创收。作息时间和工厂一样，因此上课就等于在企业的上班，使学生在校就适应了企业的工作环境，毕业后能更快地融入生产实践中。

实训车间普通车削实训区　　　　　　　实训车间数控车削实训区

学校安排实训教师带学生到合作企业（江川欣宇实业有限公司）进行定岗实训，教师在学生上班的同时对其进行指导和管理，这种实训方式使教师直接深入企业，了解企业所需要的人才，为改进教学内容、提高教学质量提供了有力保证，同时也使学生真正融入企业，适应企业的生产生活环境，许多表现好的学生最后都留在了企业工作，实现了专业对口就业。

（三）我们的成功可以复制

（1）实训基地的管理一定要有专人负责，并要制订严格的安全管理措施。

（2）实训课的耗材、工量具的使用一定要落实到机床及使用者个人，以减少有意损坏和浪费现象。

（3）实训课的教学强调安全第一，因此课前教育必不可少，可以实行适当的惩罚。

（4）为提高学生实训课学习的兴趣和积极性，教师可选择学生感兴趣的课题（如车削擀面杖、葫芦、酒杯、牙签盒等）进行教学。

（5）在实训课教学实施过程中，应本着"生产合格产品，培养合格人才"的教学思路，尽量以典型产品（服务）为载体设计教学活动，以职业技能鉴定为参照强化技能训练。

四、计算机专业的实训基地建设

（一）建设背景

随着我国经济的迅速发展，企业对技能型人才的需求增加，我校计算机专业的招生规模也在持续扩大，但毕业生对口就业率却在下降。导致计算机专业毕业生的供求矛盾的原因是多方面的，但实践性教学发挥不了应有的作用，是导致计算机专业学生陷入所学非所用的尴尬境地，进而造成他们毕业后无法满足当今社会的人才需求的至关重要的因素之一。

2005年，学校开始了计算机实训基地的建设与研究，并在2006年取得了中央财政专项资金支持。在建设过程中学校遇到不少问题，有技术方面的，有管理方面的，也有使用方面的，特别是学校发现，仅仅建立一批能够反映岗位、职业和行业发展方向与水平的实训室，用以培养学生的实践能力、技术应用能力，而较少考虑如何充分发挥中职学生的主观能动性和创造潜能的做法，在当今劳动力供过于求的就业环境下，有一定的局限性。于是学校一方面积极与锐捷网络公司、唯康通信技术有限公司寻求合作，另一方面开始在创业教育方面进行探索，在加强实践性教学的同时，通过开展创业教育，使培养出来的学生既能求职又能创业，成为社会认可的人才。

基于以上原因，学校把基地的功能定位于：（1）提供知识向能力转化的场所。（2）拓宽与丰富学生的专业知识面。（3）创造真实的职业岗位环境。（4）提高学生的职业素质和综合能力。（5）进行社会培训。（6）进行职业资格培训。主要目标是建立集技能综合实训与创业教育于一体的、具有较强适用性的计算机实训基地，为计算机专业的学生提供完成单项技能实训、专业综合实训的场所，同时，利用基地集教、产、研于一体的专业生产设备，为学生提供体验创业过程的生产实习场所，从而真正发挥职业教育的作用，构建以提高学生全面素质、培养学生创新能力和实践能力的计算机专业实践性教学和创业教育的平台。

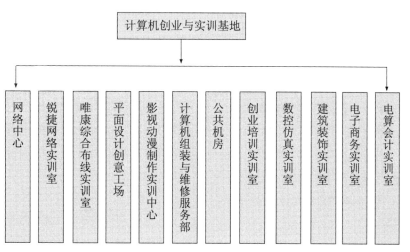

网络中心是学校信息化中枢，主要由 2 台锐捷万兆核心交换机和若干千兆汇集交换机以及专业网站制作平台组成。网络中心在保障学校网络运行与信息服务的同时，进行网络运行管理、网络故障诊测与维修的教学与实训，同时利用学校的服务器和网络资源为中小企业提供网站制作和空间租用服务。

锐捷网络实训室的主要实训设备有 6 组 36 台 PC、网络综合试验台、路由器、3 层交换机、2 层交换机、防火墙、入侵检测、存储设备、语音设备、无线局域网设备等，可进行路由器配置与使用、交换机配置与使用、网络互连、局域网组建、防火墙使用、入侵检测等项目实训。实训室是锐捷网络的授权培训基地，由学校具有锐捷认证高级讲师资格的教师承担锐捷网络代理商人才培养任务，使网络实训基地得到增值服务。

唯康综合布线实训室共有 40 个工位，由教学展示区、模拟楼房操作区、库房三部分组成，分综合布线展示、基本技能训练、工程项目 3 个功能模块，有学纤熔接机、手持声强仪、工程宝多功能测试仪等配套设备设施，能完成设计、安装、测试、验收的综合布线全过程的教学与实训，承担学校所有综合布线工程项目和部分中小企业综合布线工程项目。

平面设计创意工场。由数码摄影工作室、图文设计制作中心组成，具有50 台苹果机及大型写真机，覆膜机，刻字机，胶装机，具有连续供墨系统的彩色喷墨打印机，烫杯机以及数码拍摄、数码调色和制作输出的数码摄影设备，承担了学校全体师生的标准证件照、毕业照的拍摄工作，会议、活动摄影工作以及学校宣传栏、宣传册、宣传画、宣传单、海报的设计制作工作和部分校外的商业产品摄影、中小企业广告、企业标识、产品包装的设计制作工作。

影视动漫制作实训中心有计算机 40 台，配置有 3DMAX、MAYA 等动画、影视软件以及多媒体教学系统，还有采播录编一体机、专业数码相机、专业摄像机、扫描仪、数位板等设备，主要以动漫设计与制作的教学与实践为主，承担三维动画设计制作专业技能证书的考试培训。学生在指导教师的带领下，承担学校多媒体教学课件，校园简讯等影视短片、片头的设计与制作以及大型活动摄录，影视后期编辑，校园电视台节目采播等工作。

计算机组装与维修服务部配置 24 个工位，各工位均有齐全的分类元件，如主板、CPU、内存、显卡、声卡、光驱等，并有示波器、故障诊断仪、数据修复工具和工具箱，能够开展计算机硬件组装与调试，操作系统安装，系统的配置，工具软件的使用，电脑常见软、硬件故障的排除等实训项目。在指导教师的带领下，服务部承担了全校所有 200 多台办公电脑、1000 多台机房电脑、教职工电脑以及校内办公设备（打印机、复印机）的维修、维护工作。

公共机房配置 600 台计算机，共分 11 个机房，主要是非计算机专业学生学习掌握计算机理论知识与操作技能的学习场所以及计算机专业部分课程的教学场所，同时还承担为学生和社会提供计算机相关培训活动以及全校师生课余上机的任务。其中，师生课余上机实行教学部、基地、实习组三级教学管理机制，凸显"学生自主管理，教师总体指导"的经营管理特色，在充分发挥设备的功能和潜力，为教师的科研能力、学生的实际操作能力的提升提供了有效平台的基础上，实现社会效益与经济效益的双丰收。

创业培训实训室具有国家及省创业培训项目办公室所规定的分别满足 25 人教学和活动的标准设备配置，即笔记本电脑、投影机、数码相机、天绘屏笔各一套以及创业培训游戏专用教具，同时配置三套流动的创业培训教学设施、设备，为学生提供创业培训及相关课程仿真业务实训、实习场所，由具有创业培训资质的教师对学生进行创业意识、创业能力和创业素质的培训，提高学生的综合素质和自主创业能力。同时，创业培训实训室还是学校面向社会开展创业培训工作的场所，也为广大教师提供从事教学、科研及成果推广的平台。

（二）实践性教学的收获与感悟

1. 一场别开生面的颁奖仪式

2008 年 1 月 3 日下午，"玉溪工业财贸学校学生设计通缘公司标志展示暨颁奖仪式"在学校报告厅举行。2007 年 8 月，通缘电子科技有限责任公司向社会公开征集企业标志设计方案，在谢长鉴老师的指导下，正在学校平面设计创意工场实训的 2006 级计算机技术及应用（3）班把标志作为实

通缘电子科技有限责任
公司总经理为获奖学生颁奖

训项目任务，有 4 名同学的作品入围，最终刘鑫同学顺利中标，通缘公司总经理陈艳明给予（3）班学生高度评价和肯定，并为获奖的同学颁发了奖状、奖金。

2. 一封特殊的感谢信

2009 年 11 月，华硕电脑公司开展了"优秀员工"评选活动，经过全面考核，学校廖双丽、普娟娟、李瑜珊三名同学脱颖而出，喜获嘉奖。2010 年 1 月，华硕电脑公司特向学校发来感谢信，"感谢学校培养了满足企业需要、符合社会发展的优秀人才"。自 2006 年起，

我校学生被企业评为"优秀员工"

学校与华硕电脑公司进行校企合作，累计输送了 700 余名学生到公司顶岗实习、就业。

3. 教师感言

给学生一个开放的学习环境，给学生一个展示自我的机会。通过小组讨论，设计方案，通力合作，学生在一个可以感受到尊重、信任和鼓励的环境中获取知识和能力。

百闻不如一见，要全面提升学生解决实际问题的能力和综合运用知识的能力，最有效的途径就是实践。"在实践中学习，在学习中实践"，不仅有利于学生掌握理论知识，拓宽知识视野，而且极大地提高了学生的专业技能，另外，实践活动对培养学生的学习兴趣、劳动态度、服务意识、合作精神和

人际关系的处理能力也起到积极的促进作用，为学生以后的就业打下良好的基础。

4. 学生感言

2008级计算机应用（1）班学生吴垠昊："我们小组为云南新平五桂酒业有限公司进行产品包装设计，从开始的不谙门道，到现在的逐渐摸索出自己的学习方法，我们的理论水平和实践能力都有了很大的提高。虽然在此过程中，我们遇到过很多问题，但老师的帮助、亲身的实践感受以及自己的不懈努力让我们顺利战胜了这些困难，坚持到现在。虽然我们的设计没有被企业采用，但我觉得付出是值得的，对我们今后步入社会岗位很有帮助。"

2008级网络（1）班学生孔庆东："近四个月的时间，我们完成学校新教学楼的综合布线、网络设备的安装互联、网络设备与服务器的调试等工作，真正体会到实践是最好的学习方式。书本上难于理解的东西，通过动手实际操作，得到了简单有效的解释。感谢罗老师，感谢实训基地里所有人给我的帮助，让我在这段实训时间里得到成长，迈出了实践的第一步。"

（三）基地建设的经验教训

（1）以开放的理念坚持资源整合。要充分发挥政府、企业、学校三方面的作用，有效整合实训基地建设需要的政策、资金、技术、实训内容、环境、师资等，充分调动企业直接参与建设的积极性，使企业从简单的人才需求者转变为人才培养的参与者和组织者。

（2）坚持产学研结合。建立模块式专业实训平台，并使实训基地按社会实体运行，既是实训基地，也是一个公司。工学结合的运作模式，产教一体的教学方式，学做一体的学习方式，培养了学生的岗位关键能力和综合职业能力，提高了教师的实践能力，实现了社会效益与经济效益的双丰收，促进了实训基地的建设与发展。

（3）建设实训基地的关键在于实训内容和师资队伍建设，要为学生提供适应市场需要的实战性、模块化、项目化、情景化的学习资源，要积极打造一支具有一线实践经验的"双师型""专兼职"教师队伍。

（4）要构建动态的实训课程体系。为配合学生完成生产性实训，要视情况对基本的教学活动进行调整，同时把实训中产生的有价值的内容及时整合到教学内容中去，灵活调整教学内容，使学生掌握的技能与理论更贴近企业的实际。

五、汽车应用与维修专业的实训基地建设

汽车应用与维修专业校内实训基地创办于 1994 年，经过十多年的发展，教学实训条件明显改善，教学实训设备技术先进，设施齐全，校内实训实习场所建筑总面积 2400 多平方米，设有汽车发动机实训室、汽车底盘实训室、汽车电器实训室、汽车模拟实验室、汽车美容与涂装实训室、汽车整车实训室等 6 个专业实训室以及云南省玉溪市汽车驾驶员第 11 个培训站。实训基地内部设施配套齐全，设备总价值 200 多万元，能同时容纳 300 名学生实训。经过多年的努力，该专业的招生人数逐年增加，在校班级从一个教学班增加到现在的 19 个，在校人数达 1000 余人。教师队伍也在发展壮大，有 20 位教师是"双师"型教师，占专业教师的 80%，"双师型"教师中拥有高级工以上职业资格的占 80%，初步形成了由"双师型"专业带头人和中、青年骨干教师组成的素质较高的专业教学团队。

（一）建设背景

（1）由于社会需求的急剧增加，汽修专业学生的数量大量增加，实训教学产生了如下问题：教学场地、教学设备等硬件设施严重不足，原有的教学体系、课程体系、教学手段、教学内容、教材以及"双师型"教师队伍等发展滞后。

（2）建设初衷。

①原有专业课程体系不能很好地培养学生的实践能力。原有的课程体系不是从生产实践中引出课题进行分析和研究，针对性较差，造成理论与实践的脱节，各门课程各自独立纵向成线，缺乏彼此应有的沟通，没有达到教学为生产实践服务的目的。

②课程体系与生产实际有较大差距，不符合职业教育的规律，没有体现就业为导向的指导思想。原有课程的设置受传统职业教育的影响过大，没有考虑到本专业毕业生的业务范围。

③教学内容落后于科学技术的发展。职业技术教育在教学内容上应注重职业的生产过程和实际要求，强调专业教学内容与职业岗位需求的针对性，以职业岗位的需求确定教学内容。目前执行的教学大纲和使用的统编教材，虽然增加了部分新内容，但课程的职业教育特色不突出，并存在内容陈旧的问题。

④教学手段落后，先进的实训器材和设备不足，职业教育理念落后。汽

车运用与维修专业教学班大多采用传统的教学方式，相当多的时间用于书写板书和绘图，课时容量小。

针对上述问题，学校构建校厂一体化的办学模式，建立由市内外专家组成的科研教改指导委员会和由社会行业企业广泛参与的职业教育质量督导机制。广泛开展市场调查，构建优质的课程体系，按照课程体系的实施要求来建设实训中心。

（二）实践性教学中的感悟与收获

为构建优良实训环境，搭建理论教学与实训教学联系的桥梁，学校实训基地在实践性教学过程中作了一些有益的尝试和探索，总结出如下的感悟和收获：

感悟与收获一：人品重于学识，习惯重于技能。

人才培养，德育为先，道出了职业学校的人才培养目标。为了培养深受企业欢迎的学生，汽车技术部推行企业化管理，对学生的常规要求和企业用人要求高度一致。汽修实训车间属于安全生产重地，除了要求实训的学生进入实训室之前必须先列队、点名、将工作服穿戴整齐之外，还要求指导教师进行安全教育并提出课堂要求，借鉴"7S"标准推进实训车间的标准化管理，营造良好的职业氛围，推动学生的基本职业道德素养的形成和班级文化氛围的形成，关注细节，注重对学生人品、习惯的培养，促进学生职业习惯的养成，努力成就高素质的技能型人才。

感悟与收获二：改革专业课教学方式，探索技能教学研究。

自 2001 年以来，汽修专业规模日益壮大，社会认可度也日渐提高，在校班级数量逐年增加，但教学软、硬件设施捉襟见肘，教学改革迫在眉睫。汽车技术部率先实施专业技能"班组化"教学，建设校内、校外实训基地，采用"校厂一体化"的办学方式，开展专业特长生的培养，提出 1 年的生产实习制度，在教学实训资源相对不足的情况下，改革上课作息制度，采取了"两班制"的实训制度，学生除正常的 8：30—11：30 和 14：30—16：00 以外，18：30—21：30 还有一个班参加实训，实训基地对学生全天开放。理论课中穿插实训课，充分实现了实训资源利用最大化，充分发掘了实训器材的潜能，提高了设备的利用率和学生的训练效果，保证了实训器材使用的最佳效益。

感悟与收获三：树立品牌意识，培养学生的合作意识、纪律意识、服从意识和责任心。

（1）通过"校军合作"项目"EQ1090汽车的二级维护"，培养学生的团体意识、合作意识、纪律意识和责任心。汽车技术部与云南陆军预备役第三团的"校军合作"项目从2009年5月开始，每个班选出7名学生，统一身着军装，按军训军姿标准，参加二级维护的表演赛，在40分钟内完成全部维护项目。学生通过比赛和观摩，学到了知识，在实习中感受到工作的快乐。

（2）由于汽修实训车间设备多，教师少，每位教师需要带15—20名学生，负责2—3个岗位，因此学校就采用教师带学生、学生带学生的方法进行实训教学。这种"一带一"的做法，既减少了教师的劳动强度，又可培养学生的协作能力，更重要的是有效地培养了学生的责任心，减少了安全事故的发生。

感悟与收获四：先做人，后做事，小成成于智，大成成于德，不计较个人得失。

学生边听理论边操作　　　　　　　　　　　教室车间

所谓做人，就是确立人生价值的正确取向，作为教师，最重要的是热爱工作，热爱学生，并把这种热爱转化为教学的实际行动。正确的价值取向，会使人始终处于一种良好的心理状态，即遇事不计较，吃得了苦，吃得了亏，作风正派，这样就比较容易营造一种良好的工作环境，形成凝聚力，做事就容易成功。教师作为课题负责人必须具备责任感，有奉献精神。

（三）我们的成功可以复制

现在职业学校的学生厌学情绪较浓，主要原因是教育的缺失，为此，学校在加强实训基地建设时重视学生校内实训与实际工作的一致性，校内成绩考核与企业实践考核相结合，探索课堂与实习地点的一体化，即根据汽修职业岗位中工作任务的技能要求、工艺流程调整设置实训室，强化工作过程项目实训条件建设。根据过程项目设置实训项目，根据技能要求购置设备。汽车实训室按照工作过程来安排工位，向"4S"维修站靠拢，结合教学情况，尽量贴近生产一线来布置。在满足教学需要的前提下，从硬件到软件尽可能设置与生产和服务实际场所一致的实训工位。在真实而综合的职业环境里，学生进行实际操作训练，培养综合素质，以不断提高技能熟练程度，形成专业技能、技巧和技术应用能力。

1. 几点经验

①实训室布局工位化。学校新建成的汽车实训中心大楼，在厂房高度、面积大小、采光通风方案、电力配备、高压气源供应等方面均按照实际生产需要配置，实训工位分成三个大区，即总成区、整车区和钣金喷涂区（见下图）。

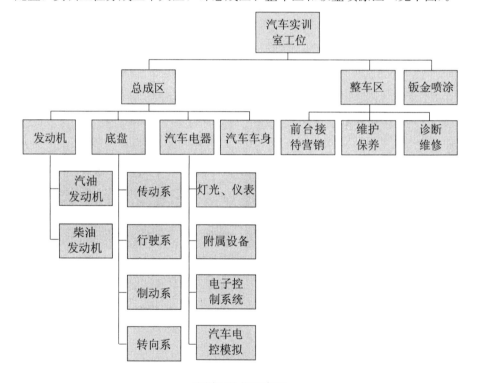

实训工位化示意图

②教学组织班组化。实训教学采用班组化，即一个教学班分为两个小班，每个小班分为四个学习小组，任课教师承担一个小班的实训教学。讲解示范时全班集中，分解组装时按小组分散学习和训练。这样，任课教师就有更大的精力进行有针对性的教学管理，讲解的内容也会增多，且更为详尽。

③教学内容任务化。学生进入实训车间，教师按不同的年级、班级和教学进度，分配给与之适应的实训任务。学生每学期按教学进度要求完成相应

的项目任务，通过考核得到相应的成绩和学分。如在洗车美容实训任务区，学生通过学习、教师指导，必须掌握洗车的基本操作流程、动作规范、打蜡的操作要点等。学生在学习中工作，在工作中实习。主要任务区见下表。

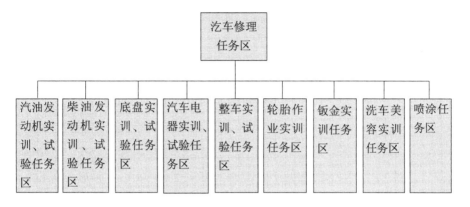

教学任务化示意图

④考核方式多样化。打破传统的学习考核方式，实训工位学习实行与生产相近的多样化考核。一是单独考核，主要考核学生个体对基本知识的掌握程度，如重点考察对零部件的认知、总成的结构与工作原理、主要技术参数及生产用表填报等；二是双人考核，主要考核学生的协作和配合，如整车的二级维护考核，学校就以两名学生为一个小组，让他们共同完成考核；三是班组考核，以小组为单位，检验学生的技能应用和技术拓展能力。

2. 推广及建设中应注意的问题

①汽修专业校外实训基地较多，学生分散，给管理带来一定的难度。

②对口实习率偏低，4S店一般一年招的实习生人数很少，而中职学校汽修专业学生年龄偏小，整体素质较低，与较成熟的高职汽修类毕业生竞争不具有优势。

③汽车电器、钣金、喷漆工位很缺人，而且待遇也较高，但中职生不愿意从事这个岗位，需要教师进行职业指导和引导。

总结学校实训基地建设走过的历程、运用的方法、克服的困难和取得的成绩，我们认为，转变观念是先导，高度重视是保障，改革创新是途径，取得实效是目标。

一是转变观念，树立正确的职业教育观。学校坚持"就业导向，服务宗旨，高端引领，校企合作"的办学理念，秉承"使无业者有业，使有业者乐业"的校训，致力于形成"学进业精"的校风和"德技双优"的学风，以学校所开专业为基础，分类加强校内实训基地的建设，加大实践性教学环节。在基地建设中，学校始终坚持统筹规划，建设一体化教室，开发一体化教材，培养一体化教师，推行一体化教学；始终坚持每一类专业都有相应的实训基地；始终坚持企业化的标准，在实训中心的区位规划、工位设置、安全管理、操作规程等方面均以相关企业车间的标准来规划建设；始终坚持以校企合作为动力，探索"引企入校""办教于企"的模式，通过培训送进企业，学生实习安排到企业，争取企业的生产车间、培训中心建在学校，企业在设备投入、技术服务等方面支持学校实训基地的建设，提升实训基地建设的标准化水平。学校在第二学期到第四学期均按教学计划开设相应的实训课，优化了课程结构，强化了技能培养。

二是高度重视，落实实训基地建设的任务。2006 年，学校首次把学生安排到沿海发达地区的企业中参加顶岗实习，在与企业沟通及获得信息反馈的过程中，学校发现，学生的技能熟练程度及岗位综合能力无法适应企业的要求，学生要经过较长时间才能胜任岗位工作。经反复调查后，学校将实训基地建设作为学校的基础性、优先性工作来抓，成立了顶岗实习工作领导小组，统筹开展实训基地规划、建设资金筹集、实训教学计划制订等方面的工作，学校领导、各部门主要负责人合作分工，将具体的工作任务明确到具体的责任人。在实训基地的建设过程中，相关人员多次到企业考察调研，将企业先进的管理文化、设计理念和标准化的建设模式引入学校，以指导实训基地的建设。

三是改革创新，切实增强实训基地建设的实效。实训基地在建设中面临的最大难题是观念的突破。传统教学中理论主导的教学观是老师们习以为常、乐于接受的。开展实训课教学，教师要对着机器设备讲原理、讲操作、做示范，这对他们来说有很大的困难。学校在认真了解教师的现状后，通过培训和现场观摩等方式做好思想动员工作，在此基础上，在新建的教学楼里建设了一体化教室，配备了相关设备，开发了一体化教材，培养了一大批一体化教师，并通过试点的方式率先在财经类、数控类和机电类专业推进一体化教学改革。同时，引入与学校合作企业的生产线，将车间建到了学校，学生参与企业产品的生产，将理论运用于实践中。最后，学校对试点专业进行认真总结，并在全校进行推广。

四是务求实效，实现校内实训基地的可持续发展。学校将实训基地建设视为增强学生就业竞争力的基础性工程来抓，并把实训教学与服务师生、服务企业有机地结合起来。在实践中，焊工类学生完成了 2000 多张学生用铁床的生产和安装，参与了学生用课桌、椅子的生产；电子类学生在企业技术人员的指导下，参与企业电子显示屏的安装；财经类学生以校内实习超市为平台，实现开展实训与服务师生同步。这些富有实效的实训活动为实训基地建设的可持续发展提供了保障。

经过几年的实践探索，学校在实训基地建设中有以下几点体会：第一，把实训基地建设作为职业学校基础建设的重点，加大实践教学力度，提升学生的技能水平和岗位综合能力；第二，引入企业优质资源，提升学校的综合实力，通过加强与企业的沟通，争取企业在设备、技术及建设方面的支持帮助，建设与企业工作环境高度一致的实训基地，进而增强实践教学的针对性和实效性。第三，将建设实训基地和服务师生发展有机结合，通过实训的生产化、生活化为实训基地提供持续发展的动力。

 专家点评

理实一体化是借鉴德国"双元制"教学模式，针对传统的三段式教学的弊端而建立起来的应用型人才培养的一种方法、模式和理念，是杜威"做中学"实用主义教育思想的具体运用。它要求将理论学习和技能训练紧密结合在一起，以技能训练为主线，以突出培养学生的操作技能为重点，强调"在做中学，在学中做"，既能实现理论与实践的完美结合，又能发挥学生的主体作用，重视对学生创新精神和综合能力的培养，充分体现了职业教育的特色。

理实一体化的实施不是一句口号，而是扎扎实实的行动。

首先，要树立理实一体化的理念。教育理念是对教育本质的看法，是一种价值的判断。理念不同于观念，观念可以是大众的、人云亦云的，但理念必须是自己的。教育观念只有通过自己的理性思考和亲身体验才能变成个人的教育理念。因此，教育理念决定着教育实践。要实施理实一体化教学，理念必须先行。

其次，要建立理实一体化的模式。教学模式是在一定教学思想指导下建

云南省玉溪工业财贸学校

结合学校特色建实训基地 持续创新走内涵发展之路

立起来的、为完成教学任务而运用的比较稳定的方法、程序及策略体系，包括教学的目标、程序、内容、方法与评价。实施理实一体化教学必须打破传统的目标、程序、内容、方法与评价体系，建立与之配套的新体系。这是实施理实一体化教学的关键。

第三，要设置理实一体化的课程。课程是学校为实现培养目标而选择的教育内容及其进程的总和。任何一种先进的教育思想都必须通过课程来落实。课程是实现目标的核心载体。不打破传统的课程体系，理实一体化的目标就不可能实现。

第四，要具备理实一体化的条件。必要的物质基础是办出职业教育特色的保证。要实现理实一体化的目标，不仅要建立相应的实验室、实训室、实训基地等，还要打造一支具有实践经验的"双师型"专兼职教师队伍。

第五，要采取理实一体化的方法。教学方法是教学过程中教师与学生为实现教学目标、完成教学任务要求所采取的行为方式的总称。教学方法包括教师教的方法和学生学的方法两个方面，是教授方法与学习方法的统一。理实一体化的基本要求就是突出学生的主体地位，实现教、学、做合一。

云南省玉溪工业财贸学校按照"资源高效、理实一体、做学合一"的思路开展教学活动，将实训室布局工位化、教学组织班组化、教学内容任务化、考核方式多样化，体现了完整的理实一体化思想。

（点评：张社字）

创新实训基地运行模式 开创互利共赢局面

——河南省职业教育公共实训中心

名校／名校长简介

　　王春阳同志，河南省职业教育公共实训中心校长。王校长在抓好正常教育教学管理工作的同时，充分利用业余时间和寒暑假主动学习，深入研究职业教育教学的前沿问题，准确把握职业教育的发展方向，并把研究成果撰写为高质量的专业论著和论文，先后公开发表论文 12 篇，专著 2 部，充分展示出较强的理论水平、专业水平和教研水平。王校长于 2010 年获省教育厅"全省教育服务年活动先进个人"荣誉称号，2009 年被省教育厅评为河南省教育系统优秀工作者。

　　2010 年，王校长参与的《河南省职业教育公共实训中心专业建设方案研究报告》获河南省职业教育教学成果一等奖，2010 年，《电子商务创新教学》CAI 多媒体课件，获河南省职业教育教学成果二等奖，2007 年，数控车床编程与操作实验教学课件，获河南省职业教育教学成果一等奖。

　　在王校长的领导下，学校坚持以人为本、依法治校、科学发展的办学理念，狠抓教师、教研、教改三项工作，以就业为导向、以市场为依托、以能力为本位，促进学生综合素质的全面发展，同时，学校主动创新，不断提升学校的教育质量，建立长效的管理机制。

在王校长的领导下，学校多次受到教育主管部门的表彰。2007年，学校被省直工委评为省直机关"五好"党支部，2008年被省教育厅评为河南省安全校园展示活动优秀学校，2009年被省教育厅评为全省教师培训年活动先进单位。

一、先进的办学理念

王春阳校长坚持以人为本、依法治校、科学发展的办学理念。具体来说，以人为本落实在学校管理中就是注重发挥教师、学生的作用，狠抓教师、教研、教改三项工作。他明确指出教师团队建设工作的重要性，反复强调教师要重师德、讲品行、爱生如子，针对中职学生年龄偏小、自控能力弱、实现自我价值愿望强烈的特点，要求全体教职工在学生管理工作中做到以情感人、以理服人，动之以情、晓之以理，做到关爱学生、理解学生、尊重学生，特别是尊重犯错误学生的人格和自尊。

在学校发展相对困难的关键时期，王春阳校长明确提出练内功、抓管理、迎接挑战，带领学校全体职工艰苦奋斗；在学校迎来新的发展机遇时，学校领导班子审时度势，深入基层了解情况，多方调研，积累经验材料，主动汇报工作争得上级部门的支持，尊重专家组意见形成科学决策。

二、独具特色的办学宗旨

学校以服务为宗旨、以就业为导向、以市场为依托、以能力为本位，促进学生综合素质的全面发展。在学校管理中，王校长强调服务学生、服务教师、服务社会的重要性，紧跟时代发展步伐，结合学生需求、市场需求和社会需求积极主动调整学校的专业设置。在学生培养上，学校提出做事先做人，注重学生综合素质的培养和提高。结合学生文化基础知识薄弱、学习技能的积极性较高的特点，提出宽基础、活模块、重技能的教学指导思想，科学调整专业课程结构，采用动态学生成绩评价方式，把德育课程、第二课堂、学生日常行为规范、学生社团活动量化到学生综合成绩评定中，使学校提出的"日日有进步，人人能成才"的学生管理思想得到真正落实，强化了学生的责任意识、团队精神、奉献精神和自律意识。在专业技能的训练上，

教学培训楼

合理采用小班教学、轮班上机的实训方法，大大增加了学生上机实训的机会，并明确提出"教学生产化，生产教学化"，以学生的实际产品作为专业成绩的评价手段，激发了学生学习技能、主动参加实训的积极性，真正实现了作业与产品合一，成绩与技能合一。综合素质的提高和专业技能的提升增强了学生在就业市场中的竞争力，学校毕业生近三年呈现出供不应求的局面，学校发展走上了良性循环的发展道路，办"学生满意的学校和社会满意的教育"的理念得到了真正的落实。

三、大胆改革，主动创新，推动学校质量、规模稳步提升

在学校发展过程中，王春阳校长清醒地意识到，规模重要，质量更重要，没有质量的规模发展是不可持续的，他明确提出建立学生管理、教学管理的长效机制。针对学生的实际情况，加强班主任管理的力度，配备责任心强、经验丰富的教师担当班主任，实行准军事化管理模式，实现管理育人、环境育人。要求所有班主任全天跟班，主动融入学生的生活、学习当中，与学生交朋友，了解学生的情况。要求班主任在管理学生的过程中严爱结合、爱生如子、尊重学生、理解学生。班主任的辛勤工作无形中感化了学生，"我要学"成了学生们的自觉行动。在教学管理中，学校推行专家治校，定期开展专家评教、领导评教、同行评教、学生评教等教学评价活动，督促教师解决教学中存在的问题，促使全体教师主动掌握教学技巧、创新教学手段、转变教学模式、增加师生互动环节，提升了全体教师的责任心，激活了课堂氛围，调动了学生的学习积极性，真正实现了教师、学生、学校教学质量多赢的良好局面。学生管理、教学管理长效机制的建立，有力地推动学校办学质量、办学规模的同步提高。

一、项目规划指导思想及目标

（一）项目规划指导思想

紧紧围绕本地区产业发展的最新趋势，从高端需求入手，提供最先进的实验实训设备和专业实训、科研和科技成果转化平台，服务于职业院校学生的实验、实训、顶岗实习和师资技能培训以及企业职工、社会公众的中高层次技能培训，整体提升技能型人才的培训水准，提升区域人口素质和区域经济竞争能力，进一步推动我省经济跨越式发展。

立足郑汴新区，面向河南，辐射中西部，依托区域内企业，重点建设技能型人才紧缺的专业，坚持为"中原崛起，工业强省"战略服务，为郑州市成为制造业和高新技术产业基地、现代服务业中心服务。探索校企之间深度融合的新合作方式和运行机制，创新人才培养模式，建成专业优势突出、教学特色显著、师资力量雄厚、实训设施先进、国内一流的公共实训平台。

（二）项目建设要求目标

1. 高起点规划

突出专业建设的前瞻性和实用性；突出设备选择的高、新、难、少原则；突出对急需职业、新兴职业、长周期职业和前瞻性职业的开发。

2. 高层次培养

坚持面向职业院校学生及教师、面向企业员工、面向社会各类人员，实施先进的仿真模拟教学、实习实训教学和顶岗实习教学活动，实行"教学生产化，生产教学化"，突出"五个合一"，

实训厂房

即车间与教室合一，生产与实训合一，学生与学徒合一，教师与师傅合一，作业与产品合一，提高培训效果，满足中高层次人才技能提高的需求。

3. 高效率运营

坚持科学先进的管理理念，实行独具特色的管理体制和运行模式，充分发挥公共实训中心自身的优势，保证中心的高效率运营和可持续发展。

4. 高水平发展

不断加强职教改革，学习借鉴先进的教育教学管理经验，积极探索多元化的"校企合作、校际合作"模式，满足社会需求，始终保持中心的领先地位。

二、实训中心建立的必要性与可行性

(一) 建立职业教育公共实训中心的必要性

1. 是提升全省人口素质和区域经济竞争能力的迫切需要

发展职业教育，将会使人口的数量优势转化为人力资源优势，造就数以千万计的高素质劳动者。

河南省是人口大省、农业大省，人口达一亿左右，人均自然资源量偏少，工业经济比较落后。虽然我省制造业企业数量大，但小型企业数量占多数，且均为低端产品，其销售收入占全国销售额的比例偏低，集产品研发、生产、测试与销售为一体的工业企业很少。大部分中小企业缺少高级

实训中心鸟瞰图

技能人才，低级技能人员偏多，研发能力普遍不足。许多企业只是仿制生产和贴牌生产，缺乏自主品牌及知名品牌。在未来 10 年中，劳动力成本将持续上升，河南省的劳动力数量优势已逐渐转化为人力资源劣势。

2009 年 10 月，河南省委、省政府提出"郑汴新区"开发战略，包括"大郑东新区"和"汴西新区"，沿郑开大道和连霍高速建设"郑汴产业带""高新技术和物流产业轴"和先进制造业产业区、技术产业园区、有色冶金和煤化工区、商务商业区、现代物流、临空产业区、休闲旅游区、出口加工区、循环经济和创新产业区等 9 个功能区。为与河南省 GDP 增长幅度相适应，专门人才的数量需要从现在的 400 万左右增加到大约 800 万左右。

走工业化道路，提升全省人口素质和区域经济竞争力，最迫切、有效的途径就是加快推进职业教育工作，大力发展职业教育，造就数以千万计的高

素质劳动者、数以百万计的专门人才和一大批拔尖创新人才，将人口的数量优势转化为人力资源优势，适应河南省国民经济的持续高速发展的需要。

2. 是发展职业教育、适应河南经济发展的迫切需要

河南省职业教育发展跟不上社会经济发展的步伐，"双师型"教师占专任教师的比例偏低，职业教育专业结构不合理，传统专业重复建设，诸多因素直接造成职业教育质量普遍不高。

（1）职业教育规模发展跟不上社会经济发展。目前，河南省职业院校在校生总数达 215 万，中等职业学校在校生 149 万，在整个教育结构中的比例明显偏低，中等职业学校输送人才的数量远不能满足社会需求，职业教育的发展规模跟不上社会经济发展的步伐。《河南省人民政府关于实施职业教育攻坚计划的决定》中指出，到 2012 年，全省职业教育在校生规模达到 262 万人，其中中等职业教育在校生达到 190 万人。

（2）职业教育专业结构不合理，专业重复设置。目前，河南省职业教育专业结构不合理，专业重复设置，办点过多。郑州地区中职学校计算机应用、财会等传统专业在校生已达 10 万人以上，而先进装备制造业、高新技术产业、现代服务业等急需专业的开设量不足，人才结构不合理，必须加快培养与社会经济发展相适应的紧缺专业人才。

（3）职业院校"双师型"教师占专任教师的比例偏低。全省中职学校教职工已近 80000 名，专任教师 55000 名，"双师型"教师占专任教师比例不足 16%，有 46000 余名教师需要进行"双师型"技能培训。目前，每年参与国家级、省级培训的教师不到 2500 人，远远不能满足实际需要。

（4）社会公众对职业教育的需求越来越大。近些年，农村城镇化进程加快，到 2020 年，河南省将有 2000 多万人由农村户口转为城镇户口。未来 10 年，平均每年将有 100 多万农民需要接受就业培训。历年累积的几十万就业困难的大学毕业生，再加上城市青年和下岗再就业人员的技能培训，就业、再就业的培训需求越来越大。

种种情况表明，在重点专业领域建成一个具有教育、培训等多种功能的省级职业教育实训基地，加快培养技能型紧缺人才，是我省职业教育的重大而迫切的任务。

3. 是提高我省职业教育质量的迫切需要

随着招生数、在校生数的增长，职业教育的资源条件也必须相应同步协调发展。据调查，近几年，河南省大多数中等职业学校在招生数、在校生数

等方面增长幅度较大，与之相对应，除"双师型"教师占专任教师的比例有
所增长外，中等职业教育在教师数量、校舍、教学设备和图书资源方面却没
有相应的增长，有的甚至大幅度下降。从下表可以看出，河南省中等职业教
育"双师型"教师占专任教师的比例，教师数量、生均校舍建筑面积、生均
设备仪器值、生均图书资料等远远跟不上规模发展的速度，没有实现规模、
质量、效益、结构的协调发展。而有些规模较大的职业院校又因种种因素实
验、实训设备利用率低，甚至长时期闲置，造成教学资源的极大浪费。建一
个集约化、公益性、资源共享型的职业教育公共实训中心，能有效弥补职业
院校技能实训的薄弱环节，避免因重复建设造成资源浪费。

河南省职业教育规模、质量、效益、结构情况表

年份 项目	2006 年	2007 年	2008 年	2009 年	变化 趋势
招生增长率（%）	12.3	23.1	34.9	38.4	↑↑↑
在校生增长率（%）	14.6	17.4	25.4	32.3	↑↑↑
双师型教师比例（%）	8	10	13	15.7	↑
生师比（师∶生）	1∶18	1∶21	1∶25	1∶26	↓↓
生均校舍建筑面积（m²）	13	11	10	8	↓
生均设备仪器值增长率（%）	−2	−4	−7	−12	↓↓↓
生均图书资料增长率（%）	−6	−11	−15	−18.8	↓↓↓

4. 是改善实训条件、提高教育质量的迫切需要

目前，河南省71%以上的中等职业学校分布在各地乡镇农村，郑州、开
封在建的职教园区已有30余所职业院校进入。由于职业教育办学经费不足，
大多中等职业学校规模小，实验、实训条件简陋，技能训练设施及设备档次
低、数量少、设施不配套。由于实训条件差，学生缺少动手实践的机会，毕
业生实践技能普遍不高，人才培养与人力资源需求的结构不相适应。从下图
中可以看出，河南省职业学校在招生数、在校生数增长后，学生人均教学设
备仪器值增长率却没有相应同步增长，而是大幅度下降（−12%）。职业教
育办学的投入跟不上职业教育的发展。

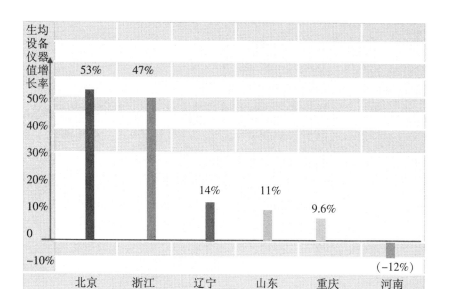

主要地区职业教育生均设备仪器值增长率比较

（二）建立职业教育公共实训中心的可行性

1.《河南省人民政府关于加快推进职业教育攻坚工作的若干意见》为攻坚项目的落实提供了重要保障

《河南省人民政府关于加快推进职业教育攻坚工作的若干意见》要求各级财政、教育及有关部门落实各项政策，落实财政经费，把筹措经费事宜提上重要日程，各项资金必须落实、必须到位，这一意见对提升全省人口素质、解决区域经济竞争能力有巨大推动作用。河南省财政厅对本项目建设给予大力支持，并提出指导性意见。

河南省财政的投入、引导必将推动职业院校、企业和社会"校校联合""校企合作"的深入开展。河南省教育厅及相关部门各级领导多次召开办公会议专题研究，亲自指导项目规划布局，邀请专家参与决策，初步优选建设方案等，并进行科学、严密的组织规划，为本项目提供指导。

2. 河南省经济持续高速发展的需求是项目实施的保证

河南省经济的高速发展，郑汴新区的建设，吸引了大批国内外知名企业进入或即将进入新区，高技能人才的需求随之增加，尤其是汽车制造及后市场服务、现代物流、数字制造、艺术设计与传媒等行业对中高层次技能人才的需求激增。加快培养和造就一大批专业技能型人才，与引入的先进设备、仪器、工艺、管理等同步提升，才能加快河南经济的发展速度。

3. 河南省职业教育发展的需求是项目实施的动力

郑州、开封职教园区和郑州市、周边区县、市职业院校学生专业实训需求，全省职业院校"双师型"教师技能培训需求，建立科学研究、科技成果转化平台的需求，是项目实施的动力。

（1）郑州、开封职教园区和郑州市、周边区县、市职业院校学生的专业实训需求。目前，河南省职业院校在校生总数达 215 万，到 2012 年，全省职业教育在校生规模达到 262 万，其中中等职业学校在校生由现在的 149 万增加到 190 万。目前，郑州、开封在建的职教园区已有 30 余所职业院校，中等职业学校和产业发展重点相关的几个主要专业在校生数量已达 18 万之多（见下图）。有些专业如会展设计与制作、制造业物流等专业人才紧缺，需要加大专业建设的投入。预计，每年要有超过 10 万名学生需要进行不同专业技能的实训，但各学校普遍存在技能训练设施及设备档次低、数量少、设施不配套的问题，所以，建设一个综合的公共实训基地并向社会开放，使职业院校学生通过实训，尽快掌握适应社会经济发展需要的技能。

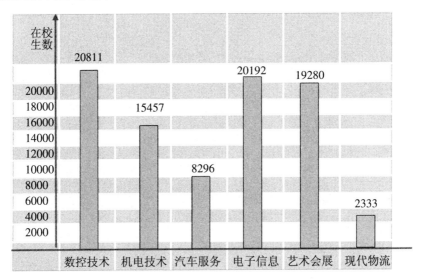

郑州—中牟—开封区域职业院校主要专业在校生数量

（2）全省职业院校"双师型"师资技能培训需求。目前，全省中职学校专任教师 55000 名，"双师型"教师占专任教师的比例不足 16%，目前每年参加国家级、省级培训的不到 2500 名。虽然省级财政每年为培训项目支出近千万元，但由于培训机构过于分散且不稳定等因素，相关行政部门难以实行更加有效的管理和督导，教师培训中出现的问题不能及时得到解决。公共实训中心作为河南省唯一的师资培训专门机构，将针对师资培训特点进行专业规划，配置实训设施，完善教学设计和技能等级鉴定，有效提升河南省的师资技能培训能力和水平，进一步推动"双师型"教师队伍的建设。

（3）社会公众职业教育的需求。近些年，农村城镇化进程加快，到2020年，河南省将有2000多万人由农村户口转变为城镇户口，其中有1000多万农民需要接受就业技能的培训。《河南省人民政府关于加快推进职业教育攻坚工作的若干意见》指出，充分利用职业教育资源开展农村劳动力就业、创业培训和农村致富带头人培训，开展农民免费培训试点，使这部分学员通过培训掌握就业技能，完成农村劳动力转移。建设公共实训基地并向社会开放，开展社会就业和再就业培训，有利于整体提升区域人口素质和区域经济竞争能力，保障和改善民生，创建和谐社会。

（4）建立科学研究、科技成果转化平台的需要。由于河南省多年积淀的科技成果数量较多，而科技成果转化率比较低，职业教育公共实训中心着力构建一个科技成果转化平台，积极推动科技成果迅速转化。建设河南省职业教育公共实训中心将配套建立科学研究机构，紧跟科技领域前沿创新成果，为企业"新产品开发"提供优质服务。

三、专业建设规划

（一）建设目标

（1）以综合能力建设、专业特色建设和社会服务能力建设为重点，搭建校企深度融合的公共实训平台，建设5个特色鲜明、品牌优势突出的专业实训部。

（2）广泛吸纳行业、企业和国外教育资源，引进先进的企业文化、职业道德规范、职业资格标准和岗位技能要求，创新具有"订单"特色的人才培养模式及基于工作过程的课程体系建设。

（3）建设专兼结合、"双师"素质突出、专业结构合理、具有良好的职业道德的专业教学团队。

（4）建设校企合作，集教学、生产、研发、应用于一体的开放性实训基地。

（5）建设与人才培养模式相适应的教学质量监控与保障体系。不断强化内涵建设，进一步增强社会服务能力和可持续发展能力，把中心建设成国家职业教育改革综合试验区的示范性工程、河南省职业教育攻坚计划标志性工程、郑州市职业教育园区基础性工程。

（二）专业选项

根据中心总体定位及功能设置，入选的专业需满足以下要求：

（1）开设专业涉及的产业符合河南省及郑州市国民经济重点发展方向，在区域经济发展格局中占有重要地位。优先考虑设置已列入郑汴新区产业建设规划的相关专业。

据此要求选取的专业类群涉及汽车制造、物流、通讯、文化产业，在国家及河南省重点产业调整振兴规划、河南省"十一五"高新技术产业发展规划和郑州东部区域经济发展战略规划中均占有重要位置。

（2）开设专业应为目前职业院校实训教学中最为欠缺的专业，在为职业院校师生提供实训服务中发挥重要作用。优先考虑设置全省和郑州市职业院校在校生数量较多及郑州市职教园区入驻院校已开设的专业。

据调查统计，目前全省职业院校开设专业可分为 20 大类，按在校生数量统计，在全省职业院校前 15 位及在郑州市职教园区入驻院校已开设的专业中均包含本方案拟选的 5 个专业，在郑州市、开封市及中牟县职业院校前 15 位的专业中包含本方案拟选的艺术、汽车、电信、制造等 4 个专业。

（3）开设专业能够适应郑汴新区及中原城市群骨干企业的人才需求，为所在地企业的持续发展提供人力资源。优先考虑设置与区域内已建成或建设中的大型企业紧密关联的专业。

目前，正在建设的郑汴新区及其辐射范围内，与拟选专业类群相关的产业建设已具有相当规模，其中不乏实力雄厚、行业领先的大型或特大型企业。专业选项优先保证了相关企业的人才需求，同时，为日后实行校企合作模式奠定了基础。

根据中心专业类群选项，规划建设 5 个实训部：现代汽车服务技术实训部、现代制造技术实训部、电子信息技术实训部、艺术设计与传媒实训部、现代物流技术实训部。总实训容量 5000 人，满足 150 个以上岗位工种的实训要求。

四、运作模式及成本分析

（一）创新思路，探索出现多种建设和运作模式

（1）结合实际，因地制宜地建设公共实训基地。青岛的实训基地是在学

校现有条件的基础上改建、扩建的，上海、深圳选择新址进行科学规划，建设全新的、高水平的公共实训基地。是改建、扩建，还是选新址建设，各地都结合自己的实际，树立了"大教育"一盘棋的思想，在公共实训基地的建设中起到了积极的作用，值得我们借鉴学习。

综合楼

（2）力求免费或适当收取材料或工本费开展公共实训鉴定服务。各地创造条件，结合国家就业再就业政策，通过承担政府培训项目等方式，规范合理地获得政府公共职业培训补贴经费的支持。如上海的实训基地，以政府购买服务项目的形式，全部实现免费实习。青岛、无锡、深圳等暂不具备条件开展免费服务的公共实训基地对所提供的服务在向当地财政、物价部门申请核定收费项目和标准后，仅适当收取培训的材料消耗费或鉴定成本费，并实行收支两条线管理，收入上缴财政管理，支出通过预算申请。这些措施也可以给我们提供思路。

（3）以政府投入为主，解决公共实训基地的建设资金问题。在这个问题上，各地的做法也有可取之处。各地积极争取当地政府的重视，争取财政部、发改委等有关部门的支持，上海市政府投资 12 亿元，青岛市政府投资近 2 亿，其中教育部和财政部提供了 700 万元，深圳市、无锡市政府投资都在 5 亿元以上。各地政府从高技能人才专项工作经费、城市教育费附加、企业职工教育统筹经费以及国家职业教育基础设施建设专项经费等资金中筹措，或通过就业再就业资金、失业保险基金解决。各地还将公共实训基地的建设、运行和维护纳入地方财政预算管理，编制人员工资由当地政府财政全额拨款。就业再就业资金、失业保险基金在促进就业方面发挥了重大作用，充分发挥了政府的"输血"功能。

（4）加强公共实训基地与企业的合作。通过为企业提供服务，获得企业支持，由企业为公共实训基地提供资金支持，实训基地在一定期限内免费为企业提供实训服务或给予企业实训教室（车间）冠名权。鼓励社会或个人依法捐赠，为公共实训基地建设提供资金、实物或其他支持。如无锡基地，将其基地划分为项目实训区和工厂实习区，将工厂引入基地，学生可以在工厂定岗实习，得到了实际生产锻炼的机会，工厂也有了稳定的、低成本的员工,增强了"造血"功能。

(二)高度重视公共实训基地的良性发展

(1)实训基地的规划和建设只要有政府部门积极支持,不论投资多少,都可以起步,为社会创造一个技能培训的平台。

(2)实训基地要体现公益性、公共性,做好技能培训和鉴定工作。只要本着为社会服务的态度,而不是为某些小集体的利益或盈利为目的,实训中心是可以良好地运行下去的。

(3)实训基地要持续发展下去,必须要有政府的持续投资。基地通过市场融资或适当收费予以补助,再结合政府的持续投资,让计划与市场结合,政府"输血"与基地"造血"互补,实现可持续发展。

(三)合作共建、互利共赢的新模式

中心按照"公益性培训与市场化运作相结合,计划统筹与市场调节相结合,'输血'与'造血'功能相结合"的指导原则,实行"政府投入,基本保障;开放服务,成本分担;合作共建,持续发展"的运作模式。

(1)政府持续投入一定的运行经费,有利于中心充分体现公益性。中心的公益性定位决定了中心是一个非盈利培训机构。因此,应当在尽可能降低参训对象负担的同时,向参训者提供超值服务。为了保证这一目标的实现,政府应给予一定的经费投入,从而保障中心的正常运行。

(2)成本分担方式有利于参训单位共享优质资源。目前,我省尚未建有独立的区域性公共实训中心,但是,按照区域性资源共享原则建设的公共实训基地已相继建成并已投入使用。基地运行中已发现的突出问题之一是资源利用率低,即便是资源利用率较高的实训基地,使用范围也更多局限于一院一校或合作校企之间,远未达到在辐射区域内实现优质资源共享的要求。

以上分析中涉及的各种因素,应在本中心建设中充分考虑,通过设置可行的运行方案,尽量避免各种不利因素,以实现最大限度地利用优质教育资源的目标。中心采取培训成本分担方式,充分考虑参训单位的接受度,较大幅度减轻了参训单位的负担。

实训中心

由于河南省尚无独立建设开放型公共实训中心的先例可供参考，本中心在设计运行模式过程中较多参考了外省市已建成并较为成熟的公共实训中心运行实践经验，通过消化吸收，结合本省实际，提出了培训成本分担方式。目前，上海、深圳等地公共实训中心均采取了类似的实训成本分担方式，运行较为稳定，收到了良好效果。

（3）实行多元化合作共建，是解决中心可持续发展的根本出路。一个具有专业特色的先进公共实训中心，在职业教育人才培养中占有至关重要的地位，但其建设与发展需要大量的资金。不仅前期建设在项目开发和基本建设上需要有相当大的资金投入，实训中心建设完成、投入运行后，在日常运行管理、专业设备维护、项目改造提升等方面也需要有资金的持续投入。但是，完全依靠政府财政资金的不断投入来满足实训中心的发展建设需要，将对政府财政造成很大压力。因此，需采取多元化合作共建的模式，多方吸纳资金，实现实训中心的可持续发展。

河南省职业教育公共实训中心建设方案经过专家组论证、省教育厅党组会议决议通过、省发改委项目立项建设，进入全面建设阶段，看似简单的几个环节，凝聚着专家、学者、领导的心血和汗水。学校领导经过冷静思考，科学分析，缜密论证，一致认为项目的成功立项、建设得益于以下几个方面。

一、围绕经济发展方向，准确定位

作为为经济建设服务的教育事业，特别是职业教育事业，其发展离不开经济发展这一中心。河南省是一个人口大省、农业大省、工业大省，在发展经济的过程中虽然取得了辉煌的成绩，但人均经济总量、人均自然资源量却明显偏少。河南省政府结合全省人口素质的实际和提升区域经济竞争能力的战略目标，明确提出经济发展，教育先行。要实现人口大省、农业大省、工业大省向人口强省、农业强省、工业强省的转变，必须加快推进职业教育攻坚工作，大力发展职业教育，将人口的数量优势转化为人力资源优势，造就数以千万计的高素质劳动者，以适应我省国民经济持续高速发展的需要。

学校在调研河南省企业人才情况，河南省 GDP 指标与培养专门人才数量同步增长趋势，河南职业教育规模、质量、效益、结构情况，全国主要地区职业教育生均设备仪器增长率，郑州—中牟—开封区域职业院校主要专业在校生数量时，极大的数字对比反差刺痛了我们，实训中心项目建设不是建不建的问题，而是建晚了。痛定思痛，学校在项目建设规划时明确提出高起点规划、高层次培养、高效率运营、高水平发展的"四高"目标，使职业教育积极承担促进经济发展的责任，将河南省职业教育公共实训中心建设成为国家职业教育改革综合试验区的示范性工程、河南省职业教育攻坚计划标志性工程、郑州市职业教育园区基础性工程。

二、抓住职业教育发展机遇，切实解决职业教育实训中存在的突出问题

职业教育是素质教育，职业教育是技能教育，职业教育是就业教育。随着职业教育规模的扩张，职业教育的重要资源，如校舍、教学仪器、图书等却没有相应地协调同步增长，特别是实训设备的投入速度更是严重滞后于职业教育规模的扩张速度，严重制约职业教育教学质量的提高。实验、实训条件差，技能训练设施设备档次低、数量少，设施不配套成为职业学校实训课程面临的共性问题。面对上述客观情况，国家和省政府先后出台了相关政策，加大投入力度，并制订出切实可行的职业教育攻坚工作意见和职业教育实训基地建设工程实施意见。面对难得的职业教育发展机遇，学校领导先后考察了辽宁省职业教育发展情况，了解了上海、深圳、青岛、无锡职业教育公共实训中心的建设及运行情况，走访调研全省职业教育学校，系统分析全省职业教育学生人数、专业分类情况、企业用人需求情况，以详实的数字和客观的事实向上级主管业务部门汇报。相关专家和业务主管部门一致认为河南省职业教育公共实训中心的建设是解决实训问题的最佳途径，可以同时满足职业院校学生的实习需要，"双师型"教师技能培训的需要，企业"技能型"人才的培训需要，社会就业、再就业的培训需要，职业资格考核、鉴定的需要，企业研发和成果应用的需要，创新和创新人才孵化的需要。特别是实训中心的公益性、开放性、先进性特色，更使有限的财政资金体现出最大的投资价值，推动河南职业教育又好又快地发展。

三、创新实训中心的运营模式，开创互利共赢的新局面

长期以来，在我国教育发展历程中，学校与学校之间、学校与企业之

间、学校与社会公共服务方面之间是相对封闭的，企业对学校培养的人才认可度不高，企业需要的人才，学校培养的针对性不够。其原因是校校合作、校企合作的深度、广度、力度不够。这与社会的开放性和市场经济资源配置的广泛性、多元性严重相悖。河南省职业教育公共实训中心的"政府投入、基本保障；开放服务、成本分担；合作共建、持续发展"的运作模式彻底打破学校与学校、学校与企业、学校与社会之间的壁垒，充分发挥实训中心公益性的特征，真正实现设备共用、费用共担、效益共享。实训中心成为联系企业、院校、社会团体的新平台，并开展多元化的深度合作，与企业、院校、社会团体共建教学、生产、科研、应用一体化平台，最终形成教学生产化、生产教学化，进而实现"车间与教室合一，生产与实训合一，学生与学徒合一，教师与师傅合一，作业与产品合一"，真正实现学校与企业、学校与行业、学校与社会的无缝对接。

　　河南是人口大省、农业大省、文化大省，也是新兴的工业大省，河南省中等职业教育招生数和在校生数一直位居全国前列。因此，2008年开始，教育部与河南省人民政府共建开展了河南职业教育改革实验区。省政府出台了职业教育攻坚计划，营造了良好的职业教育发展氛围。国家在实施"中部崛起"战略之后，2010年将中原经济区建设列入国家战略，为河南职业教育事业的发展注入了新的生机与活力。在原来实施的"就业拉动"战略、"职教强县"战略、"职教集团化发展"战略之后，河南省围绕攻坚计划采取了一系列强有力的政策措施，如薄弱中等职业学校建设计划工程、职业教育实训基地建设工程、示范性职业院校建设工程等。其中省级职业教育实训中心建设就是其中的重要工程之一，即用4年时间，在省会城市集中投入建设1—2个资源共享、辐射力强、覆盖面广、服务优质的职业教育公共实训中心。河南省电子科技学校承担了第一个省级职业教育公共实训中心的建设任务，应该说既是荣誉，又是责任；既是机遇，又是挑战。省级职业教育公共实训中心作为一个新生事物，有许多理论与实践问题需要探索，如如何实现职业教育公共实训中心的公益性、先进性、示范性、多元性，"政府投入、基本保障；开放服务、成本分担；合作共建、持续发展"的模式如何运作，如何打破学校与学校、学校与企业、学校与社会之间的壁垒，充分体现实训中心公益性的特征，如何发挥教学、生产、科研、应用一体化的平台作用，实现教学生产化、生产教学化等。

资源共享，集约发展，是职业教育实训基地建设的改革方向之一，也是区域社会发展的必然要求。但只有处理好政府、学校、社会与市场的关系，处理好公益性与市场化之间的关系，处理好社会效益与经济效益之间的关系，处理好投入主体与受益主体之间的关系，处理好投入与产出之间的关系，公共职业教育实训中心才会有长久的生命力。

（点评：张社字）